ALLAN & BARBARA PEASE

Psychologues australiens célèbres (15 best-sellers traduits dans 51 langues), Allan et Barbara Pease ont fondé l'Institut de recherche international qui porte leur nom. Allan anime des séminaires dans plus de 30 pays, et participe aussi à des émissions de télévision. Plus de 100 millions de spectateurs ont ainsi suivi ses interventions télévisées à la BBC. Il est spécialiste du langage corporel. Barbara dirige l'institut qu'elle a fondé avec son mari. Ils ont écrit ensemble des ouvrages de psychologie, notamment sur les relations entre hommes et femmes, entre autres *Pourquoi les hommes veulent du sexe et les femme de l'amour ?* et *Pourquoi les hommes n'écoutent jamais rien et les femmes ne savent pas lire les cartes routières ?*, parus aux éditions First.

Retrouvez leur actualité sur
www.peaseinternational.com/

POURQUOI LES HOMMES VEULENT DU SEXE ET LES FEMMES DE L'AMOUR ?

Du même auteur
Chez Pocket

Pourquoi les hommes mentent et les femmes pleurent ?

Pourquoi les hommes n'écoutent jamais rien et les femmes ne savent pas lire une carte routière ?

Pourquoi les hommes se grattent l'oreille… et les femmes tournent leur alliance ?

Pourquoi les hommes veulent du sexe et les femmes de l'amour ?

ALLAN ET BARBARA PEASE

POURQUOI LES HOMMES VEULENT DU SEXE ET LES FEMMES DE L'AMOUR ?

Les explications scientifiques
derrière les vérités toutes simples

Illustrations GABS
Traduction de Bernard Clément

FIRST EDITIONS

Titre original :
WHY MEN WANT SEX... AND WOMEN NEED LOVE

Le papier de cet ouvrage est composé de fibres naturelles, renouvelables, recyclables et fabriquées à partir de bois provenant de forêts plantées et cultivées durablement pour la fabrication du papier.

ISBN : 978-2-266-21990-7

SOMMAIRE

Introduction 15
La recherche de l'« élu(e) » 19
Pourquoi la sexualité est-elle devenue si compliquée en Occident ? 21
Les statistiques 23

Le sexe dans le cerveau 27
Objectifs identiques, programmes différents 30
Le « pouvoir de l'amour » 31
La biologie de l'amour 32
Le coup de foudre 34
C'est la faute à Darwin 36
Faire la paire 37
Pourquoi les amants sont-ils inséparables ? 39
Un état second 41
Je perds l'appétit et le sommeil 43
Ce que montrent les scanners du cerveau 44
Autant regarder les choses en face, vous êtes accros à l'amour 45
La géographie du sexe et de l'amour
dans le cerveau 46
Pourquoi hommes et femmes ont-ils une vision différente de l'amour ? 49

Comment le cerveau masculin évalue-t-il la séduction féminine ? 51
Comment le cerveau féminin évalue-t-il la séduction masculine ? 53
Pourquoi le désir ne dure-t-il pas ? 54
Ce qui se passe quand vous vous faites plaquer 57
En résumé 59

Amour et sexe : parlons franchement 63
L'évolution des mœurs 66
La science du comportement humain 68
Pourquoi c'est si important d'être aimé et d'être amoureux ? 69
Les 7 catégories d'amour 73
La cartographie amoureuse 74
Comment Hollywood et les médias conditionnent notre vision de l'amour 76
Pourquoi au XXIe siècle les relations amoureuses sont-elles plus difficiles pour les hommes ? . 78
En résumé 81

Ce que veulent vraiment les femmes 83
Les besoins des femmes ont changé 85
Maman m'a dit d'essayer avant d'acheter 87
Les filles veulent profiter de la vie 89
Ce que veulent les femmes 91
Pas seulement réservé aux singes 92
Les femmes ont plus d'orgasmes avec les hommes riches 96
Les 5 qualités masculines que les femmes recherchent 97
L'engagement – pourquoi un homme ne doit pas mégoter sur la bague 107
Les 10 choses qu'une femme ne dira jamais 109

7 qualités masculines que les femmes jugent séduisantes 110
Pourquoi aucune femme ne veut d'un raté 115
L'argent sera toujours un atout décisif pour les femmes 116
En résumé 117

Ce que les hommes attendent vraiment des femmes 119
Comment les médias influencent-ils le regard masculin ? 123
Ce que les hommes veulent vraiment 126
Ce qu'un homme est prêt à faire pour avoir des relations sexuelles 128
Les hommes ne réfléchissent pas aux relations amoureuses 130
Comment décoder le langage masculin 133
Les hommes s'intéressent au potentiel reproducteur des femmes 134
Venons-en au fait 137
Ce que révèlent les petites annonces 140
Pourquoi la séduction est-elle devenue si importante ? 142
La signification de « séduisant(e) » 144
Imitez les Indiennes d'Amazonie 145
Ce que les hommes recherchent dans la beauté . 146
Un concours de beauté planétaire 147
Notre attirance pour les jolis visages est innée . 148
Le facteur d'excitation n° 1 pour un homme : le rapport hanches/taille de 70 % 149
Ce qui rebute les hommes 150
Comment gays et lesbiennes choisissent leur partenaire 151

Comment le gouvernement a remplacé le mari . 152
En résumé 153

Cherche partenaire pour nuit « hot » 157
En quoi consiste une « relation sexuelle occasionnelle » ? 161
Les pays les plus permissifs (OCDE 2008) 163
Une définition de la relation sexuelle 163
Pourquoi recherchons-nous les liaisons brèves ? 165
Le lendemain matin 170
Comment les pères influencent-ils les attitudes de leurs fils ? 172
Combien de partenaires voulez-vous ? 172
Fantasmes sexuels et partenaires multiples 173
Le point de vue des gays 176
En résumé 177

Relations extraconjugales et mensonges 179
La relation extraconjugale, définition 183
Un cœur volage 185
Pourquoi l'adultère ? 188
Ça arrive même aux riches et célèbres 190
Pourquoi les femmes sont-elles moins coureuses que les hommes ? 192
Les 6 légendes les plus répandues sur l'infidélité 194
Les 9 catégories de liaisons extraconjugales 198
Je l'ai appris par ouï-dire 203
Il ou elle vous trompe ? 8 signes qui (eux) ne trompent pas 204
En résumé 208
Comment gérer un partenaire infidèle ? 209
Réinitialisation du couple 212
Panser les blessures et repartir du bon pied : les 9 étapes 213

4 stratégies simples pour éviter de devenir vous-mêmes des « tricheurs » 216
En résumé 217

Savoir évaluer le/la partenaire idéal(e) 221
Ne laissez pas le hasard décider pour vous 223
Trouver le bon partenaire 225
Valeurs et convictions essentielles 226
Les 5 erreurs les plus fréquentes dans une « nouvelle relation » 228
Évaluez votre partenaire potentiel 231
Le quiz séduction : évaluez votre cote sur le marché 233
Résultats 247
En résumé 249
Comment trouver un(e) partenaire génial(e) 249
Prenez en main votre vie amoureuse 252
Comment Benjamin a rédigé sa liste 253
Le partenaire idéal d'Anne 255
Appliquez la théorie des probabilités 256
Qui éviter ? 260
Savoir détecter le mauvais numéro 262
La règle des 9 % 265
En résumé 265

Comment fonctionnent les hommes ; 15 mystères insolubles pour les femmes 269
1. Pourquoi les hommes se réveillent-ils le matin avec une érection ? 272
2. Pour les hommes, sexe = sexe 273
3. La case « néant » 275
4. Pourquoi les hommes sont-ils obsédés par les seins ? 276

5. Pourquoi les hommes ne disent-ils pas la vérité aux femmes sur le sexe ? 277
6. Pourquoi les hommes aiment les femmes bien en chair 283
7. Pourquoi le point G a tout d'un OVNI 284
8. Pourquoi il est si important pour les hommes que les femmes prennent l'initiative 285
9. Pourquoi les hommes se trompent-ils à ce point dans les discothèques ? 286
10. Quand un homme est-il prêt pour un engagement de longue durée ou pour le mariage ? 288
11. Pourquoi certains hommes mûrs s'obstinent à porter des maillots de bain moulants en public ou exhibent fièrement un ventre de femme enceinte 290
12. Les hommes et leurs fétiches 291
13. Ce qui inquiète les hommes 292
14. Pourquoi les hommes ont-ils tant de mal à dire « Je t'aime » ? 293
15. Les cinq questions que les hommes craignent le plus 295

12 vérités sur les femmes que la plupart des hommes ignorent 299
1. Ce que les femmes attendent du sexe 302
2. Pourquoi les femmes prennent-elles si rarement l'initiative ? 306
3. Comment obtenir des femmes qu'elles fassent plus souvent l'amour 308
4. Pourquoi les femmes ont des orgasmes 312
5. Pourquoi les femmes intelligentes sont souvent ineptes au lit 313
6. Pourquoi les femmes préfèrent les hommes plus âgés 314

7. Les femmes veulent qu'on les touche 316
8. Pourquoi les femmes semblent ailleurs pendant l'amour 317
9. Comment les femmes perçoivent l'agression sexuelle 318
10. Comment les femmes perçoivent le harcèlement sexuel 319
11. Pourquoi les femmes fantasment sur les durs à cuire 321
12. Pourquoi tant de femmes préfèrent le chocolat au sexe ? 322
En résumé 324

13 tactiques pour améliorer votre cote de séduction 327
Huit atouts gagnants pour les hommes 329
1. Montrer qu'il s'engage pour de bon 329
2. Afficher sa confiance en soi 330
3. Montrer de la gentillesse 330
4. Exhiber ses aptitudes physiques 331
5. La tenue traduit le statut social 332
6. Se montrer prévenant 334
7. Être honnête 335
8. Les témoignages d'amour 336
Comment supplanter votre rival 337
Cinq atouts gagnants pour les femmes 337
1. Soigner et améliorer sans cesse son apparence 338
2. Être d'une fidélité à toute épreuve 340
3. Jouer la farouche 342
4. Éviter décolletés et minijupes 344
5. Jouer l'idiote dépassée ou soumise 344
Comment les femmes jugent les candidats 345

Un avenir radieux à deux ? 349
Les couples mariés sont désormais minoritaires 353
Les jeunes d'aujourd'hui sont-ils mieux informés ? 355
Pourquoi un nouvel amour semble toujours si prometteur 356
Hommes et femmes sont très différents 357
Douchez-vous comme une femme 357
Douchez-vous comme un homme 359
Les contraires s'attirent-ils vraiment ? 360
Les pires amants du monde 362
Comment les femmes d'autres pays considèrent la sexualité 363
Qui sont les grandes absentes ? 364
La loi du doigt le plus long 365
La science de l'amour futur 368
Savoir flairer le bon partenaire 369
Les 9 raisons pour lesquelles le sexe est un remède si efficace 371
Comment tant de gens ont été leurrés 372
Quel partenaire pouvez-vous espérer ? 373
Pourquoi l'évolution est sans doute achevée 374
Quand faut-il discuter des problèmes du couple ? 376
En résumé 377

INTRODUCTION

Nous sommes aujourd'hui confrontés à une mutation de la sexualité que nos ancêtres n'auraient jamais imaginée. Nous pouvons agir sur la fertilité au moyen d'hormones, d'inséminations artificielles et de fécondations *in vitro*. Nous rencontrons de nouveaux partenaires par le biais d'agences de rencontres et d'Internet, nous améliorons notre apparence physique grâce aux produits de beauté et à la chirurgie plastique, et nous savons créer la vie en éprouvette. Aucune espèce avant la nôtre n'y était jamais arrivée.

Les êtres humains sont experts dans l'observation des comportements amoureux et sexuels des autres espèces. Nous savons les prédire et même les modifier, et nous pouvons modifier génétiquement toutes les créatures vivantes pour transformer leur apparence. Mais quand il s'agit de nous choisir un ou une partenaire, nos congénères ne semblent pas très doués, et ils sont souvent bien en peine de décrire le processus qui a conduit à une union. La plupart des espèces animales semblent rencontrer peu de problèmes dans le choix de leur partenaire sexuel ou dans la relation amoureuse. La plupart du temps une femelle tombe en chaleur, elle choisit le bon compagnon, ils s'accouplent, et tout est dit.

L'espèce humaine est la seule à qui la perspective de former un couple pose autant de problèmes.

Où en est notre relation avec notre partenaire ? (Ou bien : pourquoi restons-nous désespérément seuls ?) Voilà une question qui est, partout dans le monde, une constante source de discussions et particulièrement entre femmes. Rares sont les événements qui peuvent nous procurer autant de joie et d'exaltation qu'une rencontre amoureuse, et parfois nous rendre aussi malheureux, nous plonger dans un tel abîme de désespoir. L'amour a toujours été le thème par excellence des poèmes, romans, chansons, films ou sitcoms. Dans tous les pays du monde les gens font l'expérience de l'amour et toutes les cultures ont un vocabulaire pour le décrire.

Mais qu'est-ce au juste que l'amour ? Voilà une question qu'on se pose depuis des milliers d'années : des chercheurs de presque toutes les disciplines ont essayé de tirer au clair la nature de l'amour et d'expliquer à leurs semblables ce qu'ils devaient en penser. Pourtant aucune des réponses proposées à ce jour n'a été satisfaisante. Insaisissable, l'amour appelle à un renouvellement constant des définitions et interprétations. On peut commencer par s'interroger sur la sexualité : pourquoi avons-nous des rapports sexuels ? Qu'est-ce qui pousse les hommes dans cette quête continuelle ? Qu'est-ce qui pousse les femmes à exiger de leurs compagnons qu'ils s'engagent à long terme ? La relation amoureuse est un passe-temps coûteux en argent, en énergie, et passablement stressant. Nous avons tenté dans ce livre de répondre à ces questions. Nous vous montrerons comment débutent l'état amoureux, les rapports sexuels et l'amour proprement dit, nous vous présenterons les études scientifiques qui analysent les mécanismes cérébraux impliqués dans ce processus. Enfin, plus important sans doute, nous vous expliquerons comment aborder la relation amoureuse, agir et réagir dans tous les cas de figure. Cet ouvrage s'appuie sur des études scientifiques, des enquêtes, sans oublier quelques touches d'humour pour vous aider à mémoriser nos explications.

La recherche de l'« élu(e) »

La plupart d'entre nous grandissent dans la croyance qu'un jour nous trouverons « l'amour » incarné dans cet être tout à fait particulier avec qui nous « devons être heureux jusqu'à la fin de nos jours ». La vie réelle, toutefois, ressemble rarement à l'image idyllique que la majorité des gens s'en fait. On se marie encore aujourd'hui en se jurant fidélité « jusqu'à ce que la mort nous sépare », mais le taux de divorces ne cesse d'augmenter et il se situe aujourd'hui autour de 50 % dans les pays occidentaux. Quant aux liaisons extraconjugales, on les estime entre 30 % (pour les femmes) et 60 % (pour les hommes).

L'échec d'une relation sentimentale est considéré comme un échec personnel par la plupart des gens et envoie des millions d'entre nous chez les psys. Mais conflits et disputes à l'intérieur des couples sont la norme pour presque toutes les espèces, y compris les êtres humains.

> Le sexe c'est comme l'air : c'est sans importance sauf quand on n'en a pas.

Depuis la fin du XXe siècle, une montagne de travaux scientifiques de biologistes, neurologues, psychosociologues ont démontré que les divers comportements humains sont cérébralement programmés. Nous savons aussi que toute une série d'influences s'exercent sur nous : parents, professeurs, amis, collègues conditionnent nos façons de penser et d'agir. Résultat ? En nous, nature et culture, inné et acquis sont inextricablement enchevêtrés. Dans les années 1980, on croyait en général que l'essentiel du comportement humain était appris et pouvait être modifié. Nous savons maintenant qu'il est pour l'essentiel inscrit dans nos gènes. Imaginez que votre cerveau dispose d'un système d'exploitation semblable à celui d'un ordinateur. Vous en étiez équipé à votre naissance et il se met en mode par défaut quand il est stressé ; c'est la part naturelle en nous. La part culturelle c'est notre environnement, comparable aux logiciels qui se greffent sur le système d'exploitation.

Cela ne signifie pas que nous sommes les « marionnettes » de notre capital génétique. Les êtres humains ont développé des lobes frontaux qui leur permettent de réfléchir à leur comportement, mais il est important de comprendre que notre passé ancestral nous a laissé un héritage contraignant. Certes, le développement du cortex cérébral – cette aire qui traite les informations transmises par les organes des sens, héberge la mémoire et les processus cognitifs – nous a rendus capables de penser, de faire des choix et de nous hausser au-dessus de notre héritage génétique à bien des égards. Mais s'agissant d'amour et de sexualité, notre programmation initiale régit toujours nos préférences et nos choix. Bref, notre fonctionnement ressemble beaucoup à celui de nos ancêtres. Et comme vous le verrez, il n'y a pas moyen de s'y soustraire. Votre cerveau est équipé d'un système d'exploitation avec des modes par défaut. Si votre ordinateur stresse ou plante, il fonctionne en mode par défaut et votre cerveau en fait autant. Les rapports entre les sexes artificiellement fabriqués, basés sur la soi-disant « égalité », où l'on attend de nous que nous désirions tous les mêmes choses, ne sont rien d'autre qu'un logiciel parmi d'autres, le « politiquement correct ».

Les hommes et les femmes ont aujourd'hui comme

autrefois des attentes différentes envers la sexualité et l'amour – ni meilleures ni pires, mais différentes – et ces attentes sont largement dictées par notre configuration initiale. Nous pouvons certes faire des choix conscients et nous persuader que nous voulons certaines choses, même si notre instinct nous pousse encore et toujours dans les voies qu'il est programmé pour choisir.

Ce livre vous montrera que les femmes sont aussi intéressées que les hommes par la sexualité (« faire l'amour », comme elles disent) et que les pulsions sexuelles masculines et féminines sont déclenchées par certaines conditions, priorités et circonstances. Nous examinerons les désirs profonds des hommes et des femmes, les relations extraconjugales, les infidélités et d'autres aspects de l'amour et de la sexualité que la plupart des gens ignorent. Nous vous proposerons aussi des stratégies afin d'accroître votre valeur sur le marché de la séduction.

Pourquoi la sexualité est-elle devenue si compliquée en Occident ?

La plupart des problèmes que nous pose la sexualité aujourd'hui peuvent être attribués à la reine Victoria et à son mari, le prince Albert. Victoria, qui a régné sur la Grande-Bretagne de 1837 à 1901, a imposé un code moral extrêmement répressif envers la sexualité et toutes les formes de délinquance. L'existence de l'homosexualité féminine était niée, l'homosexualité masculine était honnie et châtiée. Ces valeurs victoriennes se sont, hélas, du fait de la prééminence de l'Empire britannique, propagées dans l'ensemble du monde anglo-saxon.

À l'époque de la reine Victoria, pour que les hommes n'aient pas de pensées impures, on cachait les jambes, mais pas seulement celles des femmes : on masquait aussi celles des tables et des pianos… Les costumes de bain recouvraient tout le corps aussi bien des hommes que des femmes. Victoria décréta que dans la bonne société certains mots étaient proscrits, et les réclames pour les sous-vêtements furent bannies des journaux. À l'époque comme aujourd'hui, pour la plupart des gens, la nudité était synonyme d'excitation sexuelle.

La pruderie victorienne estimait inconvenant de proférer le mot « jambe » en présence de dames. À la place, on devait dire « membre ».

Sous l'ère victorienne, les femmes ne devaient jamais faire d'avances sexuelles ou s'autoriser la moindre fantaisie dans ce domaine, elles vivaient dans une dévotion silencieuse à leur mari, leur famille et leur pays. La réussite sociale d'un homme était basée sur la docilité de sa femme et l'on présumait que celle-ci n'avait pas de besoins sexuels propres. La sagesse populaire de l'époque prétendait que les femmes n'aimaient pas le sexe et que c'est par devoir qu'elles l'acceptaient : elles se soumettaient bon gré mal gré aux besoins sexuels masculins. Dans certains livres on suggérait qu'un bon mari ne devait pas exiger de sa femme qu'elle fasse l'amour plus d'une fois tous les six mois et l'on donnait des conseils aux hommes pour réfréner une libido trop exigeante. Quant aux femmes on leur disait de s'allonger, de fermer les yeux et de « penser à l'Angleterre ».

Vos grands-parents ou vos arrière-grands-parents sont sans doute nés à cette époque et ce rapport honteux à la sexualité vous a été transmis, que vous en soyez conscient ou non, par vos parents, comme il leur avait été par les leurs. Si vous éprouvez de la gêne quand il est question de sexualité, si les plaisanteries grivoises vous embarrassent et que vous essayiez de changer de sujet, vous êtes probablement victime du fantôme de la reine Victoria. Le puritanisme victorien explique que, dans les pays anglophones et en particulier en Grande-Bretagne, les gens aient plus de problèmes avec la sexualité que dans les pays scandinaves ou les autres pays d'Europe. Cela dit, l'Angleterre n'a pas eu l'exclusivité d'une morale sexuelle répressive, et si votre rapport au sexe est gêné et refoulé, vous le devez sans doute à la religion dominante dans votre pays et aux moralistes étroits qui ont, un peu partout et depuis des siècles, imposé leurs conceptions rétrogrades sur ces questions.

....

Comment un Anglais sait-il que sa femme est morte ?
La fréquence des rapports sexuels n'a pas changé mais la vaisselle s'empile dans la cuisine.

....

Les statistiques

Aujourd'hui un mariage sur deux se termine par un divorce, dans 85 % des cas à l'instigation de l'épouse.

On estime qu'il y a chaque jour en Grande-Bretagne trois suicides d'hommes astreints à payer des pensions alimentaires prohibitives à leur ex-femme, car le système veut que cette ponction soit proportionnelle à leurs revenus. Ces hommes, devenus les bagnards d'un système impitoyable, ont le sentiment de ne pas pouvoir s'en sortir. Entamer une relation de couple, fonder une famille et avoir des enfants peut être une expérience merveilleuse, mais à partir du moment où le couple se déchire et où la famille éclate, le cauchemar n'est pas loin. D'où l'intérêt de comprendre comment vous êtes programmé pour choisir votre partenaire.

Ce livre s'appuie sur les résultats d'enquêtes scientifiques et délaisse aussi bien les légendes que les conceptions rebattues de l'amour ou encore les théories politiquement correctes. La plupart des arguments que nous présentons sont validés par des travaux d'experts reconnus, qu'il s'agisse d'études empiriques, d'expériences scientifiques, ou d'enquêtes sociologiques. Ces multiples recherches puisées à diverses sources permettent de jeter une lumière nouvelle sur nos fonctionnements et nos manières de penser. Chaque fois que nos hypothèses n'étaient pas corroborées par des études scientifiques, nous les avons écartées.

Durant les six années de recherches qu'a exigées la rédaction de cet ouvrage, nous, les auteurs, avons donné naissance à deux enfants par FIV, surmonté un cancer de la prostate avec tous les ennuis que cela comporte et rencontré bien des obstacles que doit affronter un couple qui s'aime, et qui menacent son équilibre, parfois son existence même. Dans ce livre nous ne parlons donc pas seulement de recherches mais aussi de nos expériences et observations personnelles et des stratégies que nous avons inventées au cours de cette aventure à deux.

Bonne lecture !

Allan et Barbara PEASE

CHAPITRE 1

Le sexe dans le cerveau

Passion, coup de foudre, tomber amoureux, être raide dingue…

Tels sont les mots et expressions que nous employons pour décrire les sentiments d'extase, d'exaltation, de félicité, de ravissement que presque toute personne éprouvera d'une façon ou d'une autre à un moment de sa vie. Et ces remous émotionnels s'accompagnent d'angoisses, de détresse, de douleur, de désespoir, de tourments et de chagrin. Pendant des millénaires, les spécialistes de la chose ont essayé de définir l'amour passion, sans grand succès, tirant habituellement la conclusion que ce phénomène devait s'expliquer par des forces externes, de type mystique, surnaturel ou spirituel.

Depuis les années 1970, nous constatons chez nos semblables une aspiration profonde et spirituelle à l'amour. Cette aspiration est le résultat de l'effondrement des structures sociales qui nous permettaient de construire des liens intimes avec nos amis, nos parents, nos proches, nos partenaires amoureux, suivant un schéma qui est resté à peu près le même depuis le début de notre histoire. Les humains se sont distingués parmi les autres espèces comme ceux qui veillaient affectueusement sur leur progéniture, protégeaient et aimaient leurs semblables, développaient des relations de solidarité et privilégiaient la vie de groupe, qu'il s'agisse d'unités familiales ou de tribus plus nombreuses. Les plus âgés s'occupaient des enfants tandis qu'hommes et femmes plus jeunes chassaient, travaillaient aux champs ou cueillaient de quoi manger. Le soir, les plus âgés racontaient des histoires aux enfants, narraient les hauts faits des ancêtres et parlaient de la vie en général.

Ce type de structure familiale, on ne le trouve plus aujourd'hui que dans des cultures primitives, au Moyen-Orient, en Asie ou en Afrique. Alors que les célibataires, parents ou non, sont de plus en plus nombreux, ce fossé culturel ne cesse de se creuser. Pendant au moins un million d'années, la structure sociale avait pour fonction d'aider femmes et hommes à former des couples et à fonder des familles. Aujourd'hui, c'est l'inverse : la vie sociale tend à les séparer. La désintégration de la cellule familiale de base a conduit à la perte des valeurs et beaucoup d'enfants qui grandissent sans père peinent à se construire une identité.

Objectifs identiques, programmes différents

Quand il s'agit de sexe et d'amour, hommes et femmes ont des stratégies très différentes, lesquelles plongent leurs racines dans notre passé le plus lointain. En termes simples, les hommes d'aujourd'hui sont excités par des stimuli visuels et par tous les signes de santé, de fertilité et de jeunesse chez une femme, tandis que les femmes sont excitées par les emblèmes de pouvoir, le statut social, la capacité de travail et les ressources matérielles – exactement comme leurs ancêtres. En fait, rien n'a profondément changé chez les êtres humains depuis des siècles en termes de pulsions et de comportements sexuels. C'est peut-être une idée politiquement incorrecte dans le monde actuel si aseptisé, où l'on voudrait nous faire croire qu'hommes et femmes veulent les mêmes choses et ont les mêmes motivations, préférences et besoins. Mais en nous lisant, vous constaterez par vous-même que tout ça n'est pas vrai. Et en fait, tout au fond de vous, vous savez que ce n'est pas vrai. Cette légende est entretenue par les hommes de pouvoir, politiciens, idéologues, leaders religieux, groupes féministes et autres individus politiquement engagés. Il peut être politiquement correct de dire qu'aujourd'hui hommes et femmes ont les mêmes idées et les mêmes désirs, mais si vous avez un tant soit peu d'expérience de la vie sociale, professionnelle, de la direction d'une équipe voire d'une entreprise, vous savez que c'est un bobard.

Le « pouvoir de l'amour »

David Buss, professeur de psychologie à l'université d'Austin (Texas), est un expert internationalement reconnu pour ses recherches sur les différences entre les sexes dans la sélection des partenaires. Lui et son équipe ont recueilli des témoignages sur la passion amoureuse dans 147 pays. Ils ont analysé les témoignages de la passion amoureuse dans les peintures rupestres, les poèmes, les chansons et les livres. La plupart des gens ne voient que les aspects positifs de l'amour quand ils y pensent. Ils s'imaginent regardant l'élu(e) de leur cœur au fond des yeux, lui tenant la main, faisant l'amour et se chauffant au soleil de sa douce et enveloppante tendresse. Pourtant, il y a aussi un côté sombre dans l'amour. Buss et ses collègues en ont trouvé de multiples preuves tout au long de l'histoire de l'humanité : philtres, envoûtements, formules maléfiques, tout cela pour conquérir ou reconquérir un être aimé… Si pour la plupart d'entre nous l'amour est une expérience positive, il comporte aussi quelques inconvénients sérieux. Pensez aux meurtres, aux vendettas, aux suicides qui ponctuent les histoires d'amour malheureuses. Dans toute l'histoire littéraire, conjoints, amants, rivaux, soupirants et amoureux éconduits suivent leur amour dans la tombe quand celui-ci succombe. Presque toutes les cultures ont leur équivalent de l'histoire de Roméo et Juliette. Notre insatiable besoin d'amour nous remplit d'euphorie, de désespoir, de peur ou de désir de vengeance, et nous éprouvons parfois tous ces sentiments en même temps.

Les victimes d'histoires d'amour qui ont mal tourné, dépressifs ou suicidaires, remplissent cliniques et hôpitaux.

Si l'amour passion est universel, si toutes les cultures du monde le connaissent, il faut bien qu'il ait une base biologique : ce ne peut être une simple tradition culturelle comme l'adoration des idoles ou la religion. L'amour est une composante très puissante de notre psychisme, inscrite tout au fond de nous.

La biologie de l'amour

Les scientifiques qui ont cherché à comprendre quels mécanismes gouvernent le cerveau d'un individu amoureux ont conclu qu'il existe trois systèmes cérébraux distincts qui gèrent l'accouplement et la reproduction : le désir, l'amour passion et l'attachement à long terme.

Chacun de ces systèmes est associé à une activité hormonale distincte et à des types de comportements spécifiques valables pour tous les amoureux. En vous référant à ces trois systèmes, vous comprendrez plus aisément à quel stade en est l'amour, le vôtre ou celui d'autrui, et vous allez mieux pouvoir interpréter le comportement amoureux.

L'objet de ce chapitre est de vous aider à comprendre les fonctions cérébrales élémentaires qui gouvernent le désir, l'amour passion et l'attachement à long terme. Nous avons essayé de rester aussi concis et simples que possible dans nos explications. Quand nous parlons de zones spécifiques du cerveau, il est important de comprendre que les aires cérébrales en question appartiennent à un système global et nous remercions le professeur Graeme Jackson de l'Institut de recherche sur le cerveau (Melbourne) pour ses suggestions dans ce domaine. Nous avons simplifié les mécanismes neurologiques pour les rendre plus accessibles à nos lecteurs tout en essayant de présenter fidèlement idées et concepts. Ces données fournies par la recherche sont essentielles et forment la base sur laquelle notre livre étaye ses arguments. La terminologie médicale que nous utilisons ne sera certes pas accessible à tous mais ce qui importe c'est de saisir sa signification pour votre vie sentimentale. Nous nous intéresserons aux lois qui opèrent la plupart du temps pour la plupart des gens et non au comportement des minorités ou des exceptions.

On a démontré que l'amour résultait d'un processus biochimique mettant en action des substances chimiques et des circuits neuronaux précis dans certaines zones cérébrales. En termes scientifiques simples, l'amour humain est déclenché par la combinaison de neurotransmetteurs et d'hormones tels la dopamine, l'ocytocine, la norépinéphrine, la testostérone et l'œstrogène, comme chez d'autres espèces de mammifères à la saison des amours. Une fois que notre cerveau a identifié un partenaire convenable à partir de certains critères (dont nous parlerons plus loin), il se met en « surrégime » pour produire les substances chimiques qui vont l'aider à séduire cette personne.

> L'amour, ce n'est rien d'autre que des réactions chimiques à l'œuvre dans le cerveau.

Dans l'histoire de l'humanité, les mariages étaient la plupart du temps arrangés en fonction de certains critères : richesse, statut social, rivalités familiales, intérêts et stratégies tribales. Aujourd'hui, cette conception a disparu en Occident et l'immense majorité de nos contemporains fait des mariages d'amour.

Pour sélectionner un partenaire, les êtres humains focalisent leur attention sur une seule personne, ce qui les distingue de la plupart des autres espèces. Un pigeon mâle qui veut s'accoupler, par exemple, gonflera son plumage et tentera de séduire un maximum de femelles. Les êtres humains, en revanche, passent en revue plusieurs candidats mais jettent leur dévolu sur l'un d'entre eux.

Le coup de foudre

L'existence du « coup de foudre » est désormais prouvée scientifiquement, et il touche la plupart des espèces animales à peu près de la même façon.

Ray faisait des courses au rayon pâtisseries du supermarché quand il a jeté un coup d'œil entre les paquets de céréales. Soudain, ce fut le choc, suivi d'une sensation d'euphorie, presque comme s'il avait bu ou fumé un joint. Debout à quelques mètres, une femme venait de le figer sur place. Elle n'était pas belle au sens habituel, mais il y avait quelque chose d'inexplicable dans son allure, sa façon de bouger, qui faisait battre son cœur très fort. Tout ce qu'il savait c'est qu'il était magnétiquement attiré par elle. Le simple fait de la regarder le remplissait d'excitation et lui donnait la chair de poule.

Pourtant, malgré l'exaltation de la découverte, il ressentait aussi un certain désespoir à l'idée qu'elle ne serait peut-être jamais à lui.

Si vous avez déjà vécu l'expérience du coup de foudre, vous vous souvenez sans doute que vous aviez presque l'impression d'être drogué. Pour une bonne raison : votre cerveau produisait d'énormes quantités de dopamine et de norépinéphrine. Le même phénomène se produit chez d'autres animaux. Prenez, par exemple, le campagnol femelle. Si l'on expose la femelle campagnol à une odeur même légère d'urine de campagnol mâle, elle va vivre exactement la même réaction chimique que les êtres humains : une décharge de dopamine et de norépinéphrine. Une étude a montré que lorsqu'on montre des images de béliers à des brebis en chaleur, le niveau de norépinéphrine grimpe dans leur cerveau. Alors que cet effet dure quelques secondes ou minutes chez la plupart des animaux, elle peut durer des mois voire des années chez les êtres humains.

Les scientifiques s'accordent à reconnaître aujourd'hui que le coup de foudre est un phénomène bien réel. Les chercheurs en neurobiologie considèrent aussi que dans une société stable où les gens ne vivent pas sous la menace directe de la mort ou de la guerre, le désir, les relations amoureuses et l'attachement à long terme sont peut-être les façons les plus efficaces de prolonger la survie de l'espèce.

C'est la faute à Darwin

Le désir est le résultat d'une augmentation du taux sanguin d'hormones sexuelles, testostérone et œstrogène. Ces hormones peuvent entraîner une recherche urgente de gratification physique. Quand nous éprouvons du désir, deux zones clés du cerveau sont activées : l'hypothalamus, d'une part, qui contrôle nos besoins élémentaires – la faim, la soif – et, d'autre part, l'amygdale, une aire impliquée dans l'excitation sexuelle. Quand un homme ou une femme éprouvent du désir, l'afflux de dopamine déclenche la production de testostérone, provoquant ainsi l'attraction sexuelle. C'est ce qui se produit quand vous voyez quelqu'un pour la première fois et que vous éprouvez un besoin irrésistible de « posséder » cette personne.

Une étude de 2006 menée à l'université de Chicago a montré que, chez un homme qui bavarde avec une étrangère, les niveaux de testostérone grimpent de 30 %, et que plus cette réaction hormonale est forte, plus spectaculaires sont les changements dans le comportement de cet homme. La même étude montre aussi que les taux de testostérone des hommes mariés et des pères de famille sont significativement plus bas que ceux des célibataires en quête de partenaire, et leurs taux d'ocytocine plus élevés.

La fonction biologique du désir est de permettre la procréation et d'assurer la survie de l'espèce humaine, et ce en toutes circonstances, ou presque. Dans les conditions de vie très rudes qui étaient celles de nos ancêtres, « faire la cour » était souvent exclu. En outre, les femelles humaines ne peuvent procréer qu'un enfant par an, ce qui signifie que, en l'absence de désir, l'espèce humaine aurait été menacée de disparition. Parce que nous sommes des reproducteurs lents, Mère Nature a donc fait de nous des procréateurs enthousiastes. C'est pourquoi les êtres placés dans des situations menaçantes et dangereuses comme la guerre peuvent subitement se trouver en situation de désir réciproque, même s'ils ne se connaissent pas. Comme leur vie est en danger, ils éprouvent le besoin de transmettre leurs gènes sur-le-champ.

En résumé, le désir, le coup de foudre et les aspects obsessionnels de l'amour débutant, focalisés sur le but à atteindre, sont des comportements qui sont apparus pour accélérer la rencontre amoureuse et augmenter les chances d'une reproduction humaine réussie.

Faire la paire

La testostérone est la principale responsable du désir sexuel et les hommes en possèdent 10 à 20 fois plus que les femmes. C'est la raison pour laquelle les appétits sexuels masculins sont toujours si forts. C'est la testostérone qui fait que les hommes sont poilus, plus grands, plus forts, plus agressifs et plus excitables sexuellement que les femmes. Mais leur taux d'ocytocine est sensiblement *inférieur* à celui des femmes. L'ocytocine, aussi dénommée « hormone de la tendresse », est secrétée en grande quantité chez les hommes comme chez les femmes durant l'orgasme.

Dès qu'un homme a une nouvelle érection, son taux d'ocytocine redescend, raison pour laquelle les câlins après l'amour sont plus importants pour les femmes que pour les hommes, qui les apprécient modérément. Une étude de 2006 de Rebecca Turner, professeure en psychologie organisationnelle de l'université Alliant International de San Francisco montre que cette hormone est le facteur clé du lien émotionnel entre hommes et femmes.

Quand deux êtres décident de former un couple ou « tombent amoureux » selon l'expression consacrée, les niveaux d'ocytocine sont élevés. C'est cette hormone qui nous procure le sentiment de bien-être et de tendresse que nous éprouvons envers la personne que nous désirons. Les femmes ont des taux d'ocytocine plus élevés que les hommes, ce qui explique qu'elles tombent plus profondément amoureuses que ceux-ci au début d'une nouvelle relation. Plus elles produisent d'ocytocine, plus elles se montreront tendres, et plus profond sera le lien forgé avec le nouveau partenaire. Le simple fait d'entendre le nom de leur amant, une odeur associée à la sienne, une rêverie ou une chanson qui fait penser à lui accroissent le niveau d'ocytocine.

Si une femme se sent aimée, adorée, ses hormones lui feront monter le sang aux joues, elle dégagera un éclat particulier, bref elle « rayonnera ». Une tenue élégante, un maquillage impeccable, des bijoux en pagaille et une nouvelle voiture de sport ne masqueront pas la disposition émotionnelle positive ou négative d'une femme. Si elle se sent mal aimée et ignorée, ce sera facile à voir.

Quelle est la différence entre les hommes et les femmes ?
Une femme veut qu'un seul homme satisfasse ses moindres petits besoins.
Un homme veut que toutes les femmes satisfassent son unique petit besoin.

Les études menées par Davis Buss ont montré que quand les couples sont dans leur période « coup de foudre », les niveaux de testostérone masculins décroissent tandis que leurs taux d'ocytocine grimpent pour permettre à la relation de se consolider rapidement. C'est ce qui rend les hommes plus tendres, plus doux, plus conciliants. En parallèle, les niveaux de testostérone féminins augmentent avec l'excitation et la confiance qu'elles ressentent au début d'une nouvelle relation. Cette augmentation de la testostérone accroît l'excitation féminine et donne au couple l'impression que les besoins des deux partenaires sont à peu près identiques. Quand cet état de grâce amoureux s'achève, au bout de trois à neuf mois, et qu'une nouvelle relation débute, la libido féminine revient à ses niveaux initiaux, suggérant à l'homme que sa partenaire se désintéresse du sexe et à celle-ci que son compagnon n'est en fait qu'un obsédé sexuel. Un malentendu qui est à l'origine de nombreuses ruptures.

Pourquoi les amants sont-ils inséparables ?

Joséphine, mère célibataire de 33 ans, avait voué sa vie à l'éducation solitaire de ses enfants. Après six mois dans son nouveau travail, elle assistait à la fête de Noël de l'entreprise sur un bateau de croisière, dans le port de Sydney. Elle rayonnait ce soir-là, et les multiples compliments et regards de la gent masculine en émoi ont boosté sa confiance. Elle se sentait belle. Tandis que le bateau glissait sur les eaux sous un splendide clair de lune, elle a fait la connaissance de Patrick, jeune cadre supérieur séduisant du bureau de Melbourne. Lorsqu'elle lui a serré la main, son cœur s'est mis à battre la chamade. Il était grand, élégant, cheveux bruns, la faisait rire et elle avait l'impression que l'attraction était réciproque. Après une soirée magique passée à trinquer et à danser, ils ont continué à parler jusqu'au petit matin et ont passé la journée et la soirée du lendemain ensemble. Joséphine avait l'impression d'avoir été ensorcelée.

De retour à la maison, elle a été ravie de retrouver ses enfants mais Patrick et le moment qu'ils avaient passé ensemble occupaient toutes ses pensées. Elle se demandait si elle lui manquait autant qu'il lui manquait. Les jours suivants elle a commencé à perdre du poids, elle avait perdu l'appétit. Elle pensait tout le temps à lui et aux moments passés ensemble. Elle s'est mise à lui téléphoner dix fois par jour juste pour lui dire qu'elle pensait à lui et à lui envoyer des textos jour et nuit. À lui acheter des petits cadeaux pour lui signifier à quel point il comptait pour elle. Ses enfants, qui se sentaient négligés, ont commencé à bouder, mais elle ne semblait guère s'en soucier. Elle a annulé le rendez-vous de son fils chez l'orthodontiste, utilisant l'argent pour un week-end à Melbourne. Elle se disait qu'il était grand temps qu'elle pense un peu plus à elle et à son bien-être.

Les modifications de comportement au début d'une relation amoureuse ressemblent à une psychose et, du point de vue biochimique, l'amour passion évoque une addiction alcoolique ou une toxicomanie. Le Dr John Marsden, directeur du British National Addiction Center, spécialisé dans les problèmes de dépendance, a découvert que l'addiction amoureuse est très proche de la dépendance à la cocaïne ou aux amphétamines. Il en a conclu que la relation amoureuse est une sorte de « mécanisme piégé » destiné à souder les partenaires assez longtemps pour cimenter une véritable relation. L'anthropologue Helen Fisher, auteure de *Pourquoi nous nous aimons ?*, a décrit le coup de foudre amoureux comme « un ensemble d'événements chimiques survenant dans le cerveau et présentant des points communs avec la maladie mentale ». Selon le Dr Fisher, les circuits cérébraux qui deviennent actifs quand on consomme de la cocaïne sont exactement les mêmes que ceux qui s'activent quand on est amoureux et l'intense euphorie éprouvée est très comparable à celle que procurent certaines drogues. Des chercheurs ont aussi mis en évidence la relation entre relation amoureuse et hypersécrétion de dopamine, un neurotransmetteur étroitement lié à l'état d'euphorie, de manque et d'addiction.

Un état second

Les molécules sécrétées par le cerveau au début d'un nouvel amour entraînent toute une série de sensations physiques et de réactions qu'environ 90 % des nouveaux amants ont, selon les enquêtes, expérimentées.

On citera notamment la perte d'appétit, les rougeurs, la gaucherie, la chair de poule, une respiration accélérée, des vertiges, des palpitations, de légères pertes d'équilibre, les paumes moites et le bégaiement. Nombre de ces réactions sont liées à la peur d'être rejeté par l'être aimé : l'état amoureux combine donc excitation et angoisse. Les amoureux de fraîche date qui ressentent ces émotions examinent sans cesse le visage de leur partenaire pour s'assurer qu'il éprouve les mêmes.

Carole King a parfaitement résumé ces impressions dans sa chanson de 1970 *Je sens le sol trembler sous mes pieds*. Cette chanson décrit les sensations – chaud et froid, perte de contrôle émotionnel, palpitations et impression que le sol va s'ouvrir sous ses pieds – qu'elle éprouve en présence de l'homme qu'elle aime. Ces sensations sont comparables à celles des personnes dépendantes à une drogue.

L'amour peut être un merveilleux bouleversement qui, pour la plupart des gens, survient de façon inattendue. Ils n'ont rien pressenti et n'ont aucun contrôle apparent sur ce qui leur arrive. Leurs émotions viennent du cortex cérébral, l'aire la plus archaïque du cerveau, et elles submergent la partie rationnelle, poussant les amants à des comportements irrationnels, de la même façon que la réaction « combattre ou fuir » pousse quelqu'un à fuir quand il voit un lion, au lieu de réfléchir calmement au meilleur plan de survie. L'euphorie amoureuse a inspiré à certains artistes des chansons d'amour à la mélodie obsédante et à la poésie poignante. Mais l'intensité de l'amour peut aussi faire basculer certains êtres dans la jalousie ou la paranoïa. Cela dit, des études scientifiques récentes montrent que l'état amoureux peut améliorer spectaculairement notre santé, qu'il contribue même à guérir le cancer ou d'autres maladies. L'amour peut, à l'inverse, nous pousser à cohabiter avec des êtres dont le comportement est nuisible à notre bien-être, comme dans le cas de partenaires violents.

Je perds l'appétit et le sommeil

Le métabolisme des êtres qui viennent de tomber amoureux est souvent perturbé. Ils affirment être incapables d'avaler quoi que ce soit, perdent le sommeil et présentent des troubles obsessionnels compulsifs, tels ceux qui appellent le nouvel élu de leur cœur vingt à trente fois par jour. Ces comportements sont associés à la combinaison de bas niveaux de sérotonine et de hauts niveaux d'ocytocine. La sérotonine est le neurotransmetteur qui nous donne un sentiment accru de conscience, de sensibilité à notre environnement et une sensation générale de bien-être. La dépression et les troubles alimentaires sont aussi associés à de bas niveaux de sérotonine et les antidépresseurs ont pour fonction de faire remonter ces taux. Les femmes ont des niveaux d'ocytocine environ 30 % plus élevés que les hommes et cette particularité, combinée à de bas niveaux de sérotonine, peut expliquer pourquoi les femmes sont plus enclines que les hommes à tomber « raides dingues » d'un partenaire au point d'être complètement obsédées par ce dernier.

> « L'amour est le seul mauvais tour qu'on nous joue pour garantir la perpétuation de l'espèce. »
>
> W. Somerset Maugham

En 2007, Serge Brand et ses collègues de la clinique psychiatrique de l'université de Bâle (Suisse) ont interviewé 113 sujets âgés de 17 ans. 65 d'entre eux ont affirmé être récemment tombés amoureux. Brand a découvert que les adolescents amoureux dormaient moins, agissaient souvent de façon plus compulsive, avaient beaucoup d'« idées folles et d'énergie créative » comparés à ceux qui n'étaient pas amoureux. Les adolescents « mordus » étaient plus enclins à prendre des risques, en conduisant un véhicule ou en pratiquant un sport. Brand montre que les adolescents aux premiers stades d'une intense passion amoureuse se comportent à peu près comme des patients en phase hypomaniaque. En d'autres termes, il est parfois difficile de distinguer des adolescents amoureux de personnes atteintes de troubles mentaux.

La dernière fois que vous avez dit être « fou » de quelqu'un, vous aviez entièrement raison.

Ce que montrent les scanners du cerveau

Les techniques d'imagerie cérébrale par IRM ou magnétoencéphalographie ont ouvert des perspectives nouvelles sur le fonctionnement du cerveau humain en permettant aux chercheurs de l'étudier sans dommages pour le patient.

Les enquêtes sur la neurobiologie de l'amour et de la sexualité ont fait d'importants progrès en 2002 quand Andreas Bartels et Semir Zeki, deux chercheurs du University College de Londres, ont publié une étude sur des hommes et femmes jeunes qui venaient d'engager une nouvelle relation amoureuse et se décrivaient comme « follement amoureux ». Quand on leur montrait une image de l'élu de leur cœur, leur cerveau ne réagissait pas de la même façon que quand on leur montrait la photo d'un ami proche. Les images cérébrales montrent que l'attraction amoureuse active les zones cérébrales riches en récepteurs de dopamine. La dopamine, rappelez-vous, c'est le neurotransmetteur souvent surnommé « hormone du bonheur » qui modifie la sensation de plaisir et la motivation. De hauts niveaux de dopamine et de norépinéphrine améliorent la qualité de l'attention, la mémoire à court terme, permettent de travailler plus et de dormir moins, de se concentrer plus efficacement sur un objectif. Quand deux partenaires amoureux, captivés l'un par l'autre, entament une relation, on observe souvent des signes de hausse du taux de dopamine : une énergie accrue, des besoins de sommeil ou de nourriture moindres, une attention et un plaisir focalisés sur les moindres détails de la nouvelle relation amoureuse. Bartels et Zeki ont jugé les images IRM du cerveau de ces jeunes gens amoureux, à différents stades d'excitation sexuelle et d'euphorie, très similaires à celles de consommateurs de cocaïne.

Autant regarder les choses en face, vous êtes accro à l'amour

Les images IRM du cerveau présentées ci-dessous démontrent que la passion amoureuse active les mêmes zones cérébrales que l'addiction à la cocaïne.

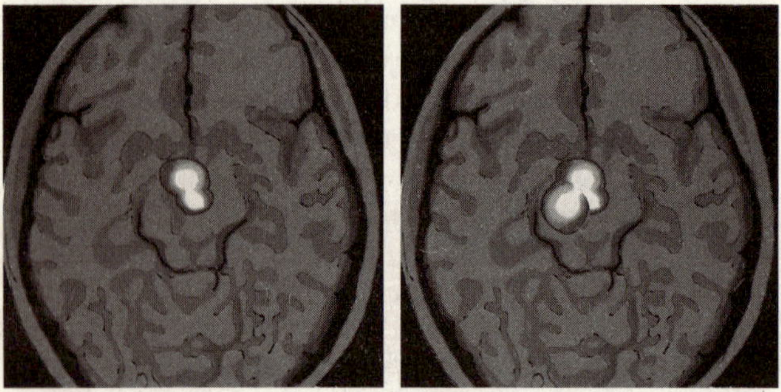

Le scanner cérébral de gauche montre la région du cerveau activée chez des sujets « follement amoureux ». Celui de droite montre les zones activées chez les consommateurs de cocaïne.

Que vous soyez amoureux ou « défoncé », les sensations éprouvées sont à peu près les mêmes. Ces images révèlent aussi que chez une mère qui regarde son bébé le fonctionnement cérébral est à peu près le même que chez les personnes qui contemplent l'être aimé. Bartels et Zeki en concluent que l'amour maternel et le sentiment amoureux sont liés à la perpétuation de l'espèce parce que les amants comme les nourrissons vous renvoient la certitude que votre ADN se perpétuera.

La géographie du sexe et de l'amour dans le cerveau

En 2005, le Dr Lucy Brown, professeure de neurosciences au College of Medicine Albert Einstein (New York), a analysé avec Helen Fisher, une éminente bio-anthropologue de l'université Rutgers, le fonctionnement cérébral de 17 jeunes hommes et femmes qui venaient de débuter une relation amoureuse. Ces sujets se décrivaient comme « nouvellement et follement amoureux », c'est-à-dire qu'ils en étaient au coup de foudre ou aux premiers stades de la passion. L'analyse des IRM a révélé les mécanismes physiologiques de l'état amoureux : pourquoi l'amour est si puissant et pourquoi être rejeté est si douloureux et déprimant.

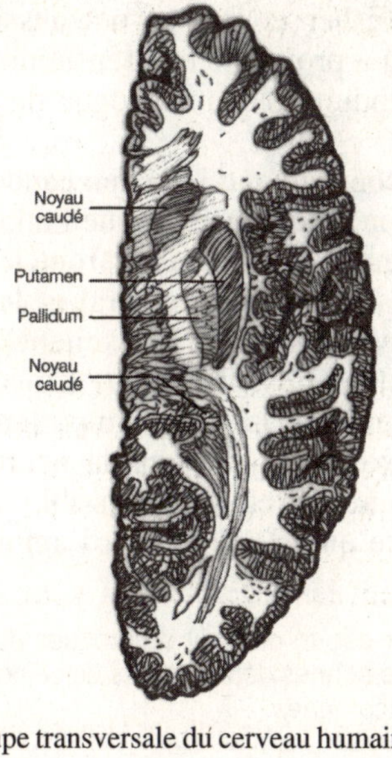

Coupe transversale du cerveau humain

Ces chercheuses ont étudié une aire cérébrale appelée noyau caudé, associée à l'envie, à la mémoire, à l'émotion et à l'attention, ainsi que le tegmentum ventral, cette zone du cerveau qui envoie de la dopamine vers d'autres aires cérébrales. Ces zones apparaissent en teintes plus claires sur les images IRM. Les clichés sont pris au moment où les sujets examinent des photos de leurs partenaires. Les chercheuses ont aussi comparé ces données IRM avec d'autres études sur l'érection réactionnelle aux images de femmes et analysé les données sur des couples humains et animaux qui sont ensemble depuis longtemps. Elles ont découvert que quand on tombe amoureux, le tegmentum ventral submerge le noyau caudé de dopamine. Ce dernier envoie alors des signaux pour réclamer plus de dopamine. Or, plus on reçoit de dopamine, plus l'on se sent euphorique et heureux. Fisher et Brown ont aussi confirmé que « l'amour fou » provoque une sensation similaire à une « défonce » induite par une drogue du fait de l'afflux hormonal.

Elles ont constaté que le noyau caudé était impliqué dans la passion amoureuse. Et que l'attachement à long terme était centré dans la partie frontale et à la base du cerveau, dans le putamen ventral et le pallidum. Les sentiments liés au plaisir et à l'excitation sexuelle occupent différentes aires, la plupart situées dans le lobe gauche du cerveau. Le point important est que cette recherche lève le mystère sur la neurobiologie de la passion amoureuse et rend possible un regard plus objectif sur ce qu'est réellement l'amour.

L'amour est un cocktail de drogues du bonheur, et les personnes dépendantes de ce cocktail sont des toxicomanes.

Pourquoi hommes et femmes ont-ils une vision différente de l'amour ?

Fisher et Brown ont analysé les scanners cérébraux de plus de 3 000 étudiants « passionnément amoureux » effectués pendant qu'ils contemplaient une image de l'être aimé. Elles ont découvert que les femmes présentaient une activité accrue :

- du noyau caudé – zone associée, comme nous l'avons dit, à la mémoire, à l'émotion et à l'attention ;
- du septum, aussi appelé centre du plaisir ;
- du cortex pariétal postérieur, qui est impliqué dans la production d'images mentales et dans la fonction de rappel de la mémoire.

Les hommes examinés montraient une activité accrue du cortex visuel et des zones dédiées au traitement des informations visuelles, notamment une aire de l'excitation sexuelle. Bartels et Zeki sont parvenus aux mêmes conclusions dans leur étude.

Les images IRM présentées ci-dessous illustrent les recherches conduites par Lucy Brown et montrent les aires activées par l'amour dans les cerveaux masculin et féminin. Elles expliquent pourquoi hommes et femmes en ont une vision si différente.

Voici les scanners cérébraux d'hommes et de femmes confrontés à l'image d'une personne dont ils sont éperdument amoureux :

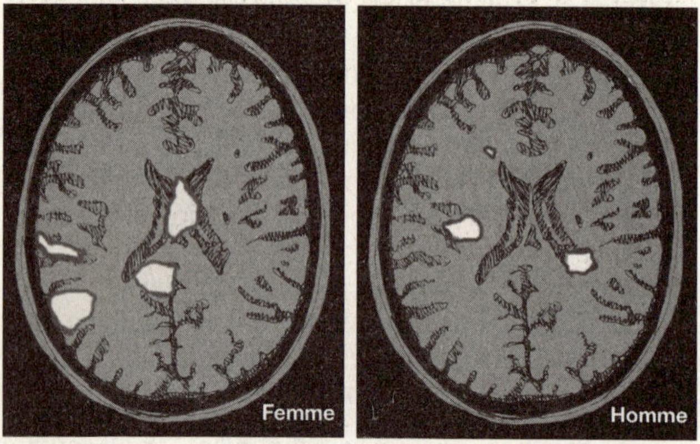

Images de l'amour. Hommes et femmes regardant des images de l'être aimé. Les zones blanches sont les aires activées.

Comme vous pouvez le voir, les hommes présentent moins de zones blanches que les femmes, mais quand on examine ces clichés en couleurs, on constate que les zones cérébrales masculines sont plus actives que celles des femmes qui sont plus étendues mais moins actives. Ces dernières présentent un plus grand nombre de zones actives et celles-ci sont situées dans des aires complètement différentes de celles des hommes. Ces clichés révèlent pourquoi hommes et femmes ont des perceptions si différentes de la relation amoureuse.

Une autre étude s'appuyait sur des scanners cérébraux de personnes à qui l'on présentait des photos érotiques. Or, aucune des « zones de l'amour » mentionnées ci-dessus n'était active sur ces clichés. Comme nous l'avons précisé, on a décelé une activité de l'hypothalamus qui contrôle des besoins comme la faim et la soif, ainsi que de l'amygdale qui gère l'excitation sexuelle. Le bilan de cet examen est que le cerveau excité sexuellement et le cerveau amoureux ne se ressemblent guère parce qu'ils fonctionnent selon des schémas différents.

En résumé, la science montre que l'évaluation du partenaire amoureux aux premiers stades de la passion mobilise des mécanismes complètement différents selon les sexes. Les hommes utilisent leurs *yeux* comme outil de base pour évaluer le potentiel sexuel féminin tandis que les femmes utilisent leur *mémoire* pour estimer l'homme sous l'angle de son potentiel comme partenaire à long terme. Enfin, désir et amour sont situés dans des zones différentes du cerveau, bref obéissent à des fonctionnements bien distincts.

Comment le cerveau masculin évalue-t-il la séduction féminine ?

En présentant des images de femmes séduisantes à des hommes, Bartels et Zeki ont découvert que deux zones de leur cerveau présentaient une activité accrue. La première est associée aux stimuli visuels et l'autre à l'érection du pénis – rien de très étonnant, certes. La majorité des hommes, extrêmement visuelle, passe beaucoup de temps à regarder des femmes, à fantasmer sur elles, et ne rechigne pas devant un bon porno, ce n'est donc pas une surprise. Les chercheurs ont remarqué que quand ces aires du cerveau masculin sont activées, celles qui sont associées au jugement moral sont placées en « veilleuse ».

Les processus de visualisation du cerveau masculin sont apparus il y a environ un million d'années parce que la perpétuation de l'espèce nécessitait une bonne capacité d'évaluation du potentiel reproducteur féminin. Si une femme était jeune et saine, l'examen était concluant, l'homme était sexuellement excité et l'accouplement pouvait avoir lieu. C'est parce que les hommes sont visuellement plus motivés que les femmes qu'ils tombent plus vite amoureux que celles-ci. Les signaux visuels envoient au cerveau un signal qui déclenche presque instantanément un afflux hormonal. Un tel phénomène aide aussi à comprendre pourquoi les hommes sont, plus que les femmes, enclins au « coup de foudre ».

Un petit garçon de trois ans examine ses testicules alors qu'il prend son bain.
« M'man, demande-t-il, c'est ça, le cerveau ?
– Pas encore », répond la mère.

En résumé, les hommes utilisent leurs yeux d'abord pour évaluer le potentiel reproducteur d'une femme. La décharge hormonale consécutive à l'excitation visuelle entraîne une érection. Cet afflux d'hormones a souvent un impact négatif sur la lucidité de ces messieurs comme en témoignent leurs décisions qui ne sont pas toujours judicieuses. L'excitation sexuelle parasite les réflexions rationnelles dont leur cerveau est capable. Ce constat ne surprendra nullement les femmes qui ont une certaine expérience de la gent masculine. Les analyses IRM de Bartels et Zeki corroborent les recherches conduites par David Buss et démontrent que ce type de comportement est un phénomène multiculturel.

« Dieu a donné à l'homme un pénis et un cerveau mais pas assez de sang pour irriguer les deux en même temps. »

ROBIN WILLIAMS

Comment le cerveau féminin évalue-t-il la séduction masculine ?

Les études des images IRM du cerveau féminin font apparaître un fonctionnement très différent de celui du cerveau masculin. Chez les femmes, plusieurs aires cérébrales associées au souvenir sont activées quand elles évaluent la séduction de l'homme qu'elles ont en face d'elles. En termes évolutionnistes, c'est une stratégie d'adaptation pour se rappeler tous les détails du comportement masculin.

Pendant des centaines de milliers d'années, les femmes ont eu la mission d'élever les enfants jusqu'au moment où ceux-ci acquièrent leur autonomie. La maternité est une tâche complexe, plus difficile pour les femelles humaines que pour n'importe quel autre mammifère. Les mères humaines ont besoin de soutien et de protection quand elles nourrissent leurs petits et en prennent soin. À l'époque préhistorique, quand son compagnon masculin mourait, une femme devait dépenser une énorme quantité d'énergie pour trouver un nouveau partenaire. À la différence des hommes, dont l'évaluation visuelle de la femme est quasi instantanée, il n'est pas possible pour une femme de savoir, au premier regard porté sur un homme, s'il est honnête et digne de confiance, c'est-à-dire s'il peut abattre un zèbre en mouvement à cinquante mètres d'un jet de pierre… et s'il partagera la viande avec elle. Les femmes d'aujourd'hui évaluent les hommes à peu près de la même façon, en cherchant dans leur mémoire des indices révélateurs : elles tentent de se rappeler les propos tenus hier, il y a trois semaines ou trois mois par leur interlocuteur, ses réactions avec les enfants, s'il est bon et généreux, comment il traite sa mère, quelle a été sa carrière professionnelle, bref tous les éléments nécessaires pour évaluer son potentiel de conjoint. Quand une femme étudie des photos d'un homme, elle se rappelle d'autres hommes qui présentent des caractéristiques similaires et les associe à des traits de caractère. Son cerveau reconstitue alors le caractère de l'homme qu'elle observe. Comme si elle reconstituait un puzzle de sa personnalité en juxtaposant des éléments appartenant à de nombreux hommes. Tandis que le cerveau de la femme compulse de multiples souvenirs masculins pour évaluer le potentiel d'un homme, les hommes, eux, scrutent intensément leur future partenaire, attendant le signal hormonal. Maintenant vous savez pourquoi les femmes n'oublient jamais rien et pourquoi les hommes sont toujours en train de « mater ».

79 des couples qui ont l'intention de se marier prennent la décision de vivre ensemble, mais seules 18 de ces relations durent plus de 10 ans.

Pourquoi le désir ne dure-t-il pas ?

Donatella Marazziti, psychiatre à l'université de Pise (Italie), a étudié les changements hormonaux liés aux troubles obsessionnels compulsifs (TOC) en se concentrant plus particulièrement sur la sérotonine, une molécule qui a un effet apaisant sur le cerveau. Un taux de sérotonine trop bas révèle des tendances agressives, obsessionnelles, dépressives et anxieuses. Des médicaments de la famille du Prozac permettent de combattre ces problèmes en accroissant le taux de sérotonine. Marazziti a été intriguée par un fait : les personnes souffrant de TOC aussi bien que les individus amoureux peuvent passer des heures fixés sur un objet ou une personne. Or, ces deux catégories de personnes, pourtant bien conscientes du caractère obsessionnel de leurs pensées, semblaient cependant dépourvues de tout contrôle sur elles. Elle a mesuré les valeurs de sérotonine chez 20 patients souffrant de TOC pour les comparer à celles de 20 sujets « follement amoureux ». Elle a ensuite comparé les résultats obtenus avec ceux de 20 personnes indemnes de TOC et qui n'étaient pas amoureuses. Alors que les sujets normaux présentaient des taux de sérotonine habituels, en revanche ceux souffrant de TOC comme les « amoureux transis » présentaient des valeurs de 40 % inférieures à la normale. Ces évaluations ont été obtenues en mesurant l'activité d'une protéine qui transporte la sérotonine présente dans les plaquettes sanguines. Cette expérience peut expliquer par quels mécanismes une grande passion amoureuse peut parfois tourner à l'obsession.

En testant les mêmes sujets un à deux ans plus tard, Marazziti a découvert que les différences hormonales liées au désir sexuel avaient entièrement disparu et que les niveaux de sérotonine étaient redevenus normaux même si les couples étaient toujours ensemble. Les amants se jurent l'un à l'autre qu'ils éprouveront toujours les mêmes sentiments mais leurs hormones racontent une autre histoire. Mère Nature, très astucieuse, ajuste notre niveau hormonal juste assez longtemps pour parvenir à ses fins : la perpétuation de l'espèce par la reproduction.

En utilisant la même méthode pour sélectionner des volontaires en 2005, Enzo Emanuele et ses collègues de l'université de Pavie (Italie) ont cherché à savoir si certains messagers chimiques, les neurotrophines, étaient impliqués dans la passion amoureuse. Ils ont noté que la concentration de FCN (facteur de croissance neural) dans le sang dépassait les niveaux habituels chez les sujets amoureux et qu'elle augmentait avec l'intensité des sentiments. Comme Marazziti, Emanuele et ses collègues ont aussi découvert qu'après un à deux ans toutes les substances chimiques liées à l'état amoureux avaient disparu, même si les couples étaient toujours ensemble. Ni l'intensité initiale des sentiments amoureux, ni la concentration de FCN n'apparaissaient comme des indicateurs fiables sur la durée possible de la relation.

Une enquête publiée en 2008 et conduite par une équipe de l'université Stony Brook de New York, dirigée par le Dr Arthur Aron, a scanné les cerveaux de couples qui vivaient ensemble depuis vingt ans pour les comparer à ceux d'amoureux de fraîche date. Ils ont découvert qu'environ 10 % des « vieux » couples présentaient les mêmes processus d'activation cérébraux et les mêmes réactions chimiques quand on leur montrait des photos de leur partenaire que les « jeunes » amoureux. Il y a donc de l'espoir pour quelques-uns d'entre nous.

Pour 90 des gens, d'autres facteurs que les décharges hormonales initiales sont nécessaires pour une relation sentimentale à long terme.

Le biochimiste Abdullah Badawy, à l'hôpital Whitchurch de Cardiff (Pays de Galles), a quant à lui montré que l'alcool aussi contribuait à abaisser le taux de sérotonine dans le cerveau. Un bas niveau de sérotonine neutralise les inhibitions et crée l'illusion que l'individu tout à fait ordinaire qui se trouve à l'autre extrémité du bar est incroyablement séduisant.

Toutes ces recherches envoient un message clair à ceux qui recherchent l'amour à long terme : attendez environ deux ans avant de prendre un engagement émotionnel ou financier à long terme avec quelqu'un et choisissez avec soin les barreaux de votre cage.

Mais si tous les messagers chimiques de la passion amoureuse disparaissent dans les deux ans, quelle est la « colle » chimique qui fait tenir les couples à long terme ? Tout n'est pas perdu, comme nous le verrons dans les chapitres suivants.

Ce qui se passe quand vous vous faites plaquer

Une des raisons pour lesquelles un nouvel amour est si tétanisant est la possibilité et la crainte que ce sentiment ne soit pas entièrement réciproque et que le rêve s'arrête brusquement.

Les Dr Fisher, Brown et Aron ont scanné les cerveaux de 40 jeunes hommes et femmes qui venaient de se faire quitter par leurs partenaires amoureux. Comme dans l'étude sur les effets du coup de foudre conduite en 2007 par Brown et Fisher, les chercheurs ont comparé deux séries d'images, les unes prises quand les participants regardaient une photo d'un ami, les autres quand ils regardaient la photo de leur ex. Les résultats montrent que quand un individu regarde la photo de celui ou celle qui vient de le quitter, les aires du cerveau associées à la douleur physique, aux TOC, à la prise de risque et au contrôle de la colère sont toutes activées. Ils ont aussi découvert que quand vous vous faites « plaquer », ces aires cérébrales sont généralement encore plus actives et l'attraction envers celui ou celle qui vient de vous quitter est plus forte encore. La tactique de survie qui se met alors en place ressemble à la réaction « fuir ou combattre » : le cerveau essaie une dernière fois de capter l'attention de l'être aimé pour éviter rejet et souffrance. Quand on accepte enfin la rupture et qu'on sort du déni, ce sont les zones cérébrales liées au désespoir qui s'activent.

Quand on se fait plaquer, le cerveau nous pousse plus que jamais à rechercher la présence de notre ex.

Voir l'image de leur ancien partenaire a stimulé chez les sujets étudiés la sécrétion de dopamine, la substance chimique associée au plaisir et à l'addiction. On n'observe pas cet effet quand on leur montre des images de leurs amis. Ces images cérébrales expliquent aussi pourquoi la rupture d'une relation peut déclencher de graves problèmes de santé. Quand on a passé le cap du déni et que les hormones du bonheur comme la dopamine se tarissent, elles sont remplacées par des substances chimiques qui peuvent conduire à la dépression et abaisser les défenses immunitaires de l'organisme, le rendant plus vulnérable aux maladies. On considère qu'il vous faut en gros un mois par année de relation amoureuse avec une personne pour recouvrer votre santé émotionnelle et affective. C'est le délai moyen requis pour que vos hormones reviennent à leurs niveaux normaux, que le stress soit éliminé et que vous retrouviez votre équilibre psychophysiologique.

Si une relation durait par exemple deux ans, il vous faudrait deux mois pour évacuer les séquelles nocives de votre corps et sentir que vous les avez surmontées. Ce qui explique pourquoi les personnes d'un certain âge qui perdent un partenaire après cinquante ans de mariage peuvent ne jamais se remettre d'une rupture, ou du décès de leur conjoint.

En résumé

Pour le résumer en termes simples, le comportement sexuel est le résultat d'un cocktail d'agents chimiques sécrétés dans le sang par le cerveau qui stimule la production d'hormones, à commencer par la testostérone et l'œstrogène. Une situation particulière que l'on est en train de vivre peut aussi pousser le cerveau à produire ces molécules. Par exemple une certaine chanson, une odeur spéciale ou une personne qui possède des caractéristiques physiques spécifiques peuvent stimuler cette sécrétion. En vieillissant, ces niveaux hormonaux décroissent, en particulier pour la testostérone. Les injections de testostérone sont devenues courantes chez les hommes et les femmes d'un certain âge dont la sexualité décline. Nous discuterons plus en détail cet aspect du problème un peu plus loin, mais il est important de comprendre que tous les idéaux et sentiments amoureux, les hauts et bas que l'on peut expérimenter dans un nouvel amour, sont liés à des mécanismes biochimiques désormais bien connus et n'ont vraiment rien de cette mystérieuse rencontre des âmes à laquelle nous voudrions tant croire.

La science nous révèle enfin les dessous de la passion amoureuse, du désir, de la pulsion sexuelle et de l'attachement qui étaient auréolés de mystère et de fantasmes depuis des millénaires. Ces résultats scientifiques constituent une cartographie aussi parlante que celle d'un GPS pour comprendre le fonctionnement de l'amour au niveau cérébral. Certains s'en alarment et prétendent que ce type de recherches ruine le mystère du coup de foudre amoureux et réduit la naissance de l'amour à une équation chimique. C'est en fait tout le contraire. En comprenant ce qui vous pousse à faire les choix que vous faites, en saisissant que l'amour a une base biologique et n'est en rien une force irrationnelle, vous pourrez mieux contrôler vos choix et vous aurez de bien meilleures chances de réussir votre vie amoureuse, malgré votre conditionnement cérébral. Au lieu de clamer : « Ce sont mes hormones qui décident ! », vous pourrez empoigner le gouvernail et décider où vous voulez conduire la barque. En plus des mécanismes biochimiques, d'autres forces sont aussi à l'œuvre, dont nous allons vous parler plus loin : arrivés au bout de votre lecture, vous aurez aussi un bien meilleur contrôle de leur fonctionnement.

Ne pas comprendre que l'amour se ramène à une série de réactions chimiques fait de vous la proie idéale du premier dragueur venu.

Quand le premier système de navigation GPS a été lancé sur le marché par BMW, il s'est trouvé quelques clients pour protester, objectant que cela supprimerait tout le plaisir de la découverte. En fait, le GPS a surtout permis aux gens de gagner du temps en cessant d'emprunter des routes qui ne les menaient nulle part, avec la colère et la frustration que cela entraîne. Il peut parfois être amusant de se perdre, mais grâce aux nouvelles technologies vous avez toujours la possibilité de vous retrouver quand vous le décidez. C'est ce sens de l'orientation dans le dédale de l'amour et du sexe que nous allons tenter de vous apprendre dans les chapitres suivants.

CE QU'IL FAUT RETENIR

- Nos pulsions et désirs sexuels sont pour l'essentiel restés inchangés depuis des centaines de milliers d'années.
- L'attraction, le désir sexuel, la passion, l'amour sont autant de réactions chimiques déclenchées dans le cerveau.
- La science a prouvé qu'hommes et femmes ont une vision différente des relations amoureuses et que, selon le sexe, l'amour mobilise des aires cérébrales complètement différentes.
- Quand vous comprenez que vos besoins et vos sentiments sont déclenchés par des réactions chimiques dans le cerveau, vous pouvez apprendre à travailler avec eux plutôt que contre eux.

CHAPITRE 2

Amour et sexe : parlons franchement

Mais d'abord, les relations sexuelles, ça sert à quoi ? Vous vous dites peut-être : la réponse est si évidente que la question ne se pose pas. Pensez-y : la sexualité, l'amour passion et les histoires d'amour en général sont des entreprises qui pompent beaucoup de temps, d'énergie… et donc d'argent. Dîners, petits week-ends en amoureux, coups de fil interminables, lettres et messages divers, cadeaux onéreux, mariage, puis séparation, enfin divorce, tout ça prend en effet beaucoup de temps et coûte cher. Et pour quoi ? Au final, l'enjeu c'est la prolongation de votre lignée génétique – rien d'autre. Une histoire d'ADN qu'il faut transmettre à tout prix. Il est vrai que chez les êtres humains la sexualité telle qu'elle est cérébralement programmée sert aussi d'autres buts. Elle est utilisée pour acquérir du pouvoir, un statut social et nouer des liens avec les autres, comme chez d'autres primates tels les bonobos. D'ailleurs toutes les créatures vivantes n'utilisent pas la sexualité pour se reproduire. Certaines plantes, des bactéries ou des invertébrés comme les vers de terre n'ont pas de sexualité. Ils se reproduisent par simple clonage. Ils sont donc asexués. Le problème c'est que le clonage engendre des spécimens exactement identiques aux parents, c'est-à-dire ni plus forts ni mieux adaptés que ceux-ci et donc moins aptes à survivre dans un environnement changeant. Les rejetons d'une femelle asexuée ne pourront survivre que dans un habitat identique à celui auquel leur mère s'est adaptée. Or tout environnement est en constante évolution. En mélangeant les gènes de deux individus, vous obtenez un spécimen plus fort et plus résistant que ses parents.

La sexualité est héréditaire. Si vos parents n'en avaient pas, vous n'en aurez pas non plus.

Ce phénomène a été mis en évidence en 2007 par Matthew Goddard à l'université d'Auckland (Nouvelle-Zélande). Il a comparé deux variétés de blés – l'une qui se reproduisait par croisement et l'autre par clonage. Dans des conditions environnementales stables, on observait un taux de fécondité identique pour les deux souches. En revanche, quand les scientifiques ont accru la température de la pièce pour créer un environnement plus hostile, la variété produite par croisement a obtenu de bien meilleurs résultats. Sur 300 générations, son taux de croissance a été de 94 %, contre 80 % pour la souche clonée.

La sexualité peut être agréable et plaisante mais elle prend du temps et elle est fatigante. En définitive, elle produit une espèce plus forte et plus efficace, et c'est sa principale raison d'être.

L'évolution des mœurs

Jusqu'aux années 1940, on considérait 40 ans comme l'âge moyen. Les personnes âgées de 50 ans n'avaient comme perspective que la retraite et un homme de 60 ans était considéré comme vieux. Ces stéréotypes sont aujourd'hui remis en question par des chanteurs ou des acteurs comme Rod Stewart, Mick Jagger, Sean

Connery, David Bowie, Cher, Madonna, Joan Collins et Paul McCartney, pour n'en citer que quelques-uns.

Le XXIe siècle s'annonce bien pour les personnes âgées de 40 ans et plus, la génération qui a grandi pendant les années 1960 et 1970, qui ont eu un impact si fort sur la vie et la culture modernes. Cette génération explore en effet les nouvelles recettes de santé et de longévité, bref elle tente de ralentir la marche du temps pour retarder toujours plus le vieillissement. Jusqu'à la fin du XXe siècle, l'image de la femme de 40 ans était celle d'une mère de famille confortablement installée dans la vie, et on la représentait plus volontiers en utilisatrice d'appareils culinaires que de *sex toys*. Sa vie obéissait à une routine implacable, où l'amour et plus encore la sexualité jouaient un rôle modeste, à peu près comme au XIXe siècle. Maintenant, les modèles des femmes de 40 ans et plus ont des corps et des attitudes de trentenaires. C'est la première génération d'êtres humains qui refuse de vieillir.

Voici quelques statistiques récentes sur les changements survenus dans les sociétés occidentales, empruntées aux rapports officiels et statistiques des plus grands pays occidentaux (Australie, Nouvelle-Zélande, États-Unis, Canada, Grande-Bretagne, Allemagne, France, Hollande, Espagne).

1. L'âge moyen du jeune marié d'aujourd'hui est de 34 ans, celui de la jeune mariée de 32 ans (ajoutez 3 ans pour un second mariage).
2. L'âge moyen du premier enfant était de 30 ans pour une femme en 2008. Un couple sur six utilise maintenant la FIV pour procréer, à cause de taux de fertilité en baisse.
3. L'âge moyen du divorce est passé entre 1988

et 2007 de 37,6 ans à 44,2 ans pour les hommes et de 34,8 ans à 41,3 ans pour les femmes.
4. Environ 40 % des enfants sont maintenant conçus hors mariage.
5. Aujourd'hui, seuls 36 % des couples optent pour une cérémonie religieuse quand ils se marient.
6. Environ 80 % des couples dont l'un des deux partenaires ronfle font maintenant chambre à part.

Ces chiffres traduisent une formidable mutation dans notre rapport à la relation de couple, qui n'a plus rien à voir avec celle de nos grands-parents.

La science du comportement humain

On étudie de plus en plus l'espèce humaine en la resituant dans le cadre évolutionniste utilisé par les éthologues, les spécialistes du comportement animal. Ils ont notamment recours à la psychologie et à la biologie évolutionnistes, à l'écologie du comportement humain et à la sociobiologie. Ces disciplines forment la « psychologie évolutionniste humaine » (PEH) parce que leur objectif commun est de comprendre le comportement humain actuel en se basant sur l'histoire de l'espèce. Nombre de chercheurs en PEH ont commencé leur carrière scientifique en étudiant le comportement animal, ce qui explique que la méthodologie de la PEH soit très semblable à celle de l'éthologie animale. Le comportement humain a, de fait, évolué de la même façon que celui des autres espèces animales. La PEH se distingue en ce que les animaux qu'elle étudie sont doués de parole, ce qui présente des avantages et des inconvénients pour les chercheurs. Comprendre la PEH nous permet de mieux prédire les réactions et réponses humaines dans toutes les situations.

Par exemple, le paon doit son flamboyant plumage à la préférence des paonnes pour les mâles aux queues brillantes et colorées. Les paonnes rejettent les paons au plumage terne parce que ces mâles peu attrayants n'auront jamais les queues spectaculaires qu'elles apprécient. Cette préférence a entraîné l'extinction progressive des paons au plumage terne parce que les femelles refusaient de s'accoupler avec eux.

Et, exactement comme chez les paons, les stratégies d'accouplement humaines dépendent aussi de facteurs inconscients. Comme chez les autres espèces animales, l'accouplement humain obéit toujours, malgré ce que nous en pensons, à une logique de survie, jamais au hasard. En termes simples, les femmes ont toujours voulu des hommes capables de subvenir à leurs besoins – nourriture, abri, et protection en général – et ceux qui ne pouvaient leur procurer cela avaient beaucoup moins d'occasions de transmettre leurs gènes à la génération suivante.

Pourquoi c'est si important d'être aimé et d'être amoureux ?

Depuis les débuts de la médecine moderne au XVIIIe siècle, les médecins ont toujours rechigné à admettre des hypothèses sur la longévité humaine qui ne pouvaient être mesurées ou quantifiées. Les recherches actuelles montrent qu'aimer et être aimé augmente de manière significative l'espérance de vie et qu'aucun autre facteur – qu'il s'agisse des gènes, du régime alimentaire, du style de vie ou des médicaments – ne peut rivaliser avec les effets de l'amour. Le Dr Dean Ornish, auteur du révolutionnaire *Stress, Diet and your Heart* (Stress, régime et votre cœur), est un pionnier des recherches sur la longévité humaine. Il a été le premier chercheur en médecine à administrer la preuve formelle que certaines affections comme les troubles cardiaques pouvaient être causées ou enrayées par le style de vie, notamment des relations amoureuses épanouissantes. Il a publié ses résultats dans une étude menée à l'université Harvard dans les années 1950. Ses enquêteurs ont interrogé 156 hommes sains pour évaluer leurs sentiments envers leurs parents, leur proposant de définir leur relation avec ceux-ci selon une échelle allant de « étroite et chaleureuse » à « contrainte et froide ». Trente-cinq ans plus tard, on a découvert que 91 % des participants qui ne se percevaient pas comme ayant eu une relation chaleureuse avec leur mère souffraient de graves problèmes de santé à la maturité. À l'inverse, seuls 45 % des participants qui se décrivaient comme ayant eu une relation chaleureuse avec leur mère avaient souffert d'une maladie grave. En ce qui concerne l'évaluation de la proximité au père, 82 % de ceux qui avaient une relation peu chaleureuse et distante avec celui-ci avaient développé des maladies graves contre 50 % de ceux qui entretenaient de bonnes relations avec lui. En ce qui concerne les participants qui évaluaient la relation aux deux parents comme peu chaleureuse et distante, on note que 100 % avaient été atteints d'une affection grave à la maturité.

Des chercheurs de la Case Western University de Cleveland (Ohio) ont interrogé 8 500 hommes qui n'avaient jamais souffert d'ulcères du duodénum et ont surveillé l'évolution de leur santé sur une période de cinq ans. 254 d'entre eux ont développé des ulcères, mais étonnamment, les hommes qui ont répondu « Ma femme ne m'aime pas » ont développé trois fois plus d'ulcères que ceux qui ont répondu que leur femme les aimait.

Les gens qui se sentent aimés vivent plus vieux et jouissent d'une meilleure santé.

Autre enquête aux résultats similaires : les chercheurs ont cette fois suivi 10 000 hommes mariés sans symptômes d'angine de poitrine sur une période de cinq ans. Indépendamment d'autres facteurs de risques, les hommes qui répondaient « oui » à la question « Votre femme vous aime-t-elle ? » souffraient significativement moins de douleurs de ce genre. On a aussi découvert que plus un homme appartenait à une catégorie à risques, plus l'amour de sa femme le préservait d'éventuels problèmes de santé. Les recherches en cours montrent aujourd'hui que les émotions jouent un rôle déterminant pour aggraver ou au contraire protéger l'organisme contre le stress responsable de maladies et troubles divers. Cela signifie-t-il que si vous aviez une mauvaise relation avec l'un de vos parents ou les deux, vous êtes condamné à mourir d'un cancer, par exemple ? Heureusement, non ! Les recherches révèlent aussi qu'une relation amoureuse à l'âge adulte apporte une certaine sécurité émotionnelle et peut effacer les effets d'une relation précoce douloureuse avec ses parents. Si, en revanche, un individu répète avec son/sa partenaire le schéma relationnel expérimenté dans l'enfance, il va devenir un candidat tout désigné pour une maladie grave.

Toutes les enquêtes montrent à présent que les personnes mariées vivent plus vieilles que les célibataires, les divorcés ou les veufs, avec de faibles taux de mortalité pour presque toutes les pathologies. Les chances de survivre plus de cinq ans à un cancer diagnostiqué sont plus grandes pour les personnes mariées que pour les célibataires, quels que soient le sexe, la race et la culture.

Les hommes mariés vivent plus longtemps que les célibataires, mais ils ont plus de pensées suicidaires.

Les études montrent aussi que les couples mariés jouissent généralement d'une meilleure santé que ceux qui choisissent le concubinage. Le mariage entraîne une plus grande sécurité émotionnelle que la vie commune, surtout pour les femmes, car il envoie aux autres le signal que leur partenaire n'est pas « disponible ». Le mariage réduit le stress et procure un sentiment de sécurité accru, lequel renforce les défenses immunitaires. Linda Waite, sociologue spécialisée dans le mariage, a démontré que celui-ci allongeait l'espérance de vie. Les hommes mariés vivent en moyenne dix ans de plus que les célibataires et les femmes mariées quatre ans de plus que les femmes seules. En résumé, les personnes mariées vivent plus longtemps et sont moins susceptibles de tomber malades que les autres.

En 2021, un couple britannique sur cinq ne sera pas marié, préférant le concubinage.

Les 7 catégories d'amour

Pour la plupart des gens, l'amour est un grand mystère – et c'est surtout vrai pour les hommes. Quand une femme emploie le terme « amour », les hommes n'ont qu'une idée très approximative de ce qu'elle entend par là. Elle lui dit « Je t'aime » et, l'instant suivant, elle va affirmer qu'elle aime les sushis, son chien ou le shopping. Il lui reste alors à comprendre où il se situe dans ces différentes sortes d'amour.

« Bien sûr que je t'aime, protesta-t-il. Je suis ton mari – c'est mon boulot... »

Le problème c'est que la plupart des langues modernes n'ont qu'un mot pour une vaste gamme d'émotions qu'on rassemble sous la dénomination « amour ». Les langues anciennes signalaient par une série de termes différents les nombreuses catégories d'amour qu'elles distinguaient. Les Perses anciens en avaient 78 à leur disposition, les Grecs 4, les Romains 5.

Quoi qu'il en soit, nous pouvons aujourd'hui distinguer 7 principales catégories d'amour :

1. L'amour passion – attraction physique, pulsions sexuelles, passion amoureuse et activité hormonale.
2. L'amour pragmatique – on aime son pays, son travail, le shopping ou les pizzas.
3. L'amour altruiste – on aime une cause, un dieu ou une religion.
4. L'amour obsessionnel – jalousie, obsession et remous émotionnels violents.
5. L'amour fraternel – pour les amis, les voisins.

6. L'amour ordinaire – pour vos concitoyens et les autres.
7. L'amour familial – c'est l'amour que vous réservez à vos enfants, vos parents, vos frères et sœurs.

Donc la première fois qu'une femme dit à un homme « Je t'aime », que doit-il en penser ? Jusqu'à cet instant, la relation (sexe, rires et bons moments) qu'il avait avec elle lui convenait parfaitement. Maintenant il se représente l'engagement, le mariage, la belle-famille, les enfants, l'ennui, les hobbies auxquels il va devoir renoncer, la torture mentale, la monogamie à perpétuité, son ventre qui va s'arrondir et l'inévitable calvitie. Pour une femme l'amour est associé à la monogamie, au nid familial, aux enfants – toutes les priorités féminines qui font parfois fuir les hommes.

La cartographie amoureuse

Notre cartographie amoureuse c'est le barème intérieur qui contient tous les éléments que nous jugeons attractifs. C'est l'instrument de mesure que nous utilisons pour évaluer un partenaire éventuel. Les critères qui nous font décider quelle personne nous attire ou non proviennent à la fois de notre programmation cérébrale et d'une série de prédispositions acquises dans l'enfance. Nos expériences d'enfant ont en effet forgé nos goûts et nos préférences amoureuses : certains mots ou phrases qu'ont pu dire nos parents, ce qui leur paraissait excitant, repoussant ou dégoûtant, ce que nos amis d'enfance considéraient comme bon ou mauvais, ce que nos professeurs pensaient de la punition ou de la récompense, ainsi que toute une série d'expériences similaires apparemment mineures auxquelles nous avons été exposés. Les scientifiques qui ont étudié la façon dont nous choisissons notre partenaire pensent que cette configuration amoureuse commence à se former vers l'âge de 6 ans et est bien installée vers 14 ans.

Mais deux faits sont maintenant avérés : pour les femmes les ressources masculines sont le principal critère de sélection, et pour les hommes c'est la jeunesse, la santé et la beauté qui priment.

Quand vous aviez 4 ans, vous vouliez épouser votre mère, votre père, votre frère ou votre sœur. Les scientifiques savent à présent que nous perdons tout intérêt « amoureux » pour nos proches vers l'âge de 7 ans. Ce sont alors les êtres plus distants, éloignés ou mystérieux qui nous attirent. Cette aversion pour les proches qui résulte de la biochimie cérébrale a été démontrée par la célèbre expérience du « T-shirt odorant ». On a demandé à des femmes de humer divers T-shirts d'hommes et d'évaluer leur attirance pour chacun d'eux. Résultat : plus le système immunitaire d'un homme était proche du leur – similaire à celui de leur père ou de leur frère –, moins ce T-shirt les attirait. Plus le système immunitaire de l'homme était différent du leur, plus son odeur les stimulait. On a aussi pu observer ce phénomène chez d'autres mammifères. Il a pour fonction de nous empêcher de nous accoupler avec des êtres génétiquement trop proches de nous, ce qui pourrait entraîner des problèmes de dégénérescence dans les générations suivantes. Le principe qui s'applique alors est celui de la survie du spécimen le plus adapté.

Le moment est aussi un facteur essentiel dans la séduction. Vous êtes sujet à des remous émotionnels, dépression, solitude, divorce ou, au contraire, vous célébrez une réussite ou un événement heureux, dans un cas comme dans l'autre votre cerveau recherche des êtres capables de satisfaire vos besoins amoureux spécifiques. Un changement de situation va modifier votre équilibre hormonal et votre carte amoureuse va être activée. Un changement de cadre aura le même effet : les études montrent qu'en vacances ou dans un séminaire professionnel nos semblables, à la fois excités, détendus et libres de leurs habituelles obligations familiales, présentent des niveaux de dopamine plus élevés, ce qui favorise leur propension à tomber amoureux ou à entamer une liaison. Dans ces deux cas, le facteur sous-jacent est le même : les hormones jouent un rôle déterminant.

Comment Hollywood et les médias conditionnent notre vision de l'amour

Un acteur est un menteur professionnel. Et l'acteur qui ment le mieux, celui qui rend son personnage le plus crédible, est celui qui remportera l'oscar. L'univers d'Hollywood est fait d'images falsifiées, d'histoires amoureuses fabriquées et de glamour factice. On suggère pourtant aux spectateurs et spectatrices de s'identifier à ces images. Pourtant les rapports idéalisés de ces personnages de fiction, si plausibles soient-ils parfois, ne sont pas reproductibles dans la vie réelle. Ces images artificielles nous sont assenées depuis des décennies et les femmes sont soumises à une énorme pression pour ressembler aux stars qu'elles contemplent sur l'écran, tandis que les hommes doivent se montrer plus excitants, plus stimulants et plus passionnés qu'ils ne l'ont été à aucun moment de l'histoire. Quand avez-vous dîné pour la dernière fois dans un restaurant de luxe, en tailleur et parfum Chanel, déposé par le chauffeur de votre limousine, une Rolex au poignet et tout ça avec la prestance de Tom Cruise et Nicole Kidman ? Eh bien, c'est pourtant avec cette image-là qu'il faut vous mesurer – on vous somme d'essayer de vous calquer sur elle.

Tels sont les modèles complètement irréels que les médias actuels vous forcent à ingurgiter. Et tel est le type de pression à laquelle sont soumis les hommes et les femmes d'aujourd'hui et le défi qu'ils doivent relever. On veut faire croire aux spectatrices lambda qu'elles doivent viser un amant beau et riche à la Brad Pitt alors qu'en réalité l'homme qu'elles ont à la maison est un mécanicien aux revenus assez modestes. La frontière entre réalité et fiction est de plus en plus floue. Au début d'une nouvelle relation, beaucoup d'hommes, incités par les attentes irréalistes des femmes, peuvent donner à celles-ci l'illusion qu'ils y répondront au moins partiellement. Ils jouent le héros de conte de fées, le prince charmant qui va satisfaire toutes les exigences de la demoiselle. Mais cette fausse image ne tarde pas à se lézarder. Le Prince charmant, réalise la demoiselle, n'est qu'un garçon très ordinaire et l'effondrement des espoirs démesurés placés en lui met le couple en danger et risque bien souvent d'entraîner la rupture.

Les femmes sont chaque jour exposées à des images du « nouvel homme » dans toutes les situations sentimentales imaginables, y compris des soi-disant machos qui pensent, parlent et réagissent comme des femmes. Ces hommes ont des corps sculptés et même ciselés, des vêtements hors de prix, des poitrails velus, des barbes bien taillées et adorent écouter les femmes parler de leurs relations et de leur vie. Ces images sont confortées par les magazines féminins qui donnent aux femmes l'impression qu'elles sont les seules à ne pas être mariées à un bellâtre fortuné, genre *Les Feux de l'amour*.

En fait les études montrent très clairement que les femmes qui passent leur temps à lire des romans d'amour à l'eau de rose ne trouvent jamais le bonheur – bien que ces mêmes études montrent aussi qu'elles ont généralement plus d'orgasmes que celles qui ne les lisent pas.

> Pourquoi les femmes mariées sont-elles en général plus grosses que les célibataires ? Parce que les célibataires, en rentrant chez elles, jettent un coup d'œil sur ce qu'il y a dans le frigo et vont se mettre au lit. Les femmes mariées, elles, vont jeter un coup d'œil sur ce qu'il y a dans le lit et se jettent sur le frigo.

Pourquoi au XXIe siècle les relations amoureuses sont-elles plus difficiles pour les hommes ?

Les hommes nés avant les années 1960 ont été les derniers d'une génération à qui on avait inculqué l'idée que pour être séduisant il fallait avoir un travail, un hobby et un atelier au fond du jardin. On devait céder le passage aux dames, ne jamais dire de gros mots devant elles, boire beaucoup de bières et idolâtrer John Wayne et Cary Grant.

Un vrai homme ne pleurait jamais en public sauf au cinéma en voyant un chien héroïque mourir en sauvant son maître. Ou Marilyn Monroe déboutonner son chemisier.

C'est à peu près tout ce qui était requis pour être un « véritable » mâle. John Wayne était le prototype de ce genre d'hommes, dur et rugueux, mais respectueux avec les dames et toujours fair-play.

Depuis les années 1970 et avec l'apparition de sociétés occidentales plus féminisées, les attentes des femmes concernant les hommes et les relations sentimentales ont changé. Les femmes attendent aujourd'hui de la relation amoureuse beaucoup plus de satisfactions que leurs grands-mères. Jusqu'aux années 1970, une femme devait « se trouver un homme » si elle voulait être considérée comme socialement respectable, avoir des enfants « légitimes », voire emprunter de l'argent à la banque. Maintenant que ces restrictions n'existent plus, elles peuvent se montrer plus exigeantes avec les hommes. Beaucoup d'hommes ont essayé de relever ce défi. Mais les nouvelles exigences des femmes les laissent désorientés, déboussolés : elles voudraient des hommes qui pensent comme elles, montrent de l'empathie, se lancent dans des discussions interminables sur leurs états d'âme et discutent de problèmes sans chercher à les résoudre pour autant (toutes activités pour lesquelles le cerveau masculin n'est pas programmé). Ils ont fini par se replier sur un comportement qu'on appelait autrefois « macho » ou « phallocrate ». Le profil caractéristique du macho ? Obsession des détails à propos des moteurs de voitures, de la mécanique en général, des ordinateurs ou des statistiques sportives, le tout combiné avec une aptitude minimale, voire nulle, à la communication. La société féminisée d'aujourd'hui n'apprécie pas ce comportement masculin et tente parfois de le présenter comme une maladie. Certains mâles sont ainsi qualifiés de mentalement déficients alors qu'ils présentent en fait des traits de caractère typiquement masculins sous une forme particulièrement aiguë.

Aujourd'hui, les enseignants qui travaillent avec de jeunes enfants sont presque tous des femmes. Elles encouragent les garçons à « exprimer leur différence par la parole » et à « jouer doucement » au lieu de former des groupes hiérarchisés, de se bagarrer, de se moquer les uns des autres et d'élire des chefs, autant de caractéristiques profondément ancrées dans le cerveau masculin. Les modèles masculins chez les enseignants sont donc rares. Une telle situation ne fait qu'ajouter à la confusion que ressentent les nouvelles générations de jeunes hommes quand ils s'interrogent sur leur identité masculine.

Malheureusement, le niveau des exigences féminines envers les hommes ne cesse de s'élever du fait des médias et du cinéma hollywoodien, au point que nombre d'hommes ont purement et simplement renoncé à essayer de faire valoir leurs charmes.

Alors qu'on attend des femmes qu'elles rivalisent avec les images de starlettes qui envahissent les magazines féminins, c'est encore plus difficile pour les hommes parce que au moins les magazines féminins vous montrent à quoi vous êtes censé ressembler, alors que les magazines masculins, non. Le nouveau mâle parfait du XXIe siècle devrait être un guerrier sur son lieu de travail, un métrosexuel accompli en matière de vêtements, de cuisine et de déco, un étalon au lit, un athlète aux abdos impeccables dans la salle de gym, un père parfait, un ami qui adore écouter les femmes parler de leurs problèmes et un type sensible qui pleure quand il regarde *Roméo et Juliette* ou *Titanic*. Malheureusement pour la plupart des femmes, ce type d'homme a en général un petit ami.

À mesure que s'allonge la liste des exigences pour l'homme parfait du XXIe siècle, nombre de ces messieurs se réfugient dans la passion du foot, les courses automobiles, et les bars ou les pubs où les hommes entre eux peuvent encore se montrer sous leur vrai visage. Pendant ce temps-là, les femmes n'ont qu'à aller faire du shopping et manger du chocolat.

En résumé

Nous vivons une époque où les relations amoureuses sont beaucoup plus incertaines qu'autrefois. Les attentes réciproques des hommes et des femmes ont atteint des niveaux inégalés et vos parents sont bien incapables de vous conseiller en la matière. Pourtant être amoureux et être aimé est toujours aussi vital pour les êtres humains, pour leur santé et leur survie. On attend des hommes qu'ils soient doux et féminins dans certaines situations et courageux et virils dans d'autres, tandis que les femmes doivent subvenir seules à leurs besoins mais aussi savoir programmer un GPS. Ces compétences n'ont jamais fait partie des tâches dévolues à nos ancêtres. Quand vous comprendrez mieux qui nous sommes et d'où nous venons, vous pourrez développer des stratégies pour séduire et « gérer » le sexe opposé.

Mais vous devez d'abord savoir exactement ce que le sexe opposé attend vraiment du sexe et de l'amour, et c'est ce que nous allons vous expliquer dans les deux chapitres suivants.

CE QU'IL FAUT RETENIR

- La société a peut-être spectaculairement changé au XXe siècle mais nos besoins et motivations sont restés identiques depuis des centaines de milliers d'années.
- Les médias ont donné aux hommes et aux femmes des attentes irréalistes en matière de relations amoureuses. Personne n'est parfait, et si vous essayez de trouver le partenaire parfait ou tentez de le changer, vous courez au désastre.
- Comprendre nos motivations primitives est la clé d'une relation heureuse.

CHAPITRE 3

Ce que veulent vraiment les femmes

Beaucoup de mères font de leurs fils des partenaires et des maris déplorables. Un garçon sait que l'amour de sa mère lui est acquis, quoi qu'il fasse. Elle lui apprend qu'il n'a pas à ramasser ses affaires ni à prendre sa part des corvées ménagères. Il ne se sent pas tenu de l'inviter à dîner ni même de lui parler poliment. Sa mère lui apprend que l'amour d'une femme est à sens unique et qu'on n'attend pas de lui qu'il donne quoi que ce soit en échange. C'est pourquoi, quand l'afflux hormonal déclenché par une nouvelle relation se tarit, comme cela arrive tôt ou tard, l'atmosphère passionnelle s'évapore peu à peu et la libido décline. Après tout, il n'avait pas à prouver à sa mère qu'il l'aimait, elle le savait bien, alors pourquoi cette nouvelle femme a-t-elle besoin de preuves continuelles ? Un jour, sa compagne endosse clairement le rôle maternel : elle se met à laver ses vêtements, à lui dire quoi manger et à le houspiller. Mais aucun homme n'a envie de faire l'amour avec sa mère. Le seul moment où une femme peut réussir à changer un homme, c'est quand il est tout petit.

Quand vous essayez de changer un homme, vous endossez le rôle de sa mère. Qui lui faisait à manger et surveillait ses devoirs.

Les besoins des femmes ont changé

Les femmes d'aujourd'hui attendent beaucoup plus d'une relation que leurs ancêtres l'auraient imaginé.

Pour vous montrer à quel point la relation de couple a évolué, voici un extrait d'un ouvrage rédigé en 1963 par une femme pour des jeunes femmes et intitulé *La Mère de famille accomplie* :

« Quand vient le moment de gagner la chambre à coucher, préparez-vous aussi rapidement que possible pour vous mettre au lit. Si l'hygiène féminine est de la plus grande importance, votre époux fatigué ne doit pas avoir à attendre la salle de bains, comme il attendrait son train de banlieue. Mais rappelez-vous : vous devez être aussi charmante que possible quand vous vous mettez au lit. Essayez d'être attrayante – en évitant toute séduction trop ostensible. Avant d'appliquer une crème hydratante ou des bigoudis, attendez qu'il soit endormi car cette vision, la dernière avant qu'il s'endorme, pourrait être choquante pour lui. S'agissant des relations intimes avec votre mari, il est important de vous rappeler votre engagement à l'autel et en particulier votre promesse de lui obéir. S'il préfère s'endormir immédiatement, qu'il en soit ainsi. Dans ce domaine, comme en toutes choses, rangez-vous à ses vœux. Évitez toute pression pour l'inciter à des relations intimes. Si votre mari suggère l'union, acceptez humblement, sans oublier un seul instant que la satisfaction de l'homme est plus importante que celle de la femme. Quand il parvient à l'instant de la satisfaction, un petit gémissement de votre part l'encouragera et sera tout à fait suffisant pour lui indiquer le plaisir que vous avez pu y prendre. Si votre mari suggérait l'une des pratiques moins courantes, obtempérez sans protester mais faites connaître votre réticence en gardant le silence.

Il est probable que votre mari s'endormira ensuite rapidement, profitez-en pour vous rajuster, vous refaire une beauté et appliquez vos produits pour la peau et les cheveux. Vous n'aurez ensuite qu'à régler le réveil afin de vous lever un peu avant lui le lendemain matin. Ce qui vous permettra de lui préparer sa tasse de thé matinale pour le réveil. »

En lisant ce texte, certains hommes pourraient souhaiter revenir à cette époque bénie, ils jugeront peut-être même ce texte équitable et sensé. Les femmes du XXIe siècle, elles, attendent tout autre chose d'une relation conjugale que leurs grands-mères – les circonstances sont bien différentes de ce qu'elles étaient. Si les femmes d'aujourd'hui sont toujours guidées par leurs préférences ancestrales pour les hommes, elles ont aussi considérablement évolué depuis cette époque. Si leur cerveau reste conditionné par un lointain passé, la société moderne leur permet et attend d'elles qu'elles fassent des choix et prennent des décisions auxquels les générations passées n'ont jamais été confrontées.

Maman m'a dit d'essayer avant d'acheter

Dans les années 1950, 60 % des femmes avaient leur première relation sexuelle avec leur fiancé ou leur mari. Aujourd'hui, ce chiffre est tombé à 1 %. Une femme sur 5 née dans un pays occidental après 1960, époque où l'usage de la pilule s'est généralisé, n'a pas eu d'enfant. Avant les années 1960 les naissances non désirées étaient bien plus nombreuses. En Chine actuellement, plus de deux millions de femmes divorcent chaque année. Dans le sac d'une jeune femme du XXIe siècle, le préservatif voisine avec le rouge à lèvres. La motivation principale des femmes d'aujourd'hui en quête de relations sexuelles est d'améliorer leur estime de soi.

Aux États-Unis, 42 des femmes qui perçoivent de gros salaires n'ont pas d'enfants et 14 d'entre elles affirment qu'elles n'en veulent pas.

À l'âge de 30 ans, la majorité des jeunes femmes actuelles ont déjà eu au moins trois partenaires sexuels. Ces femmes ont profité de leur postadolescence pour mieux se connaître, pas pour se caser ni fonder une famille. La plupart des magazines féminins ciblent ces jeunes femmes avec des articles sur la sexualité et ses techniques. Il est rare de ne pas voir sur la couverture de l'un ou l'autre de ces magazines les mots « sexe » ou « orgasme » et, dans les discothèques, les toilettes masculines *et* féminines sont équipées de distributeurs de préservatifs. Pourtant, dans les sitcoms, on voit toujours des hommes courtiser des femmes pendant six épisodes avant de faire leur demande en mariage, comme si le mariage restait la consécration de la passion amoureuse. Le dilemme auquel sont aujourd'hui confrontées les femmes est que la plupart des hommes n'ont pour ainsi dire pas changé. Ils ne ressemblent guère aux héros des films et séries télé. Nombre d'entre eux ont des attitudes et des valeurs identiques à celles de leurs pères et de leurs grands-pères et ne sont guère pressés de sortir d'une confortable routine axée sur le travail et le sport.

Les pubs télé expliquent aux femmes d'aujourd'hui qu'il n'y a aucun mal à avoir des aventures d'un soir, mais les femmes actuelles restent intéressées, voire obsédées, par des relations à long terme et se passionnent pour les histoires sentimentales de couples de stars type Johnny Depp/Vanessa Paradis ou Brad Pitt/Angelina Jolie.

Les filles veulent profiter de la vie

Cela dit, les femmes qui mènent la révolution sexuelle d'aujourd'hui ne sont pas celles de 20 ans mais plutôt les quadragénaires. Leur carrière arrive à son apogée, elles ont des enfants qui sont déjà grands et autonomes. Nombre d'entre elles ont décidé qu'elles n'avaient plus besoin du mariage et que rien n'était pire que d'être coincée *ad vitam æternam* dans une relation morne et désenchantée.

Pour beaucoup de femmes, le mariage n'est plus éternel : la vie est trop courte pour s'ennuyer. Si on se marie, c'est pour aimer.

Autrefois, le mariage offrait aux femmes un statut social, celui d'épouse, une position sociale et une certaine sécurité matérielle : jusqu'aux années 1970, c'était, la plupart du temps, les hommes qui subvenaient aux besoins de leur famille et donc de leur épouse, laquelle en tirait des avantages financiers mais n'avait guère d'échappatoire en cas de mésentente conjugale. Ce type de mariage n'existe plus, du moins sous cette forme : c'est parce que les femmes sont souvent autonomes financièrement que tant de mariages prennent fin du jour au lendemain.

Il est nécessaire de comprendre comment vivaient les femmes d'autrefois pour saisir comment celles d'aujourd'hui pensent et jugent leurs relations de couple, et pourquoi elles réagissent comme elles le font.

Les femmes ont toujours fait passer leurs relations sentimentales avant tout le reste et elles mesurent leur succès et leur valeur à la qualité de ces relations. Les hommes, par contre, ont toujours mesuré leur valeur à leur réussite professionnelle. Les femmes d'autrefois prodiguaient de l'affection et acceptaient les rapports sexuels parce qu'elles avaient besoin de la sécurité que les hommes leur offraient : ils leur garantissaient nourriture, protection et survie, et le pacte reposait sur cet échange de bons procédés. Une femme qui ne parvenait pas à se faire aimer d'un homme pouvait être bannie de la caverne, dans un monde où elle était à la merci des ennemis ou des bêtes sauvages. Les femmes aimaient et prenaient soin de leurs enfants afin que ceux-ci deviennent des adultes capables de transmettre à leur tour leur capital génétique à la génération suivante. Elles avaient aussi besoin de donner et de recevoir de l'amour des autres femelles du clan car il arrivait que leurs compagnons ne reviennent pas de la chasse ou de la guerre : le soutien mutuel entre femmes était donc une nécessité vitale. Tel fut leur mode de vie durant des centaines de milliers d'années, du point de vue de l'évolution globale. L'introduction de la pilule contraceptive au milieu des années 1950 a pour la première fois permis aux femmes d'avoir le choix entre l'option carrière et l'option enfants. Le féminisme dans les années 1960 a poussé les femmes à penser et agir en toute indépendance et à conquérir leur autonomie. Dans les années 1980 et 1990, la promotion de l'égalité des sexes a amené les femmes, pour la première fois, à des positions de pouvoir et d'influence. Pourtant, la femme du XXIe siècle qui subvient elle-même à ses besoins reste hantée par la quête primitive des femmes de jadis : elle réclame un homme pour se sentir comblée et en sécurité. Ce besoin primordial non satisfait instille insécurité, doute et culpabilité chez la femme *New Age* – sans qu'elle comprenne le moins du monde d'où viennent ces sentiments négatifs. Et c'est ici que réside le problème. Il a fallu environ un million d'années pour que son cerveau programme les réactions qu'elle éprouve aujourd'hui. Or l'émancipation de la femme dans le monde a commencé au XXe siècle. Sa configuration neurobiologique est en contradiction avec son époque.

> L'homme qui réussit, c'est celui qui peut gagner plus d'argent que sa femme n'en dépense. La femme qui réussit, c'est celle qui a déniché cet oiseau rare.

Ce que veulent les femmes

Les chercheurs sont en train de mettre au jour les véritables qualités que les femmes recherchent chez les hommes. Qualités qui ne correspondent pas toujours à ce que les femmes d'aujourd'hui prétendent vouloir. Car la femme du XXIe siècle attend de son compagnon les mêmes qualités fondamentales que ses ancêtres : qu'il soit un bon chasseur et qu'il protège le couple et ses petits. Le résultat c'est qu'aujourd'hui les femmes veulent des hommes qui gagnent bien leur vie, ont une bonne éducation, un statut social et de l'autorité, autant de preuves de leurs capacités. C'est pourquoi elles sont attirées par des hommes ambitieux, intelligents, travailleurs, motivés et respectés de leurs semblables.

Les femmes d'autrefois recherchaient des hommes grands, forts, souvent plus vieux qu'elles, arborant un torse en V, autant de signes qui démontraient leurs capacités de chasseurs et de protecteurs. Même dans notre XXIe siècle politiquement correct et soi-disant égalitaire, les femmes préfèrent toujours des hommes au torse et aux épaules larges – mais pas trop car elles se méfient des obsédés du body-building – et des abdos en carrés de chocolat constituent un très appréciable bonus. Autant de qualités utiles à la chasse, pour attraper un buffle sauvage, porter de lourdes charges ou tuer mygales et serpents, mais qui ne présentent guère d'intérêt pour un homme du XXIe siècle.

L'attraction des femmes pour ces attributs physiques montre que leur cerveau est programmé pour rechercher exactement les mêmes caractéristiques que leurs ancêtres.

En un mot, les femmes veulent des hommes qui assurent leur subsistance et celle de leurs enfants.

Pas seulement réservé aux singes

On a découvert en 2009 que les femelles de certaines espèces de primates privilégient elles aussi des mâles qui partagent leurs ressources. Cristina Gomes et son collègue Christophe Boesch de l'Institut Max Planck ont étudié des chimpanzés dans une réserve de Côte-d'Ivoire. Ils ont constaté que les chimpanzés de sexes opposés échangeaient de la viande contre des rapports sexuels. Ils ont observé les mâles chasser et dénombré leurs copulations. Or ceux qui partageaient leur viande avec les femelles qui n'étaient pas en chaleur copulaient deux fois plus que les autres. Ce qui accroissait leurs chances de féconder ces dernières et améliorait leur régime alimentaire.

Cette étude, concluait le Dr Gomes, démontre le lien causal entre de bonnes capacités pour la chasse et les chances de reproduction chez les primates.

Il faut du temps à une femme pour évaluer si un homme a ou non le bon profil. Ça lui prendra peut-être trois rendez-vous, trois semaines ou trois mois. C'est pourquoi les femmes tombent amoureuses plus lentement que les hommes, mais aussi plus profondément à cause de niveaux plus élevés d'ocytocine. Oubliez le concept du « métrosexuel » qui passe sa vie à se regarder dans la glace, pleure au ciné et adore raconter sa vie sentimentale en détail. Il fera un ami génial, mais pas un partenaire solide pour la vie. Non, le critère absolument décisif, une fois encore, c'est l'homme capable de subvenir aux besoins de sa famille.

Le premier critère de la séduction masculine, cette capacité de subvenir aux besoins d'une famille, reste le plus décisif pour une femme, et à cet égard elle ressemble beaucoup à son ancêtre. Cette motivation est aussi puissante, les scientifiques l'ont montré, que la peur féminine innée des serpents ou le vertige en montagne.

Le Dr David Buss est professeur de psychologie évolutionniste à l'université du Texas, spécialisé dans les différences individuelles. Avec son travail novateur sur la formation des couples humains qui analyse les réponses de 10 047 personnes originaires de 37 cultures différentes, il a dirigé l'enquête multiculturelle la plus vaste jamais conduite sur ce sujet. Il a passé en revue les cultures modernes et primitives, les pays socialistes, communistes et capitalistes, les traditions mono et polygames et toutes les confessions religieuses. Or il a constaté qu'à tous les niveaux la capacité du futur conjoint à assurer leur avenir matériel est décisive pour les femmes. Ses recherches ont à cet égard confirmé ce que tous les tests démontrent depuis les années 1930 : les perspectives financières d'un partenaire amoureux sont un critère de choix deux fois plus important pour les femmes que pour les hommes.

Ces dernières ont toujours eu besoin d'être capables de reconnaître les signes de ce potentiel masculin d'enrichissement. Buss a interrogé 1 491 Américaines en utilisant les mêmes types de tests et il a obtenu les mêmes résultats que les enquêtes conduites dans les années 1930. Son enquête démontre l'importance des perspectives matérielles et financières pour les femmes dans la sélection de leur conjoint. En étudiant de notre côté 1 295 annonces matrimoniales parues dans divers journaux et magazines nous avons découvert que l'aisance financière est onze fois plus souvent citée par les femmes que par les hommes. Tandis que ceux-ci recherchent santé et jeunesse chez leurs partenaires, les femmes recherchent aisance financière et « sincérité », c'est-à-dire un homme qui accepte de partager avec elles.

Les femmes sont attirées par des hommes à haut statut social parce que ce statut est la preuve indéniable de la capacité d'un homme à garantir une certaine aisance. C'est pourquoi il n'est pas rare de voir un boxeur au visage cabossé entouré de jeunes femmes séduisantes. Pas nécessairement des femmes intelligentes d'ailleurs, mais de jeunes femmes séduisantes c'est-à-dire porteuses d'un bon potentiel génétique. Songez aussi à

Hugh Hefner et au harem dont il s'est entouré au Manoir Playboy…

Toutes les enquêtes sur les préférences masculines et féminines en matière de partenaires montrent que si les femmes accordent beaucoup d'importance au statut social de leur conjoint – à son pouvoir et à ses perspectives financières –, les hommes ne lui accordent qu'une place très secondaire quand ils choisissent une partenaire. Les femmes jugent ces caractéristiques particulièrement importantes chez un partenaire à long terme mais moins chez un partenaire sexuel occasionnel. Ces études révèlent aussi que les femmes accordent une grande importance aux études supérieures comme indicateurs de ressources futures, et le vieux cliché selon lequel elles épousent volontiers un avocat ou un médecin reste d'actualité. En d'autres termes, leur candidat n'a peut-être pas d'importants moyens financiers en ce moment, mais il les aura bientôt. Buss a découvert que dans tous les pays les femmes accordent toujours plus d'importance que les hommes aux ressources financières de leur futur partenaire. Un écart qui est de 38 % pour les Allemandes, 63 % pour les Taiwanaises et 87 % pour les Indiennes.

Les femmes se plaignent souvent que les hommes « disponibles » soient rares. Pourtant tous les cafés, restaurants, discothèques, clubs de gym et immeubles de bureaux sont pleins de mâles sans attaches que ces mêmes femmes ne remarquent pas. C'est parce que leur définition de la « disponibilité » est très spécifique : leur futur compagnon doit avoir des ressources suffisantes – ou le potentiel de les acquérir – pour subvenir à leurs besoins et à ceux de leur progéniture. Et rares sont les femmes qui discernent un tel potentiel dans le jeune homme qui leur sert du café – elles ne le voient même pas.

Les hommes qui ont des revenus modestes sont invisibles pour la plupart des femmes.

Les femmes ont plus d'orgasmes avec les hommes riches

En 2008, le psychologue évolutionniste Thomas Pollett de l'université de Newcastle (Grande-Bretagne) et son collègue, le professeur Daniel Nettle, ont montré dans une enquête que le plaisir sexuel féminin était proportionnel à la taille… du compte en banque de leur partenaire, donc à ses ressources financières. Plus un homme est riche, plus souvent sa partenaire atteindra l'orgasme. Pollett et Nettle ont enquêté sur 1 534 Chinoises et leurs partenaires, et leur étude se base sur les informations qu'elles ont fournies. Ils ont eu avec elles des entretiens en profondeur sur leur vie personnelle, y compris sexuelle, leurs revenus et divers autres paramètres.

Plus les revenus et l'aisance matérielle d'un homme sont élevés, plus sa partenaire a des orgasmes fréquents.

Il ressort de cette étude que 121 femmes (8 %) avaient des orgasmes à chaque rapport sexuel, 408 (26,5 %) souvent, 762 (49,6 %) parfois, et 243 (15,9 %) rarement ou jamais. Des chiffres très proches de ceux des Européennes et des Occidentales en général. Ils ont aussi découvert que la fréquence des orgasmes féminins croissait avec le revenu ou la richesse de leurs partenaires. Si un certain nombre d'autres facteurs affectent aussi le nombre d'orgasmes sexuels féminins, l'argent reste le plus déterminant.

Cette observation confirme ce que nous avons démontré dans *Pourquoi les hommes se grattent l'oreille... et les femmes tournent leur alliance ?*. Nous y avons montré que la capacité de la femme d'atteindre l'orgasme est fonction de la symétrie et de la séduction du corps de son partenaire, mais l'étude de Pollett et Nettle prouve que les ressources financières d'un homme constituent un atout plus décisif encore que l'apparence physique.

Pollett, Nettle et Buss estiment que l'orgasme féminin a depuis toujours pour fonction principale de forger un lien émotionnel avec des mâles « de haut niveau » en leur signalant qu'elles sont sexuellement satisfaites et par conséquent qu'elles ne chercheront pas à avoir des relations sexuelles avec d'autres hommes. Ceci afin d'obtenir de leur part un engagement à long terme... et des enfants.

Conclusion : les hommes riches sont des partenaires plus désirables et procurent un plus grand nombre d'orgasmes aux femmes.

Les 5 qualités masculines que les femmes recherchent

Les femmes ont toujours recherché des hommes financièrement à l'aise ou capables de gagner beaucoup d'argent. Elles avaient donc besoin d'indices pour être capables d'évaluer le potentiel financier des hommes qui les intéressaient mais aussi pour savoir s'ils partageraient ces ressources avec elles. Les mâles humains sont les seuls à partager leurs ressources avec les femelles. Les autres primates femelles doivent se débrouiller seules pour trouver leur nourriture et la protection dont elles ont besoin.

Voici les 5 qualités essentielles que les femmes du monde entier affirment attendre des hommes :

1. L'amour

Quand vous examinez ces 5 critères, ils se ramènent tous à « l'amour » – selon la définition féminine. Une femme veut être rassurée sur le fait qu'elle est aimée, voire adorée, et elle a sans cesse besoin de signes tangibles, de témoignages d'affection. Une femme veut entendre « Je t'aime », mais cette déclaration se décline de mille façons : « Tu es belle », « Tu nous as préparé un délicieux repas », « La maison est splendide », sans oublier les coups de fil surprises pour lui dire qu'on pense à elle et les petits bouquets. Montrer à une femme qu'on apprécie tout ce qu'elle fait à la maison est aussi décrypté par elle comme un signe d'amour. Et l'amour d'un homme signifie qu'il partagera ses ressources avec elle. Dans les affaires de divorce, les femmes disent souvent que les hommes considèrent leur travail quotidien dans la maison comme allant de soi et ne leur en montrent aucune reconnaissance. C'est parce qu'un homme a le sentiment que ses efforts pour assurer la subsistance de la famille, être celui qui gagne le plus d'argent (ce qui est encore le cas pour la plupart des hommes), pour changer les ampoules et résoudre les problèmes pratiques, constituent des preuves suffisantes de sa reconnaissance et de son amour.

Les femmes croient qu'un homme qui aime vraiment une femme devrait le montrer tous les jours en paroles *mais aussi* par ses actes. Les femmes veulent des preuves d'amour 24 heures sur 24. C'est une idée difficile à assimiler pour un homme, parce que c'est en accomplissant les tâches qu'il s'est assignées qu'il montre son amour à une femme. Il tond la pelouse, repeint la maison, répare la voiture, l'emmène au cinéma, bosse dur et paie les traites. Le cerveau de l'homme est organisé pour s'évaluer lui-même et sa contribution à l'aune de ce qu'il fait ou accomplit, non de ce qu'il dit ou ressent.

Dans *Pourquoi les hommes mentent et pourquoi les femmes pleurent* nous avons montré que le cerveau féminin est mieux organisé pour la communication orale que le cerveau masculin. Les mots sont une sorte de préliminaire amoureux pour les femmes. Les hommes doivent comprendre que les femmes ont besoin d'*entendre* des témoignages de leur amour et de leur reconnaissance pour y croire. Et c'est vrai chaque jour. Se rappeler les dates importantes, anniversaires de naissance ou de mariage, est aussi une preuve très appréciée. Un présent, si petit soit-il, dit à une femme que son compagnon l'aime. Une fleur rapportée du jardin, un petit mot écrit à la main ou une carte sont autant de signaux qui auront un fort impact. Ce qu'il faut comprendre c'est que l'essentiel est dans le geste, non dans le présent lui-même. La plupart des hommes s'imaginent qu'un présent doit être gros ou onéreux parce que c'est sur ce critère que les hommes estiment sa valeur. Pourtant offrir une fleur cueillie dans le jardin rapporte plus de points que d'offrir un grille-pain ! Même un bouquet de douze roses sera peut-être perçu comme une décoration pour la maison tandis que dans l'esprit d'une femme une rose unique ne peut être que pour elle !

2. *La fidélité*

La fidélité contient la promesse que l'homme continuera à partager ses ressources avec la femme de ses rêves. Mais la définition féminine de l'infidélité est très différente de sa définition masculine. Les hommes craignent que leur femme ne couche avec un autre homme parce que cela peut signifier, au pire, élever des enfants qui ne seront pas les leurs. Le premier souci d'une femme trompée concerne le lien émotionnel entre son homme et sa maîtresse. C'est pourquoi sa première question est toujours : « Tu l'aimes ? », autrement dit : « C'est avec elle que tu vas partager tes ressources ? ». Les relations sexuelles qu'il a eues avec l'autre passent au second plan. Si son compagnon lui répond : « Non. C'était juste une relation sexuelle », il sera rarement cru parce que, pour la plupart des femmes, faire l'amour avec quelqu'un suppose d'avoir noué un lien émotionnel fort avec lui. Alors que pour les hommes, c'est tout simple : leur cerveau peut très bien séparer désir sexuel et amour : le sexe c'est le sexe et l'amour c'est l'amour. Pour les femmes, à l'inverse, sexualité égale amour, ce qui signifie qu'il va y avoir un nouveau partage des ressources. Si son compagnon lui jure fidélité, une femme peut se dire qu'il ne partagera ses ressources avec personne d'autre.

3. *La gentillesse*

Selon les recherches du Dr Buss, la gentillesse arrive en troisième position des qualités les plus prisées des femmes dans 32 pays parce qu'elle symbolise aussi l'engagement. En échange de sa capacité d'enfanter, atout maître de la femme, celle-ci se montre très sélective avec les candidats éventuels chez qui l'amour, la sincérité, la générosité et la gentillesse sont des conditions essentielles. La femme d'autrefois recherchait un compagnon généreux et fuyait les radins parce que cette générosité signifiait des ressources abondantes pour elle et ses enfants, donc d'excellentes chances de survie.

Les femmes qui possèdent leurs propres ressources, statut et pouvoir, recherchent quand même des hommes qui disposent aussi d'une certaine aisance financière. Buss a découvert que presque toutes les femmes, indépendamment de leur culture, montraient une préférence marquée pour les hommes qui réussissaient financièrement et que celles qui avaient réussi montraient une préférence encore plus grande pour ce type d'hommes parce qu'elles recherchaient un homme encore plus fort qu'elles. C'est pourquoi vous verrez rarement une femme riche et puissante avec un raté complet. Nous avons enquêté sur un échantillon de 624 Européennes cadres supérieurs. 86 % nous ont déclaré qu'elles ne seraient pas intéressées par des hommes qui auraient moins bien réussi qu'elles, 9 % qu'elles y réfléchiraient. Pour 5 % seulement, ça n'avait pas d'importance. Évidemment il y a le contre-exemple des stars de cinéma vieillissantes qui sortent avec des hommes beaucoup plus jeunes qu'elles. Ce sont en général des femmes qui ont réussi et qui sont entourées d'une cour de jeunes gens qui n'ont pas (encore) réussi. Primo, d'un point de vue évolutionniste, ces unions sont sans valeur parce que ces femmes ne sont plus capables d'enfanter, alors qu'un homme de 60 ans peut féconder une femme de 25 ans. Ensuite, pour 5 femmes âgées de 60 ans, il n'y a que 3 hommes d'âge équivalent disponibles ; le choix d'une femme d'un certain âge est donc plus limité. D'autant que les hommes de leur âge préfèrent sortir avec des femmes plus jeunes – ils seront plutôt tentés par une femme de 35 ans que par une sexagénaire, si on leur donne le choix. Une femme âgée éprouvera le sentiment d'une seconde jeunesse avec un chevalier servant jeune et fringant, lequel acceptera ce type d'arrangement pour les bénéfices qu'il en retirera – argent, pouvoir, célébrité… En d'autres termes, elle a des ressources – argent, statut social, notoriété et pouvoir – et lui aimerait en profiter. Ce qui ne revient pas à dire que le couple femme plus âgée/homme jeune ne peut durer ; certains durent, mais la plupart non.

À l'inverse, l'union célèbre entre Anna-Nicole Smith et son milliardaire de 87 ans avait du sens : il voulait le glamour et le sexe avec une jeune blonde à forte poitrine et elle convoitait le pouvoir, le prestige et l'argent. Il lui a dit qu'il l'aimait, elle lui a montré de la gentillesse et lui a juré fidélité en l'épousant. Il est peu probable qu'elle aurait épousé un ancien petit fonctionnaire de 87 ans habitant une maison de retraite. Dans un tel cas, ce monsieur aurait sans doute dû se contenter d'une octogénaire et ç'aurait été pour avoir de la compagnie. Il est intéressant de noter que toutes les études s'accordent pour affirmer que les hommes s'intéressent en général peu au statut économique des femmes quelles que soient leurs ressources financières à eux.

En d'autres termes, le P-DG d'une énorme entreprise sera sans doute attiré par la même stagiaire que le vigile du rez-de-chaussée. Songez à Bill Clinton et Monica Lewinsky.

Règle amoureuse n° 17 pour les hommes
Vous devez montrer une peine sincère et un chagrin senti quand le chat de votre petite amie meurt, même si c'est vous qui l'avez (discrètement) balancé par la fenêtre.

4. *L'engagement*

Un homme qui jure fidélité s'engage à assurer à long terme la subsistance de celle qu'il épouse. Les femmes de tous les pays du monde accusent les hommes d'être réfractaires à l'engagement et de fuir les relations sentimentales au long cours. Quand vous réfléchissez à ce que signifie l'engagement du point de vue des femmes de jadis, cela présente beaucoup de sens. Pour elle, avoir un rapport sexuel avec un homme pouvait impliquer un engagement de dix à quinze ans, le temps de porter et d'élever un enfant jusqu'à ce qu'il soit autonome. Pour un homme, la même rencontre n'engage qu'un court moment, peut-être juste quelques minutes, et il repart vers de nouvelles aventures. Parce qu'un homme est cérébralement programmé pour propager ses gènes tous azimuts, beaucoup d'hommes rechignent à s'engager avec une compagne unique et redoutent le programme monogamie à perpétuité. En outre, la plupart des hommes comprennent que l'engagement signifie qu'ils devront partager leurs ressources.

« Je veux qu'il s'engage » est le cri des femmes du monde entier. Il faut neuf mois à une femme pour porter un enfant et au moins cinq ans de plus pour élever cet enfant jusqu'à ce qu'il soit capable de commencer à espérer survivre par ses propres moyens. Comparez ces chiffres avec ceux des chimpanzés : un bébé chimpanzé est autonome six semaines seulement après sa naissance.

Tant et si bien que le cerveau féminin a fini par se focaliser sur les mâles prêts à s'engager pour au moins six ans, ce qui implique qu'ils participeront à l'alimentation et à la protection de la mère et de sa progéniture tout ce temps. À un niveau subconscient, hommes et femmes connaissent ce phénomène puisqu'on dit qu'un mariage est en danger après environ sept ans. S'engager dans une relation avec un homme qui la féconde mais la quitte peu après et ne lui offre aucun soutien compliquera la survie de la femme et mettra en danger celle de son enfant. C'est pourquoi elle examinera attentivement ce qu'un candidat à l'accouplement peut avoir à offrir pour une éducation réussie de sa progéniture. Pour la plupart des femmes, le mariage reste l'engagement suprême qui garantit que le futur époux ne se volatilisera pas à la première occasion. Étant celle qui porte et nourrit l'enfant, la femme est totalement dédiée à la procréation et à l'éducation de ses enfants et elle attend de l'homme qu'il s'engage au même titre. C'est pourquoi dans une relation amoureuse la confiance entre partenaires est si importante pour elle.

D'un point de vue biologique, elle ne veut pas que son compagnon soit impliqué dans la procréation et l'éducation des enfants d'une autre femme, mais qu'il consacre tous ses efforts à l'éducation de ses rejetons à elle : la monogamie est donc dans les sociétés contemporaines (occidentales) une condition *sine qua non* pour presque toutes les femmes. Quand la confiance est brisée avec une femme, il peut être difficile de réparer la relation et les femmes qui ont traversé plusieurs ruptures se montrent souvent sceptiques quand à la confiance qu'on peut accorder aux représentants du sexe masculin.

Beaucoup de jeunes femmes utilisent le mot « loyauté » de préférence à « monogamie ».

Il est aujourd'hui beaucoup plus aisé pour une femme d'obtenir des informations sur les ressources actuelles ou potentielles d'un homme, mais s'il n'est pas disposé à les partager avec elle et ses enfants, alors c'est un handicap parce que, sans ce soutien, elle en sera réduite à se débrouiller toute seule. Le premier critère qu'une femme utilisera pour mesurer le potentiel d'engagement d'un homme sera… l'amour. Comme nous l'avons dit plus haut, les enquêtes sociologiques sur l'amour ont montré que ce critère était valorisé dans tous les pays du monde. Buss a établi pour son enquête une liste de 115 « actes d'amour » cités par les femmes qu'il a interrogées. Les premiers évoqués étaient les actes qui révélaient un engagement et donc un amour authentique. Parmi ceux-ci : renoncer à des relations sentimentales et sexuelles avec d'autres femmes, parler de mariage et d'enfants, écouter ses problèmes, être là pour la soutenir émotionnellement quand c'est nécessaire et ne pas oublier les petits cadeaux.

La sincérité est la qualité que les femmes recherchent le plus dans les annonces de rencontres. Elles demandent cette qualité quatre fois plus souvent que les hommes. La sincérité est pour elles synonyme d'engagement, c'est-à-dire de partage des ressources.

5. *L'éducation et l'intelligence*

Un homme intelligent et qui a fait des études supérieures est considéré comme ayant un meilleur potentiel d'enrichissement. Plus il est diplômé, plus il occupera des postes élevés et cumulera donc pouvoir, statut social prestigieux et ressources abondantes. Une intelligence brillante contient à peu près les mêmes promesses.

Si les femmes d'aujourd'hui sont toujours programmées pour charmer des hommes financièrement rassurants, elles s'efforcent aussi d'assurer elles-mêmes leur sécurité financière. Pour les générations passées ce n'était pas un enjeu parce que le mariage signifiait que l'homme serait *toujours* là pour subvenir aux besoins de sa femme et de ses enfants. Et comme nos ancêtres vivaient dans de grandes familles, elles bénéficiaient aussi du soutien d'un large réseau. Aujourd'hui, une femme n'a aucune garantie qu'un homme sera là pour elle demain. C'est ainsi qu'en Angleterre, par exemple, le nombre de mères qui élèvent seules leurs enfants est de 19,67 %, soit 1 sur 5. Un chiffre à rapprocher des 2,16 % d'hommes qui sont chefs de famille isolés. L'autonomie financière est donc devenue un véritable problème pour les femmes d'aujourd'hui.

Cela ne revient pas à dire que toute femme veut épouser un milliardaire, mais qu'elle ne veut absolument pas de quelqu'un qui serait accro aux jeux de hasard, prendrait des risques inconsidérés avec l'argent ou en dépenserait trop pour lui-même. Les femmes des générations passées n'avaient guère d'autre choix que d'accepter les imprudences financières de leur époux et de se résigner. Celles du XXIe siècle considèrent ce comportement comme irresponsable et y voient le signe que leur conjoint ne les aime ou ne les respecte pas.

L'engagement – pourquoi un homme ne doit pas mégoter sur la bague

Quand un homme veut s'attacher le cœur d'une femme à long terme, il le fait avec une bague. Plus grosse et plus onéreuse est la bague, plus cet homme envoie le signal à elle et à toutes les autres femmes que c'est avec cette femme-ci qu'il a l'intention de partager ses ressources. En termes simples, plus la bague est impressionnante, plus l'engagement sera perçu comme décisif par *toutes* les femmes. Cet homme exprime sa volonté de consacrer ses ressources à cette femme-là. Messieurs, même si vous êtes dans le rouge à la banque, un bon conseil, empruntez un peu d'argent, achetez-lui une bague digne de ce nom plutôt qu'une bague modeste ou un bijou fantaisie. Encore un test que la plupart des hommes ne comprennent pas. Une femme regarde ses bagues régulièrement et elles lui rappellent l'engagement de son compagnon envers elle. Des amies comparent aussi leurs bagues entre elles pour juger de l'engagement de leurs maris respectifs. Une femme peut habiter une maison modeste et rouler dans une vieille voiture, mais sa bague, achetée spécialement pour elle, a valeur de déclaration publique : elle témoigne de la profondeur de l'amour masculin et scelle un engagement solennel.

Kevin, qui comprenait l'importance de ce critère pour les femmes, avait offert à la sienne plusieurs bijoux spectaculaires. Pour sa part, il ne portait que son alliance et parfois une montre, et il ne voyait pas l'intérêt de porter des bijoux ou des accessoires qui « en jettent » pour s'affirmer. Son frère Glenn appliquait cette vision masculine à sa femme Leanne à qui les rares bagues qu'il offrait avaient généralement été acquises à bas prix en Thaïlande ou dans une brocante. Il ne réalisait nullement que son attitude sapait la confiance de Leanne, consciente qu'il avait largement les moyens de lui acheter de plus beaux bijoux. Glenn estimait aussi que l'achat régulier d'un bouquet de fleurs pour sa femme était une perte de temps, parce que les fleurs coupées ne durent que quelques jours. Pour son esprit logique masculin, une plante en pot était un achat beaucoup plus sensé parce que durable. Il lui achetait donc des plantes en pot, des rosiers de préférence, « la fleur de l'amour », précisait-il.

Mais pour l'esprit féminin de Leanne, quand une rose ou un bouquet de roses se fanent, c'est une nouvelle occasion pour Glenn de lui acheter un bouquet et de lui prouver une fois encore son amour.

Parce qu'un acte d'amour spontané signale la volonté de partager ses ressources, c'est la première des qualités qu'attend une femme de son compagnon. Presque toutes les études sur l'importance de l'amour comme condition d'une relation sentimentale à long terme montrent que 80 à 90 % des femmes disent qu'elles attendent de leur conjoint qu'il montre de l'amour avant de s'engager dans une relation permanente, voire de songer au mariage. Selon une étude de Sue Sprecher, co-auteure d'un livre intitulé *Sexuality*, 89 % des Américaines affirment qu'elles n'épouseraient pas quelqu'un qu'elles n'aiment pas (11 % si) alors que 41 % des femmes russes disent qu'elles sont prêtes à épouser quelqu'un qu'elles n'aiment pas. Ce résultat tient pour une grande part au fait qu'en Russie le nombre de femmes disponibles est plus élevé et les hommes sont donc moins tentés de s'engager. À Kiev (Ukraine), on a découvert en 2009 que la longévité moyenne des hommes est de 56 ans et que, pour un jeune homme de 20 ans, il y a quatre femmes disponibles. Messieurs, vous pouvez acheter des billets pour Kiev dans votre agence de voyages habituelle.

Notre conseil aux hommes sera donc celui-ci : vous pouvez faire l'impasse sur beaucoup de choses dans la vie, mais ne faites *jamais* l'impasse sur un bijou que vous pourriez offrir à votre femme. Si vous lui avez donné une petite bague au début de votre mariage parce que vous n'aviez pas le sou, offrez-lui-en une plus impressionnante dès que vous le pourrez. Que vous le vouliez ou non, cela aura un impact sur votre vie amoureuse et d'autres femmes jugeront votre engagement d'après cette fameuse bague. Nous avons découvert que les seules femmes qui contestent notre argument sont celles à qui leur mari n'a offert qu'un bijou minable ou un diamant minuscule et en sont restés là.

Les 10 choses qu'une femme ne dira jamais

1. J'aimerais bien que notre relation soit plus physique… Je suis fatiguée d'être seulement ton amie.
2. Surtout laisse l'abattant des WC relevé, j'adore la sensation de la porcelaine froide.
3. Je trouve tes fesses poilues très sexy.
4. J'adore l'odeur subtile de tes pets.

5. S'il te plaît ne jette pas ce vieux T-shirt. Les trous aux aisselles sont vraiment trop chou.
6. Ce diamant est beaucoup trop gros !
7. Jette-moi tout de suite cette tablette de chocolat !
8. Je m'en fiche que ce soit en solde ! Trois cents euros c'est trop cher pour une robe de créateur.
9. Est-ce que ça fait paraître mon derrière trop petit ?
10. Je vais faire un tour. Pourquoi tu n'appellerais pas ton ex ?

7 qualités masculines que les femmes jugent séduisantes

Les sept points suivants sont autant de signaux qui montrent le potentiel financier d'un homme. Ils ne sont pas présentés ici dans un ordre particulier mais une chose est sûre, voici les qualités masculines qui attirent les femmes.

1. Les femmes sont attirées par les hommes qui les font rire

Les hommes qui ont le sens de l'humour viennent en tête de presque toutes les enquêtes sur les qualités masculines qui séduisent les femmes et elle est régulièrement mentionnée dans les petites annonces de rencontres. Quand une femme rit, son cerveau sécrète des endorphines, une substance chimiquement proche de la morphine, et c'est ce qui lui donne ce sentiment euphorisant et relaxant. Les endorphines sont un antalgique naturellement produit par l'organisme, qui participent à nos défenses immunitaires et nous protègent contre les maladies. Le rire entraîne une réduction des hormones de stress comme le cortisol et il abaisse aussi la pression artérielle. Ce qui, de plus, réduit les risques de troubles cardio-vasculaires. Des niveaux de cortisol élevés entraînent une chute des défenses immunitaires, d'où les bénéfices pour la santé d'une réduction du cortisol. Les femmes comprennent inconsciemment qu'un homme qui voit la vie en rose sera meilleur pour sa santé, son bien-être en général et sa survie à long terme. Elle évitera donc les hommes qui sont constamment négatifs et déprimés ou perpétuellement renfrognés. Les hommes aussi comprennent le pouvoir de l'humour, ils rivalisent les uns avec les autres pour lancer la meilleure plaisanterie. Ils savent que celui qui fait rire les autres a une aura particulière et que son humour est un argument de séduction imbattable.

2. Les femmes sont attirées par les hommes qui veulent communiquer

Tout en haut du *top ten* de chaque femme figure la capacité de l'écouter parler de ses problèmes et de ses sentiments sans l'interrompre ou lui proposer des solutions. Si vous êtes un homme et que votre interlocutrice vous révèle des détails sur elle, imitez-la. Ce type d'effet miroir crée rapidement un rapport confiant et complice. Cela ne signifie pas qu'un homme doit se comporter comme une femme, mais seulement écouter avec compassion et sans proposer de solutions.

3. Les femmes sont attirées par les hommes qui cuisinent

Depuis environ un million d'années les hommes chassent pour se nourrir et rapportent de la nourriture à leurs compagnes. Même au XXIe siècle, tout homme qui prépare un repas pour sa femme éveillera des sentiments primitifs chez elle. C'est pourquoi emmener une femme dîner est un événement si agréable pour elle, même si elle n'a pas faim. Le geste d'un homme qui veut la nourrir provoque un déclic émotionnel. Si vous êtes un homme, inscrivez-vous à des cours de cuisine dès aujourd'hui.

4. Les femmes sont attirées par les bons danseurs

L'unique but de la danse est d'attirer l'attention sur soi, le sexe étant alors la motivation fondamentale. Quand des couples dansent, ils se tiennent souvent serrés l'un contre l'autre et miment les mouvements de l'autre exactement comme le font des spécimens d'autres espèces animales dans la parade amoureuse. Un homme sur huit seulement est cérébralement équipé du sens rythmique qui lui permet de sentir la pulsation et de claquer dans ses doigts au bon moment, alors que la plupart des femmes le font d'instinct. Le but de la danse pour les femmes est de capter l'attention de partenaires potentiels, rien de plus. Tout homme qui est d'accord pour se lancer sur la piste bénéficiera d'un gros avantage et devrait trouver une partenaire. Si vous êtes un homme, n'hésitez pas à courir au cours de danse dès que votre leçon de cuisine se termine.

« La danse est l'expression verticale d'un désir horizontal. »

GEORGE BERNARD SHAW

5. Les femmes sont attirées par les hommes qui les rassurent

Les femmes sont insécurisées par trois choses : leur apparence physique, l'argent et l'incertitude sur l'amour que leur compagnon leur porte. Une femme veut qu'on lui dise qu'elle est belle, qu'elle sent bon, qu'elle a bon goût et que son contact est agréable. Ne pas remarquer qu'elle a changé de coupe de cheveux ou porte des chaussures neuves lui envoie le message qu'elle ne vaut pas la peine qu'on la regarde. Lui clamer qu'elle est magnifique et la complimenter sur son style vestimentaire ou son maquillage la fait se sentir sexy et se demander si ce ne serait pas une bonne idée de coucher avec son complimenteur. Un homme qui rentre tard chez lui sans s'expliquer sur ce qu'il a fait suscite automatiquement de la suspicion et alimente l'insécurité chez la plupart des femmes. Il aura donc tout intérêt, pour apaiser les craintes de sa compagne, à appeler pour dire où il se trouve, à quel moment il compte rentrer ou encore qu'elle lui manque.

« Cette robe me fait un gros derrière ? » demanda-t-elle.
« Non, répondit-il, c'est tout le chocolat que tu avales chaque jour qui te fait un gros derrière. »

6. Les femmes sont attirées par les hommes qui aiment les enfants

La raison pour laquelle une femme noue un rapport amoureux avec un homme, c'est qu'elle veut fonder un couple dans lequel elle se sente choyée, rassurée et matériellement à l'aise. L'aptitude à créer la vie étant l'atout maître des femmes, tout homme qui signale qu'il aime les enfants, par exemple en jouant avec eux ou en leur lisant des histoires avant qu'ils s'endorment, obtiendra une excellente note.

7. Les femmes sont attirées par des hommes qui semblent sains

La bonne santé d'un homme est toujours un critère très important, voire décisif, dans la liste des qualités masculines recherchées. Et cela pour deux raisons : d'abord, s'il est en mauvaise santé, il va peut-être décéder prématurément ou devenir invalide, ce qui se traduira par une diminution des ressources familiales. Ensuite, il transmettra peut-être sa pathologie à ses enfants ou à elle, soit par le contact physique soit par ses gènes. Un homme en bonne santé c'est la promesse d'une progéniture potentiellement saine et d'une prospérité à long terme. Les femmes évaluent généralement les signes de mauvaise santé à une mauvaise condition physique, une hygiène déficiente, une mauvaise haleine.

Une bonne santé se signale par une bonne condition physique, un teint clair et un haut niveau d'énergie. Ce dernier se signale par une démarche énergique et des mouvements rapides, et en général une attitude vivante, autant de caractéristiques d'individus à statut social élevé. Des hommes nonchalants et ralentis sont perçus comme susceptibles de vivre plus longtemps mais aussi comme dépourvus de motivation, ce sont donc de pauvres candidats à l'accumulation de richesses à long terme. Si vous êtes un homme, n'oubliez donc pas de faire un saut à la salle de gym avant d'emmener votre copine dîner et danser.

Pourquoi aucune femme ne veut d'un raté

Toutes les études montrent que les hommes qui manquent d'ambition sont considérés par les femmes comme peu désirables, et la paresse, la perte d'emploi ou le défaut d'ambition sont souvent des causes de rupture. C'est pourquoi un homme qui travaille dur et affiche de grandes ambitions professionnelles est souvent très convoité par les femmes. À l'inverse, les mêmes attributs chez une femme sont généralement sans intérêt pour la plupart des hommes parce que, comme nous le verrons dans le chapitre suivant, les hommes voient les femmes d'abord comme des porteuses de (leurs) gènes, saines et fécondes.

« On échange les positions, ce soir, ma chérie ? proposa-t-il avec un rictus salace.
– Avec plaisir, mon amour, répliqua-t-elle. Tu repasses tes chemises pendant que je me vautre sur le canapé, une canette de bière dans la main droite et la télécommande dans la gauche. »

Certaines femmes trouveront peut-être cette attitude masculine froide et dure, mais, en comprenant sa signification, elles progresseront spectaculairement dans leur stratégie amoureuse.

L'argent sera toujours un atout décisif pour les femmes

Ce sont toujours les hommes qui déclarent les guerres et celles-ci n'ont qu'un seul objectif : mettre la main sur les ressources d'autrui. Ces ressources se présentent sous deux formes distinctes : tangibles – terres, maisons, objets d'art, etc. –, et virtuelles – la reproduction (les femmes !). Tout au long de l'histoire, les tribus en guerre lançaient des raids en territoire ennemi, pillaient leurs biens, tuaient les hommes, vieux et jeunes, et violaient ou kidnappaient les femmes. Ces dernières étaient rarement mises à mort parce qu'elles fournissaient aux assaillants l'occasion de transmettre leurs gènes.

La nécessité pour les hommes d'aujourd'hui d'accumuler et de contrôler des ressources financières est le résultat des préférences féminines pour les hommes à fort potentiel d'enrichissement. Les hommes font souvent l'objet de critiques de la part des femmes pour leur tendance à consacrer plus de temps et d'intérêt à leur travail qu'à leur famille. Les femmes se plaignent que les hommes sont plus concernés par les rivalités masculines au sein de leur travail et par leur chiffre d'affaires que par la vie familiale. Mais si les femmes n'avaient pas des préférences innées pour les hommes de ce genre, ceux-ci n'auraient pas le désir d'accumuler des richesses. Ils le font parce qu'ils savent que c'est ce qu'attendent leurs compagnes.

En résumé

La femme d'autrefois examinait attentivement les qualités d'un partenaire potentiel à long terme parce qu'un mauvais choix signifiait qu'elle et ses enfants risquaient de mourir de faim, d'être maltraités ou abandonnés. Ces critères valables il y a quelques dizaines de milliers d'années sont restés à peu près les mêmes pour les femmes du XXIe siècle. Celles-ci ne veulent toujours pas être maltraitées, abandonnées ou affamées. Ce qui ne signifie pas que toutes les femmes sont uniquement motivées par les richesses de leur homme, mais leur *motivation première* reste en tout cas de choisir des hommes dont les qualités – intelligence, opportunisme et ambition – leur assurent une aisance financière à long terme. Si un homme n'a pas de ressources ou manque d'ambition, les femmes en général ne s'intéresseront pas à lui à moins de pressentir qu'il a un véritable potentiel. S'il s'agit d'un étudiant de 22 ans fauché qui fait des études pour devenir neurochirurgien, avocat ou notaire, il sera donc probablement considéré comme un excellent investissement sur l'avenir.

CE QU'IL FAUT RETENIR

– Les femmes attendent des hommes les mêmes qualités basiques que leurs ancêtres : de bonnes aptitudes pour la chasse et des ressources. La société a peut-être évolué mais les besoins des femmes sont restés les mêmes.
– La paresse et l'absence de motivation sont les pires défauts masculins pour les femmes parce qu'elles signifient qu'un homme sera incapable de leur offrir des ressources.
– Les femmes veulent un partenaire qui puisse assurer leur subsistance, qui soit gentil avec les enfants et capable de les rassurer.

CHAPITRE 4

Ce que les hommes attendent vraiment des femmes

Pour la plupart des hommes, les relations sentimentales n'ont rien à voir avec la promesse d'un bonheur éternel et sont avant tout basées sur les services qu'une femme peut leur fournir. Elle veut des ressources, il attend des services. La base de la relation se résume donc à un échange de biens et de services. Quand on demande aux hommes de décrire la femme de leur vie, ils en reviennent toujours aux *services* qu'elle leur rend – c'est une bonne cuisinière, sa maison est impeccablement tenue, elle s'occupe parfaitement des enfants, c'est une compagne adorable, une bonne amie, elle est sexy, elle a un joli cul, etc. En d'autres termes, exprimés de façon un peu brutale, la femme est un « package de services » pour lesquels il paie à l'heure. Quand on demande aux femmes de décrire l'homme de leur vie, elles disent qu'il gagne bien sa vie, qu'il est intelligent, qu'il les fait rire, qu'il a un bon job, qu'il est propriétaire de la maison, et ainsi de suite. En d'autres termes, il leur apporte des *ressources*. La société a baptisé cet échange de biens et de services « compatibilité », un terme qui sonne bien et décrit la relation de manière politiquement correcte. Mais la relation homme/femme reste néanmoins pour l'essentiel un échange de biens et de services. Ce qui intéresse avant tout les hommes, ce sont les services que les femmes peuvent leur apporter, et leur apparence physique.

Si vous êtes une femme, vous avez peut-être l'impression que nous présentons les hommes comme superficiels ou égocentriques. Tel n'est pas notre propos. Comme nous allons vous le montrer, les besoins et les priorités des hommes sont assez simples et, si vous satisfaites le bon besoin au bon moment, vous ferez de votre compagnon un homme heureux.

Les hommes ne connaissent que deux émotions :
la faim et le désir sexuel.
S'il ne bande pas, faites-lui donc un sandwich.

Beaucoup de gens, surtout des féministes, s'agacent ou s'insurgent dès qu'il est question du profil type de la femme séduisante aux yeux des hommes, arguant qu'il est vulgaire et se limite à l'apparence physique. Elles suggèrent même que toutes les discussions sur les préférences masculines en matière de femmes devraient être censurées ou supprimées parce qu'elles seraient avilissantes pour les femmes. La réalité, c'est que ces préférences masculines sont apparues il y a des centaines de milliers d'années, qu'elles sont profondément ancrées dans notre cerveau et ont très peu changé. C'est l'évolution génétique de la race humaine qui voulait que les hommes privilégient la beauté physique et la jeunesse. Certes, notre société et notre façon actuelle de vivre sont très différentes de ce qu'elles étaient il y a cent mille ans, mais les préférences masculines en matière de femmes sont restées identiques, même si elles découlent d'un mode de vie depuis longtemps disparu. Nier la réalité de ces préférences ou les refuser purement et simplement revient à se mettre en colère contre le temps qu'il fait quand il pleut ou à s'indigner que des animaux carnivores préfèrent la viande aux légumes vapeur.

Essayer de modifier les préférences masculines revient à sommer les hommes de ne pas avoir de poils faciaux parce que c'est « désormais inacceptable ».

Accepter la neurobiologie du mâle moyen qui explique ses préférences en matière de femmes vous permettra de développer une stratégie relationnelle efficace avec lui. Il a fallu quelques millions d'années aux poissons avant d'aimer le goût des vers et des asticots. Si vous allez pêcher, le plus astucieux consiste à utiliser vers et asticots comme appâts parce que c'est la nourriture dont les poissons raffolent. Il serait absurde de les appâter avec des aliments que vous préférez. Comme il serait tout aussi absurde d'attendre que le poisson saute dans votre barque parce que ce serait bien plus pratique. Pour attraper des poissons il faut comprendre comment fonctionne un poisson et vous servir de ce savoir. De la même façon, intégrer la programmation du cerveau masculin vous permettra de mieux maîtriser vos relations avec les hommes et de développer des stratégies pour les « pêcher » et les gérer.

Comment les médias influencent-ils le regard masculin ?

Les médias, à commencer par les magazines féminins, sont toujours critiqués parce qu'ils nous imposent des standards de beauté féminins auxquels toutes les femmes seraient censées se conformer. Si c'est peut-être vrai pour les magazines féminins, ça ne l'est pas pour les magazines masculins. Les magazines féminins nous montrent des célébrités, en général des femmes minces aux corps longilignes. L'image de la femme au corps mince et droit comme un I vient des défilés de mode où les mannequins professionnels font office de portemanteaux en mouvement à qui on demande uniquement de mettre en valeur les dernières créations des stylistes. Les études montrent toutefois clairement que plus la silhouette d'une femme est droite et mince, plus elle s'éloigne du ratio hanches/taille de 70 % (voir le chapitre 8), et donc moins elle a de chances d'enfanter. Le cerveau masculin est conditionné pour détecter les indices biologiques qui indiquent la fertilité potentielle de la femme et les hommes sont attirés par la combinaison hanches larges/poitrine généreuse. Les magazines masculins ont compris cela, il suffit de regarder les revues auto-moto pour voir des femmes aux formes généreuses accotées contre les machines qui intéressent leurs lecteurs. Elles envoient les signaux biologiques que les hommes attendent d'une femme. C'est pourquoi vous ne verrez jamais une femme de type insecte anorexique adossée à une publicité Harley-Davidson. Plus de 80 % des spectateurs du concours Miss Univers sont des hommes, alors que moins de 5 % des spectateurs de défilés de mode sont des hommes.

« Ma femme et moi regardions “Qui veut gagner des millions ?” au lit quand je me suis tourné vers elle et lui ai demandé :

– Tu veux faire l'amour ?

Elle m'a répondu :

– Non.

Je lui ai dit :

– C'est ton dernier mot ?

Elle m'a fusillé du regard et m'a lancé un “oui !” sans réplique.

Alors j'ai dit :

– Dans ce cas, je vais appeler un copain... »

En étudiant l'effet produit par des images de femmes biologiquement parfaites sur un échantillon de volontaires, le professeur Douglas Kenrick et ses collègues de l'université de l'État d'Arizona ont fait des découvertes perturbantes. Ils ont en effet constaté que les hommes auxquels on montrait des images de femmes sexuellement attirantes estimaient ensuite leur partenaire habituelle moins séduisante et s'en montraient insatisfaits, à l'inverse d'hommes à qui l'on montrait des images de femmes à l'apparence plus ordinaire. Pire encore, les hommes qui avaient examiné les photos de femmes très attirantes se décrivaient eux-mêmes, après ce test, comme moins engagés, moins sérieux, moins satisfaits et moins proches de leur partenaire habituelle. Même ceux dont les partenaires étaient considérées comme très attractives étaient moins satisfaits d'elles après avoir contemplé des femmes sexuellement irrésistibles. Ces découvertes sont préoccupantes parce que les images de femmes que l'on peut voir dans les magazines masculins et sur Internet reflètent en général 1 ou 2 % de l'ensemble des spécimens féminins que l'on trouve dans la vie réelle : en d'autres termes, elles ne rendent nullement compte du monde dans lequel nous vivons. À la préhistoire, les hommes choisissaient leur partenaire dans un groupe de femmes disponibles qu'ils connaissaient et ils n'auraient jamais perdu une seule seconde à admirer des images de femmes parfaites, idéalisées, purement fantasmatiques. On peut raisonnablement imaginer que les hommes des cavernes s'estimaient plus satisfaits de leurs femmes que les hommes du XXIe siècle parce qu'ils ne caressaient pas de fantasmes inutiles.

Le cerveau masculin possède toujours les circuits nécessaires à ce processus d'évaluation et de sélection des partenaires féminines, mais il est trompé par la technologie moderne qui exacerbe les réactions masculines à un idéal féminin la plupart du temps inaccessible. On vend aux hommes une marchandise inconsommable, un peu comme dans ces fast-foods où les hamburgers envoient au cerveau des signaux chimiques qui font croire aux clients qu'ils vont manger quelque chose d'utile pour leur survie. Résultat ? Diabète, cholestérol, obésité.

Les images médiatiques de femmes parfaites sont une des raisons qui expliquent les liaisons extraconjugales des hommes actuels, moins engagés et plus tentés par le vagabondage sexuel qu'autrefois. Ces images exploitent aussi le désir féminin naturel de surenchère dans la séduction pour charmer les hommes. Jamais les femmes n'ont eu autant qu'aujourd'hui recours à la chirurgie plastique et aux produits de beauté pour capter leur attention.

Ce que les hommes veulent vraiment

Il y a quatre choses que les hommes ont toujours attendues des femmes :

1. Le sexe.
2. Des services basiques – petits plats, chemises bien repassées, petits soins, etc.
3. Être aimés et occuper la première place.
4. Qu'on les laisse tranquilles le plus souvent possible.

Ce n'est pas plus compliqué que ça. Tout ce que les hommes font et disent renvoie à ces quatre besoins. Si vous êtes capable de deviner lequel d'entre eux doit être satisfait et à quel moment, vous gérerez sans trop de peine votre partenaire masculin. Le seul problème c'est que ce qui est important pour un homme n'est en général pas considéré comme urgent ou important par les femmes – et réciproquement. Par exemple, pour un homme, travailler tard le soir, faire des heures supplémentaires ou cumuler deux jobs représente un sacrifice consenti pour sa famille à qui il entend procurer tout le confort qu'il estime nécessaire. Mais une femme peut considérer que l'absence de son mari démontre surtout qu'il s'intéresse plus à son travail qu'à sa famille.

Ce que les hommes veulent que les femmes sachent n° 153
Autant que possible, dites ce que vous avez à dire durant les coupures publicitaires.

Dans une relation amoureuse, la plupart des hommes feront tout ce qui est nécessaire pour obtenir de leur compagne qu'elle leur fournisse ces quatre prestations de base. Ce qui signifie qu'il l'invitera au restaurant, qu'il l'emmènera danser, qu'il montrera son « côté féminin » en bavardant avec elle et qu'il n'omettra pas de lui dire qu'elle est la seule, l'unique, la plus merveilleuse femme qu'il ait jamais connue – vous connaissez la chanson. Mais son but n° 1 reste de trouver une femme qui pourra satisfaire l'un de ses besoins élémentaires et si possible tout de suite. Si parler les yeux dans les yeux d'« amour toujours » est ce dont elle a besoin sur le moment, c'est ce qu'il fera. Et quel homme hésiterait à complimenter une femme sur son apparence pour accroître ses chances de coucher avec elle ? Tous les moyens sont bons quand on poursuit un objectif noble et juste…

N'attendez jamais d'un homme qu'il vous donne une fois pour toutes la première place sur la liste de ses priorités. Parfois ce seront ses enfants ou ses amis, parfois son équipe de foot préférée, sa voiture ou sa carrière. Et parfois ce sera vous.

Ce qu'un homme est prêt à faire pour avoir des relations sexuelles

Un homme est disposé à rendre beaucoup de services à une femme s'il a la perspective d'une récompense sexuelle ou d'autres avantages – et les femmes le savent. « Emmène-moi faire du shopping, disent-elles. Répare le four, emmène-moi au ciné, au resto, chez maman, couche les enfants, repeins le garage, etc. » Comment savons-nous que les hommes veulent être payés de retour en relations sexuelles pour leurs efforts ? Parce que ce type de services, la plupart d'entre eux ne les rendraient pas à d'autres hommes. Ou, s'ils le font, il y aura désormais une dette implicite qui devra être remboursée tôt ou tard.

Scott vivait avec Kirsty et ses deux enfants. Lui et Kirsty avaient eu, quelque temps plus tôt, une relation amoureuse qui avait duré environ un an. Il était au chômage et avait dû quitter son appartement. Il l'aidait dans les tâches ménagères, tondait la pelouse, lavait le linge sale, passait l'aspirateur, sortait les poubelles et jouait volontiers avec ses deux enfants. Il leur achetait même des cadeaux et emmenait toute la famille dîner à l'extérieur une fois par semaine. Il lui versait une petite somme pour le loyer de la maison. Ils dormaient dans des chambres séparées et lui ne voulait plus d'une relation intime avec elle. Mais Kirsty l'aimait encore et voulait renouer avec lui – pour de bon. Quand il lui fit clairement comprendre qu'il n'était plus question de relation amoureuse entre eux, elle lui demanda de déménager. Il ne retourna plus jamais là-bas et ne vit plus les enfants. Il avait l'impression qu'il ne lui devait rien, lui ayant rendu en services le logement qu'elle lui avait fourni, et n'éprouvait plus le besoin de retourner la voir.

Si un homme n'a pas de relations sexuelles avec une femme mais qu'il passe du temps à lui rendre des services, il attendra d'elle qu'elle le rembourse sous une autre forme, exactement comme il l'attendrait d'un homme. Il faudra qu'il soit payé de ses efforts soit en rapports sexuels soit en services d'un autre genre.

> L'histoire rapporte que sir Walter Raleigh étendit son manteau brodé d'or sous les pas de la reine pour qu'elle ne marche pas dans la boue. Pourquoi ? Parce qu'il avait navigué pendant quinze mois et qu'il voulait à tout prix coucher avec elle. Aucun homme sensé ne ferait jamais une chose pareille avec sa plus belle veste.

La menace de se voir priver de ces services explique pourquoi, quand un homme négligent et peu attentionné est menacé de rupture par sa compagne, il lui jure souvent amour et fidélité éternels et va même jusqu'à affirmer qu'il veut l'épouser et avoir des enfants d'elle. Il lui dira ce qu'il juge utile pour ne pas être privé de ses petits plats, de son linge lavé et repassé et de son « gros câlin ». Et heureusement pour les hommes, la plupart des femmes gobent ce genre de promesses. La leçon à retenir ? Mesdames, passez un bon moment avec lui si le cœur vous en dit, mais ne gobez pas pour autant tout ce qu'il vous fait miroiter.

Au commencement, Dieu créa la Terre et il se reposa. Puis Dieu créa l'homme et il se reposa. Puis Dieu créa la femme.
Depuis, ni Dieu ni l'homme ne se sont plus jamais reposés.

Les hommes ne réfléchissent pas aux relations amoureuses

Comme nous l'avons révélé dans *Pourquoi les hommes n'écoutent jamais rien et les femmes ne savent pas lire les cartes routières ?*, le cerveau masculin est stimulé par tout ce qui sollicite son aptitude à la chasse, sa sexualité et ses mouvements dans l'espace. Les magazines masculins reflètent clairement ces besoins en combinant savamment gadgets techno, pages sportives et femmes légèrement vêtues.

On ne lira dans aucun magazine masculin des articles comme : « Le jour de votre mariage : planifiez tout de A à Z » ; « Comment s'assurer qu'elle n'ira pas voir ailleurs » ; « Choisissez le costume qui la fera fondre » ; « La femme de votre vie : la choisir et la garder ».

Dans les magazines masculins vous trouverez plutôt ce genre d'articles : « Comment faire fortune rapidement » ; « Comment sculpter des abdos parfaits » ; « Faire l'amour toute la nuit sans fatigue » ; « Multiplier les conquêtes ».

Les femmes lisent plutôt des magazines « people » et s'intéressent aux relations sociales et mondaines : *Marie-Claire*, *Closer*, *Paris Match*, *ELLE*, *Public*, *People*, etc.

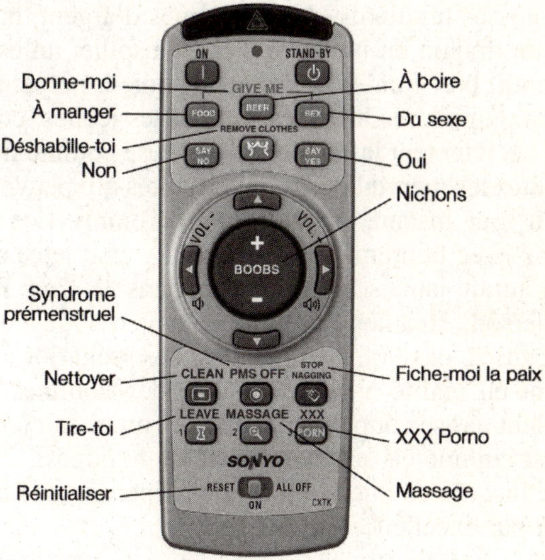

La télécommande parfaite (pour les hommes)

Et parmi les milliers de livres qui traitent des relations amoureuses on n'en trouve pratiquement aucun qui explore le vécu des femmes parce que ça n'intéresse généralement pas les hommes. Ces derniers veulent juste qu'on les nourrisse, qu'on les aime, qu'on fasse des galipettes avec eux et (après) qu'on leur fiche la paix. Peu de livres concernant les relations homme/femme évoquent ces thèmes parce que la plupart des ouvrages de développement personnel sont écrits par des femmes et que plus de 90 % de leurs lecteurs sont aussi des femmes. Si la plupart des hommes ne sont pas très doués pour bâtir des relations de couple harmonieuses, c'est qu'ils ne se donnent guère la peine d'y réfléchir. Et quand ils y pensent, ils se représentent des gosses braillards, des problèmes d'argent, la calvitie, un dragon en jupons qui les houspille, un estomac rebondi, bref l'enfer de la monogamie à perpétuité.

La plupart des hommes, surtout les jeunes, considèrent secrètement la relation amoureuse comme un frein à toutes les merveilleuses opportunités qui peuvent surgir à tout instant. Après tout, si Tommy Lee s'était marié avec la première groupie qui s'était jetée sur lui, il n'aurait jamais pu renverser dans le foin Pamela Anderson, Heather Locklear et tant d'autres blondes pulpeuses, pas vrai ? Et même si ces scénarios s'appliquent en réalité à moins de 1 % des hommes, ils ne veulent pas se couper toute retraite : on ne sait jamais… C'est comme ça que raisonnent les hommes.

« Jusqu'à ce que la mort nous sépare » est l'expression par excellence qui les fige.

Ce que les hommes veulent que les femmes sachent n° 43

« Oui » et « Non » sont des réponses parfaitement acceptables à presque toutes les questions.

Comment décoder le langage masculin

Les hommes ont un répertoire de phrases standard qu'ils utilisent pour convaincre les femmes de leur fournir l'un des quatre services de base qu'ils attendent, à commencer par le sexe.

Voici le *top ten* des rengaines masculines avec leur traduction :

1. « Tu es belle/magnifique/canon. »

Tu as un visage aux traits réguliers et symétriques, ce qui indique que tu pourrais parfaitement transmettre mes gènes. Faisons l'amour.

2. « Tu es craquante ce soir. »

Je veux faire l'amour avec toi le plus vite possible.

3. « Soyons amis. »

Je n'éprouve aucun désir pour toi ou je n'en éprouve plus. J'espère que tu ne vas pas te mettre à m'appeler ou à m'envoyer des textos quarante fois par jour en me demandant ce que je fabrique.

4. « Tu es irrésistible dans cette tenue ! »

Cette robe fait ressortir ton rapport hanches/taille idéal et met en valeur tes seins. Je sens la testostérone grimper à chaque seconde et je veux faire l'amour avec toi tout de suite.

5. « Tu veux monter prendre un café ? »

Baisons comme des bêtes pendant que je suis à moitié saoul et sans allumer la lumière pour que tes éventuels défauts ne me sautent pas aux yeux.

6. « Qu'est-ce que je peux te proposer à boire ? »

Avec un peu d'alcool tu seras moins difficile d'accès, et je parviendrai peut-être à mes fins. (Variante, quelques instants plus tard :) « Encore un verre ? »

7. « Je ne peux pas rester tard ce soir, je dois me lever tôt. »

Merci pour la baise, j'me tire !

8. « Je veux une relation ouverte et honnête. »

Si j'ai une maîtresse un jour, je pourrai toujours te rappeler que je t'avais promis d'être honnête avec toi.

9. « Je t'appelle, on se retrouve après la fermeture de la discothèque. »

Si je fais chou blanc ce soir, je pourrai toujours coucher avec toi.

10. « C'est pas ta faute, c'est la mienne… »

C'est complètement ta faute, alors tire-toi.

Aussi humoristiques que soient ces répliques, le problème c'est que les femmes sont tentées de se dire qu'elles renferment une part de vérité, et la plupart d'entre elles incitent les hommes à leur tenir de tels propos. C'est pourquoi les femmes capables de repérer les candidats sérieux à une relation de longue durée sont rares. Si elles étaient capables de décoder ces phrases et d'en comprendre le sens profond, elles distingueraient mieux entre futurs pères de famille fiables et dragueurs irresponsables.

Les hommes s'intéressent au potentiel reproducteur des femmes

Nos ancêtres privilégiaient les femmes capables de mettre au monde beaucoup d'enfants et ils déterminaient cette capacité en se basant sur deux critères : la jeunesse et la santé. Plus une femme est jeune, plus elle pourra porter d'enfants. La fertilité d'une femme est élevée à 20 ans, moyenne à 30, basse à 40, nulle à 50 ans. C'est pourquoi les hommes d'aujourd'hui préfèrent, à l'image de leurs ancêtres, les femmes jeunes ; c'est à cause de leur potentiel reproducteur. C'est aussi pour cette raison que plus une femme est jeune, plus les risques de viol sont importants. Des statistiques américaines montrent que 85 % des victimes de viol ont moins de 36 ans, un chiffre qui reflète le potentiel reproducteur des victimes.

Tous les hommes préfèrent une compagne un peu plus jeune qu'eux (entre deux et quatre ans). D'autre part, plus un homme est âgé, plus il recherchera une compagne jeune. Dans une étude sur les préférences d'âge, Kenrick et Keefe ont montré que les hommes de 20 ans préfèrent les femmes de 18, qu'un homme de 35 ans recherche une femme de 30 ans, qu'un homme de 48 ans recherchera une femme qui aura dix ans de moins que lui, qu'un quinquagénaire s'intéressera plutôt à une femme d'environ 30 ans.

Les hommes semblent comprendre instinctivement que la relation entre ressources et capacités attire les femmes plus jeunes. L'ethnologue Karl Grammer a analysé les données d'un site de rencontres Internet auquel étaient inscrits 2 638 internautes hommes et femmes. Il a découvert que plus les hommes ont des revenus élevés, plus ils recherchent des femmes jeunes. Ainsi, les hommes qui gagnent 10 000 euros par mois recherchent des femmes qui ont cinq à quinze ans de moins qu'eux, tandis que les hommes qui gagnent 1 000 euros par mois se contentent d'un écart d'âge de cinq ans. Chaque tranche supplémentaire de 1 000 euros permet de réduire d'un an l'âge de la partenaire idéale. Autrement dit, les hommes reconnaissent que plus ses ressources matérielles sont élevées, plus un homme séduira des partenaires jeunes et plus leur potentiel reproducteur sera important.

En acceptant de consacrer ses ressources à une femme en particulier, un homme accroît ses chances d'obtenir une partenaire « haut de gamme » parce que les femmes les plus convoitées sont aussi les plus acharnées à obtenir ce qu'elles veulent par-dessus tout – à savoir l'engagement à long terme.

Cela signifie-t-il que si vous êtes une femme de plus de 50 ans sans potentiel reproducteur, vous êtes destinée à rester seule ? Non. Mais cela signifie que, comme les femmes plus jeunes, une femme d'un certain âge doit s'efforcer de rester séduisante si elle veut pouvoir continuer à séduire des partenaires masculins. Les magazines féminins regorgent d'articles sur les techniques dont disposent les femmes mûres pour garder une apparence juvénile. C'est l'entretien de votre beauté physique qui attirera les hommes de tous âges, et non le fait que vous ne pouvez plus avoir d'enfants. Pensez à Joan Collins, Cher, Ivana Trump, ou Madonna.

Ce que les hommes veulent que les femmes sachent n° 22

Si quelque chose que j'ai dit peut être interprété de deux manières différentes et que l'une d'elles te chagrine ou te met en colère, c'est à l'autre que je pensais.

Aucune de ces préférences masculines ne sera admise par les femmes comme juste, sensible, politiquement correcte ou sensée, mais c'est la réalité et peu importe que vous l'acceptiez ou non. Quand vous comprenez l'origine des préférences masculines et le fait qu'elles relèvent d'un conditionnement cérébral très ancien, vous décryptez d'autant mieux les comportements masculins et par conséquent vous les gérez plus efficacement.

Venons-en au fait

La liste des préférences masculines à long terme :

1. Personnalité.
2. Séduction.
3. Intelligence.
4. Humour.
5. Joli corps.

Si vous comparez cette liste à la suivante – la liste des préférences féminines pour un partenaire à long terme –, vous verrez qu'elles sont très semblables, la personnalité figurant en première place pour chacune d'elles. La grande différence tient à ce que les femmes veulent un homme qui soit aussi sensible tandis que les hommes veulent une femme qui soit séduisante.

Voici la liste des qualités que les femmes attendent d'un partenaire au long cours :

1. Personnalité.
2. Humour.
3. Sensibilité.
4. Intelligence.
5. Corps séduisant.

Les femmes préhistoriques n'avaient que faire de qualités aussi variées parce que tout ce dont elles avaient besoin c'était un homme qui sache assez bien manier l'arc et la sagaie pour rapporter la viande nécessaire et repousser d'éventuels agresseurs. Les hommes préhistoriques n'avaient nul besoin de faire assaut d'humour, de savoir jouer aux échecs ou de comprendre leurs sentiments pour impressionner les femmes. Ces dernières avaient aussi beaucoup moins de difficultés que nos contemporaines pour trouver un partenaire, parce que la chirurgie esthétique, les crèmes et les tenues de stylistes ne faisaient pas partie de leurs arguments de séduction. Chez les néandertaliens, les règles du jeu étaient nettement plus rudimentaires que les nôtres.

Voici maintenant une astuce que la plupart des femmes ne connaissent pas : les hommes ont deux listes de critères pour sélectionner leur partenaire, alors que les femmes n'en ont en général qu'une. Quand une femme regarde un homme en se demandant si elle le choisira comme partenaire à long ou à court terme, elle utilise les mêmes critères. Les hommes ont quant à eux une liste de critères à long terme et *une autre* liste de critères à court terme réservée aux liaisons brèves.

Liste des critères masculins pour les liaisons brèves :

1. Séduisante.
2. Joli corps.
3. Poitrine.
4. Fesses.
5. Personnalité.

Comme vous le voyez, cette liste est largement basée sur des critères visuels qui boostent l'activité hormonale dans l'hypothalamus et l'amygdale. Cette liste de critères est donc étroitement liée au plaisir sexuel. David Buss a répertorié 67 caractéristiques privilégiées par les hommes et les femmes chez un ou une partenaire occasionnel(le). Les personnes interrogées citaient notamment la loyauté, la sociabilité, l'honnêteté, la santé, la gentillesse, l'intelligence, le charme, l'éducation, la générosité, la responsabilité et la coopération. Il a découvert que les hommes attachaient beaucoup moins d'importance à ces qualités chez une partenaire occasionnelle que ne le faisaient les femmes. Les hommes étaient aussi beaucoup moins inquiets des caractéristiques négatives (vagabondage sexuel, alcoolisme, niveau socioculturel modeste, bisexualité et violence psychologique) chez des partenaires occasionnelles que ne l'étaient, à l'inverse, les femmes. En revanche, les hommes les jugeaient plutôt rebutantes chez des compagnes au long cours. Pour une relation brève les hommes citaient comme démotivantes : l'exigence d'engagement, la laideur physique, les femmes poilues, et une libido très basse.

Autant les hommes étaient rebutés par une exigence d'engagement chez une compagne occasionnelle, autant ils l'estimaient importante chez une partenaire au long cours ou une épouse. Même une femme mariée était jugée plus attractive comme maîtresse qu'une célibataire parce que la femme mariée n'attend généralement pas d'un partenaire occasionnel qu'il s'engage à long terme.

La liste masculine des qualités requises pour une liaison brève est celle qui s'applique aux clubs, bars, plages, salles de gym et tous les lieux où les hommes rencontrent des femmes. Elle est surtout axée sur des critères physiques parce que, comme le montrent les IRM cérébrales, les hommes sont essentiellement visuels et que le visage et le corps féminins sont les principales cibles de leur attention. Et qu'elles le veuillent ou non, les femmes se définissent par rapport à cette liste. Mais attention, ces critères ne sont pas ceux qui attirent des hommes à la recherche d'une relation à long terme. La femme qui s'habille comme une « garce » ou une « vamp » sera compétitive pour une aventure sans lendemain. Minijupes, chemisiers cintrés et décolletés, maquillage excessif et attitudes allumeuses sont autant de façons d'intérioriser les critères masculins. C'est pourquoi les femmes correspondant à ce profil ont tendance à multiplier les relations courtes avec les hommes. Pour engager une relation longue avec un homme, une femme doit étudier la liste de critères « longue durée » et adapter son apparence physique et ses attitudes en conséquence. Tout en sachant se rabattre sur l'autre liste quand il s'agit de focaliser l'attention immédiate de son partenaire.

Ce que révèlent les petites annonces

Les petites annonces de rencontres révèlent clairement les différences entre les préférences masculines et les préférences féminines. Les hommes insistent trois ou quatre fois plus sur les caractéristiques physiques tandis que les femmes mentionnent comme objectif n° 1 l'aisance matérielle, c'est-à-dire un homme qui ait, au moins, un travail, une voiture et un logement.

Le psychologue Mark Mason du Nene College de Northampton (Grande-Bretagne) a analysé 2 200 annonces de rencontres pour lister les demandes les plus fréquentes et, d'autre part, définir les caractéristiques de l'annonce la plus rentable. La formule idéale, selon son étude, consiste à parler de vous à 70 % et de ce que vous attendez de votre partenaire à 30 %.

Voici une annonce qui a obtenu d'excellents résultats et a donc fait la preuve de son efficacité :

« Homme, 28 ans, hauts revenus, sincère et authentique, sens de l'humour, recherche jeune femme séduisante et affectueuse pour relation authentique. »

Elle a obtenu de bons résultats parce qu'elle offre aux lectrices féminines ce qu'elles cherchent, à savoir des ressources, et exprime clairement ce que l'annonceur recherche – la santé et la jeunesse, c'est-à-dire une promesse de descendance.

Comparez cette annonce avec les exigences typiques des femmes, telles qu'on les trouve dans l'annonce ci-dessous, également tirée des pages rencontres d'un magazine, encore une annonce type qui marche très bien :

« Jeune femme séduisante, mince, aimante et sensible recherche homme hauts revenus, indépendant, sincère, sens de l'humour, pour relation authentique. »

Dans cette annonce, la candidate au grand amour propose ses atouts physiques et son sens maternel en échange de ressources financières. Toute discussion sur ce qu'attendent vraiment hommes et femmes déclenche inévitablement un concert de protestations de gens qui ont passé des annonces très différentes de celles-ci et ont obtenu de bons résultats. N'oubliez pas que ce livre a pour but de présenter les principes de base qui fonctionnent bien la plupart du temps pour la plupart des gens, et n'a pas pour vocation d'analyser des comportements minoritaires ou exceptionnels.

Pourquoi la séduction est-elle devenue si importante ?

Une étude sur le couple conduite entre 1940 et 1990 a mesuré les critères masculins et féminins du partenaire idéal. Les réponses recueillies tous les dix ans par les enquêteurs révèlent que les hommes considèrent la séduction féminine comme très importante alors que les femmes considèrent la séduction masculine comme un atout, certes, mais pas décisif. En 1990, le nombre d'hommes et de femmes qui plaçaient la séduction en tête de leurs exigences s'était accru de 50 % par rapport à 1940. En 2008 ce nombre atteint les 65 %. Ce phénomène est lié à la globalisation et à une plus grande disponibilité des partenaires éventuels à la fin du XXe siècle. D'autre part, les médias du monde entier sont devenus obsédés par l'image du corps parfait, masculin ou féminin, comme en témoignent les couvertures de magazines. Cette évolution démontre que l'importance attachée à la séduction n'est pas innée mais varie en fonction des circonstances. Nous sommes aujourd'hui plus exigeants en la matière que ne l'étaient nos ancêtres. Les études montrent aussi que ce phénomène se généralise chez les hommes et qu'il ne se limite plus à certaines cultures. Les Lettons veulent des femmes séduisantes, mais les Grecs, les Islandais, les Chinois, les Marocains, les Inuits et les Zoulous aussi. Les hommes ont toujours préféré des partenaires physiquement séduisantes. Et ces préférences masculines sont entièrement responsables de l'apparition des industries de la beauté – cosmétiques et chirurgie plastique – aux chiffres d'affaires colossaux. Les chercheurs de ces industries savent quels signaux augmentent les sécrétions hormonales dans un cerveau masculin, et leurs produits et services promettent donc aux femmes qu'elles produiront les signaux capables d'attirer les hommes.

Debout devant le miroir de la chambre, une femme nue s'examinait des pieds à la tête. Mécontente de ce qu'elle voyait, elle lança à son mari : « Je suis déprimée, j'ai l'air vieille, grosse et affreuse. J'ai vraiment besoin que tu me fasses un compliment tout de suite. »
Son mari répliqua : « Ton sens de l'observation est absolument bluffant. »

Autre raison pour laquelle les hommes veulent une femme séduisante : la capacité de conquérir une belle femme est un signe de statut social. Une femme séduisante au bras d'un homme démontre sa capacité à gagner beaucoup d'argent. C'est la motivation de la « femme trophée ». Une partenaire féminine attractive figurera toujours en bonne place à côté des autres signes extérieurs de richesse – belles voitures, œuvres d'art, montre en or et villa en bord de mer –, et elle contribue donc à accroître le potentiel de séduction d'un homme auprès des autres femmes. Les recherches de Buss ont montré que, dans presque toutes les cultures, une femme peu séduisante rabaisse le statut social de son mari, alors que l'inverse n'aura que peu ou pas d'impact sur le statut social de la femme – même si son époux ressemble à Mike Tyson un mauvais jour. S'il a de l'argent et du pouvoir, son compagnon sera toujours considéré comme une excellente prise même s'il est petit, obèse et qu'il louche.

La signification de « séduisant(e) »

Une femme « séduisante » est une femme qui consacre du temps et des efforts à souligner ses qualités physiques et à masquer ses défauts. Elle s'efforce de toujours tirer le meilleur parti de son apparence et de ne jamais oublier que les hommes sont plus stimulés par les apparences que par la réalité. La séduction physique d'une femme est directement liée à son état de santé, raison profonde pour laquelle les hommes ont toujours attaché de l'importance à son aspect extérieur. Quand une femme d'âge mûr s'habille et se maquille avec soin, elle est séduisante parce qu'elle s'efforce de recréer l'allure et d'émettre les signaux d'une femme en âge d'enfanter. La plupart des femmes le comprennent intuitivement et les industries qui vendent des produits de beauté, des pilules pour faire maigrir ou des teintures capillaires leur vendent une panoplie complète de séductrice.

Le psychologue Paul Rozin a demandé à un échantillon d'hommes et de femmes comment ils percevaient le corps féminin idéal. Il a montré aux hommes une série de photos de corps féminins, des plus minces aux plus enveloppés. Sans exception, pour les femmes, le corps le plus mince était le plus séduisant, « celui auquel j'aimerais personnellement ressembler ». Pour les hommes, en revanche, les plus attirantes étaient celles qui affichaient des formes normales. Ce qui montre que les femmes modernes se trompent quand elles s'imaginent que les hommes désirent des femmes minces. En général, les hommes s'en tiennent au corps standard, taille étroite et hanches larges, nous verrons plus loin pourquoi.

Le professeur Donald Symons, du département d'anthropologie de l'université de Californie, a été l'un des premiers à montrer que dans un pays comme les États-Unis où la nourriture est abondante, les hommes sont attirés par des femmes plus minces, tandis que dans des pays où la nourriture est plus rare, les hommes sont attirés par des femmes plus potelées. Il a démontré que l'association d'idées avec l'abondance alimentaire était déterminante dans la séduction féminine.

Imitez les Indiennes d'Amazonie

Pour capter l'attention des hommes, les femmes de certaines tribus d'Amazonie se promènent seins nus et vêtues d'une sorte de string qui met en valeur leurs fesses. Les femmes de nos contrées seront peut-être choquées par ce comportement, alors qu'en réalité il ne diffère guère de ce que font les femmes « civilisées » pour charmer les hommes. Elles masquent les défauts de leur peau avec du fond de teint, cernent leurs yeux de mascara pour les agrandir, passent leurs lèvres au rouge pour suggérer l'afflux de sang à la bouche, teignent leurs cheveux en blond pour paraître plus jeunes, se font gommer les rides pour faire oublier leur âge réel, portent des soutiens-gorge pigeonnants, des mini-jupes, des bas, des hauts talons, autant d'artifices destinés à répondre aux attentes masculines de jeunesse et de santé. Comme nous l'avons dit, cela explique aussi pourquoi les hommes tombent plus vite amoureux que les femmes : l'impact des signaux visuels est décisif.

Une précision : nous ne suggérons pas à nos lectrices

de renoncer à ces stratagèmes, nous leur en expliquons simplement le *sens*.

Ce que les hommes recherchent dans la beauté

Chez les animaux, le concept de beauté n'existe pas. Aucun chien, aucun chat, aucun éléphant n'a jamais été saisi par la beauté d'un coucher de soleil, d'un tableau de Monet ou d'une symphonie de Mozart. Pour une bête, il n'existe pas de singes, de chats ou de chevaux « laids ». Dans le monde animal la « séduction » d'une femelle opère à un niveau beaucoup plus basique : elle est en rut ? C'est la plus belle.

Nous autres humains portons en revanche sans cesse des jugements sur la beauté de ce qui nous entoure, une tendance qui nous vient tout droit de nos ancêtres. Nous jugeons une image ou une peinture séduisante quand elle imite les choses qui composent depuis toujours le cadre de vie de l'espèce : un beau paysage, des animaux, le ciel, des émotions sur un visage, les lieux où se déroule notre vie.

Les hommes évaluent aussi la beauté féminine en se basant sur des indices de fécondité. Parmi ces indices : un teint de pêche, une chevelure épaisse et brillante, une excellente tonicité musculaire, des yeux clairs, une peau douce et un haut niveau d'énergie. Bref, tous les points clés signalant un haut potentiel reproductif sur lesquels les cosmétiques féminins, crèmes, shampooings, fonds de teint et autres, concentrent leurs efforts. D'un point de vue évolutionniste, une femme jeune et saine affiche sa capacité à enfanter une nombreuse descendance et assure donc à l'homme les meilleures chances de transmettre son capital génétique. C'est pourquoi par exemple une femme très soucieuse de son hygiène est universellement considérée comme plus attirante qu'une femme d'une propreté douteuse : la malpropreté est en effet directement liée à la maladie et par conséquent à un taux de survie moins élevé pour les enfants.

Le professeur Randy Thornhill, biologiste évolutionniste de l'université du Nouveau-Mexique, a demandé à des hommes et des femmes de noter la séduction d'images de visages féminins. Les visages féminins les plus vieux étaient jugés sensiblement moins séduisants par les deux sexes, mais les hommes étaient nettement plus critiques que les femmes dans leurs jugements. Cette étude montre pourtant que les femmes ont parfaitement intégré l'importance de ce critère, raison qui explique la popularité grandissante des liftings.

Un concours de beauté planétaire

Le monde est aujourd'hui devenu un immense concours de beauté entre presque toutes les femmes et dans presque tous les pays. Jamais dans l'histoire de l'humanité les femmes n'ont consacré autant d'argent qu'aujourd'hui à améliorer leur apparence. 94 % des couvertures de magazines féminins sont centrées sur la beauté féminine, contre 18 % dans les années 1940 où d'autres sujets lui disputaient la vedette – élégance vestimentaire, conseils culinaires, ménagers et éducatifs. Le chiffre d'affaires généré par la chirurgie plastique, les cosmétiques et les produits diététiques dépasse aujourd'hui aux États-Unis les 100 milliards de dollars annuels. L'industrie des cosmétiques n'a certes pas inventé l'image de la femme désirable, mais elle a su l'exploiter à fond. Les féministes martèlent que les femmes qui obéissent aux diktats de l'industrie de la beauté ne sont que des victimes inconscientes manipulées par les hommes et conditionnées par les médias. Mais si l'industrie des cosmétiques et la chirurgie plastique prospèrent, c'est le fait de la compétition acharnée que se livrent les femmes pour séduire. Elles savent d'instinct que ces efforts augmentent beaucoup leurs chances de réussite. Le seul problème dans tout ceci c'est que les médias leur font miroiter des prouesses esthétiques qui sont hors de portée pour la plupart d'entre elles. D'où la frustration de millions de femmes confrontées à leur propre image et la distorsion d'un univers qui ignore les autres facteurs qui attirent les hommes chez une partenaire à long terme, à savoir la personnalité, l'humour et l'intelligence.

Notre attirance pour les jolis visages est innée

En 2003, Judith Langlois et ses collègues de l'université d'Austin (Texas) ont montré dans leurs recherches que la réaction humaine aux visages séduisants était innée et non acquise culturellement comme on le croyait avant. Judith Langlois a montré des images de gens plus ou moins beaux à des bébés âgés de 8 à 12 semaines et à un second groupe d'enfants âgés de 6 à 8 mois et elle a découvert que ces deux groupes passaient plus de temps à regarder les visages les plus séduisants et se désintéressaient vite des visages les moins harmonieux. Elle a ensuite donné des poupées dotées de visages plus ou moins attrayants ou laids à des enfants de 1 an et a observé que les bébés jouaient plus longtemps avec les plus séduisantes et leur prodiguaient plus de sourires.

Quand un homme contemple une femme nue dans *Playboy*, il ne se demande pas si c'est une bonne cuisinière, si elle joue du piano ou si elle a bon caractère.

Des études ont aussi démontré qu'il existe une formule universelle, c'est-à-dire multiculturelle, de la beauté : presque tous les êtres humains sont à peu près d'accord sur ce qu'est ou n'est pas un joli visage. Dans *Pourquoi les hommes mentent et les femmes pleurent ?*, nous avons prouvé que plus un visage féminin est symétrique, plus il est jugé séduisant. À mesure qu'une personne vieillit, l'asymétrie du visage s'accentue. Les visages plus jeunes sont plus symétriques, ce qui est un atout supplémentaire de séduction.

Le facteur d'excitation n° 1 pour un homme : le rapport hanches/taille de 70 %

Nous avons mentionné ce rapport à plusieurs reprises du fait de son importance pour les hommes. Ces derniers sont programmés pour rechercher ce rapport taille étroite/hanches larges et on a montré que les femmes dont la physiologie correspond à ce standard sont les plus fertiles. Ce rapport est présent dans presque toutes les publicités qui utilisent des femmes pour vendre des produits à des hommes. Il attire l'attention des hommes même quand une femme est obèse. C'est ce rapport hanches/taille de 70 % qui compte, pas son poids. Ce ratio signale en effet une fertilité optimale et une masse grasse plus importante stockée sur les cuisses et les fesses, signe de la capacité d'allaiter un enfant.

Beaucoup d'hommes estiment que l'intelligence d'une femme est inversement proportionnelle à la taille de sa poitrine.
C'est plutôt le contraire : plus une poitrine féminine est grosse, plus les hommes deviennent idiots.

En général, ce qui attire les hommes dans le corps féminin, ce sont tous ses aspects non masculins : là où il a des angles, elle a des courbes. Là où elle est moelleuse, il est ferme. Donc en matière de différences physiques, pas de doute, les contraires s'attirent.

Ce qui rebute les hommes

La femme qui se plaint constamment de ses prétendus défauts rebutera immanquablement les hommes : « Mes cuisses sont trop grosses » ; « J'ai du ventre » ; « J'ai trop de cellulite » ; « Je suis trop grosse, trop grande, trop petite » ; « Mes cheveux sont trop fins, ternes, mal coiffés » ; « Mes rides commencent vraiment à se voir » ; « Mes seins sont trop petits, tombants, de travers » ; « J'ai des vergetures, un ventre rond… etc. »

Quand un homme vit avec une femme, il est en général attiré par ses caractéristiques physiques les plus saillantes et ne voit pas ses défauts. S'il lui fait la cour, qu'il ait décidé de la conquérir et de faire ce qu'il faut pour, il est en général si shooté à la dopamine et autres hormones que les défauts qu'elle s'imagine avoir, quels qu'ils soient, lui restent absolument invisibles.

Les hommes sont des créatures très basiques quand il s'agit des femmes. Si la taille ou les formes d'un corps féminin ne rebutent nullement la plupart des hommes, l'insécurité obsessionnelle de la femme envers son corps peut en revanche les agacer. Une enquête australienne (2008) sur des femmes âgées de 13 à 28 ans a montré que 86 % de ces femmes sont insatisfaites de leur apparence physique et ont envisagé différentes méthodes, dont la chirurgie plastique, pour la modifier. Mais les hommes d'aujourd'hui sont fatigués de ces doléances qu'ils ne comprennent pas. Quand un homme est excité par une femme, il trouve ses cuisses trop renflées sexy, ses seins trop lourds géniaux et sa coiffure ratée parfaite. En revanche une femme qui récrimine sans arrêt sur son aspect physique l'exaspère. C'est aussi simple que ça.

Comment gays et lesbiennes choisissent leur partenaire

Elizabeth Hill, professeure associée de psychologie à l'université de Detroit, et son collègue William Jankowiak ont demandé à des hommes et femmes hétérosexuels et homosexuels de noter la séduction physique d'hommes et de femmes à partir d'une série de photos. Ils ont découvert que les hommes homosexuels et hétérosexuels privilégiaient à peu près les mêmes critères, notamment la jeunesse, chez leurs partenaires potentiels.

Les lesbiennes, par contre, accordent peu d'importance à la jeunesse chez une partenaire potentielle. Dans leur analyse des annonces de rencontres tirées de divers magazines, Hill et Jankowiak ont découvert que 30 % des hétérosexuels hommes et femmes et des hommes homosexuels demandaient une photo de leur partenaire éventuel, tandis qu'une lesbienne sur huit seulement faisait la même demande. Et quant aux atouts physiques décrits dans ces annonces, trois hommes sur quatre homo ou hétérosexuels les mentionnaient, alors qu'une hétérosexuelle sur cinq seulement en faisait état et seulement une lesbienne sur quatorze.

Blumstein et Schwarz ont étudié 12 000 couples dont 969 couples gays et 788 couples lesbiens et ont montré que ces critères s'appliquent même dans des relations stables. Ils ont découvert que 57 % des homosexuels et 59 % des hétérosexuels ressentent comme important pour leur partenaire d'avoir l'air sexy contre 35 % de lesbiennes et 31 % de femmes hétérosexuelles. La conclusion ici est que les mâles homosexuels ou hétérosexuels ont les mêmes préférences en matière de partenaires potentiels, la seule différence résidant dans le sexe de ces derniers.

Comment le gouvernement a remplacé le mari

La chasteté et la fidélité de la femme sont directement liées à sa dépendance matérielle et financière. Dans des pays où les gouvernements ont instauré de solides programmes d'aide sociale pour les divorcées, telles l'Australie, la Grande-Bretagne ou la Suède, les femmes sont de moins en moins dépendantes des ressources matérielles de l'homme parce que le gouvernement l'a de fait remplacé dans ce rôle, c'est-à-dire qu'il leur garantit ce soutien matériel. C'est l'une des grandes raisons qui expliquent que la sexualité prémaritale et extraconjugale explose littéralement dans les pays à haut niveau de protection sociale alors qu'elle reste si basse dans les pays dotés d'un système de protection sociale médiocre ou nul comme la Chine ou l'Inde. Dans ces pays, les hommes accaparent les ressources et les femmes ne veulent pas les perdre.

Andrew se présente à sa caisse de sécurité sociale pour demander à bénéficier de la couverture médicale troisième âge. La femme au guichet lui demande sa carte d'identité pour vérifier son âge, mais il a oublié ses papiers chez lui. Il lui propose de rentrer les chercher. Elle lui demande de déboutonner sa chemise. Il obtempère, découvrant un torse parsemé de poils bouclés et argentés. « Ces poils argentés sont une preuve suffisante pour moi », lui répond-elle avant de faire enregistrer sa demande. De retour chez lui, il raconte la scène à sa femme.

« Tu aurais dû baisser ton pantalon…, réplique-t-elle perfidement, tu aurais pu avoir la pension d'invalidité en plus. »

En résumé

Presque toutes les études menées depuis 60 ans sur les attentes masculines envers les femmes sont parvenues aux mêmes conclusions que les peintres, les poètes et les écrivains depuis 6 000 ans : l'apparence et le corps d'une femme, et ce qu'elle peut en faire, tout cela est plus important aux yeux d'un homme que son intelligence ou sa richesse. Et cela reste vrai au XXIe siècle malgré les rengaines politiquement correctes qu'on tente de nous inculquer. L'homme d'aujourd'hui recherche chez une femme les mêmes caractéristiques que ses ancêtres : il faut qu'elle soit capable de transmettre ses gènes, d'enfanter et de cuisiner pour lui et sa progéniture. Dans une relation sexuelle occasionnelle, il recherche la santé, la jeunesse et la disponibilité. Chez une partenaire à long terme, toutefois, il privilégie une personnalité attachante, de l'humour, de l'intelligence, de l'affection et de la disponibilité.

Ce que veulent vraiment les femmes :
Être aimées, respectées, crues, recherchées, dorlotées, consolées, félicitées, adorées, charmées, complimentées, soutenues, protégées, embrassées, idolâtrées.
Ce que veulent vraiment les hommes :
Des billets pour la finale de foot.

Malheureusement pour lui, les bonnes semaines, un homme ordinaire est exposé à plus de 500 images de femmes « parfaites » dans les magazines ou à la télé. La plupart de ces images sont artificiellement embellies par des professionnels de l'image équipés de logiciels de retouche. On est loin du véritable aspect physique des sujets photographiés…

Finalement, quand il s'agit de sexualité, que veulent vraiment les hommes ? La réponse est simple : tout. N'importe quand, n'importe où et pratiquement dans n'importe quelles conditions. Une femme peut trouver un partenaire pour faire l'amour à tout moment parce qu'elle est maîtresse du jeu. Les hommes, par contre, ont depuis toujours dû chasser et lutter avec leurs semblables pour leur nourriture comme pour trouver une compagne et leur instinct de perpétuation de l'espèce les poussait à disséminer leurs gènes avec un maximum de femelles. C'est ce qui explique que les hommes soient devenus des « opportunistes sexuels ». Les femmes ont quant à elles toujours besoin d'une raison pour avoir des relations sexuelles, tandis que l'homme n'a besoin que de conditions favorables.

Examinons maintenant ce qu'hommes et femmes attendent d'une nuit torride avec un(e) partenaire occasionnel(le).

CE QU'IL FAUT RETENIR

- Même s'ils n'en sont pas conscients, les hommes recherchent des femmes qui leur fournissent des services : du sexe, des petits soins, des petits plats, des enfants, etc.
- Les hommes réagissent aux signaux visuels : que cela vous plaise ou non, l'apparence est essentielle pour les hommes.
- Exactement comme leurs ancêtres, les hommes d'aujourd'hui recherchent chez les femmes la jeunesse, la fertilité et la santé, autant de signes qu'elles pourront transmettre leurs gènes.
- Le pire défaut féminin pour un homme c'est une femme qui *se trouve* laide.

CHAPITRE 5

Cherche partenaire pour nuit « hot »

Imaginez cette scène. Vous marchez dans la rue quand une personne séduisante vous aborde et vous propose de faire l'amour dans son minibus, garé dans une rue voisine. Si vous ressemblez à 99,2 % des femmes, votre réponse immédiate sera : « Non. » Mais si vous êtes comme les trois quarts des hommes, votre réponse immédiate sera : « Oui. » Ce chapitre se penche sur les relations sexuelles occasionnelles et les aventures sans lendemain.

En 1982, juste avant le début de la crise du sida, deux chercheurs, Clark et Hatfield, ont mené une enquête sur le campus d'une université américaine. Ils ont demandé à des étudiants et étudiantes plutôt mignons de procéder de la façon suivante : ils ou elles devaient aborder un représentant du sexe opposé et lui dire qu'ils le jugeaient très séduisant. Ils lui posaient alors l'une de ces trois questions :

– Tu viens au ciné avec moi, ce soir ?
– Tu montes prendre un verre dans ma chambre ?
– Tu veux bien faire l'amour avec moi ?

Alors que 76 % des mâles étaient d'accord pour faire l'amour avec la sympathique étudiante qui le leur proposait, presque aucune des étudiantes n'était d'accord pour coucher avec le sympathique étudiant… mais une sur deux acceptait tout de même de le retrouver au cinéma dans la semaine. Le Dr Clark a répété cette étude en 1989 pour mesurer l'impact de la crise du sida sur la propension des jeunes adultes aux rapports sexuels occasionnels. Les hommes étaient toujours aussi partants pour coucher avec des inconnues, au contraire des femmes, toujours aussi réticentes, même si la moitié d'entre elles restaient d'accord pour fixer un rendez-vous à l'inconnu qui les abordait.

On peut supposer que ces jeunes femmes, étudiantes floridiennes à l'apogée de la révolution sexuelle, n'étaient pas opposées à des rapports sexuels occasionnels. Pourtant pour la plupart d'entre elles, un parfait inconnu, si séduisant fût-il, ne faisait pas un partenaire acceptable. L'enquête fait clairement apparaître que pour la plupart des hommes une parfaite inconnue est tout à fait recevable comme partenaire éventuelle puisque 76 % des hommes ont dit oui à une proposition d'une femme séduisante qu'ils n'avaient jamais vue avant. Ce qui est parfaitement compréhensible puisque ces hommes évaluaient ces partenaires éventuelles à partir de leurs critères « court terme », les sécrétions hormonales faisant le reste.

Ce type d'expérimentation a été répétée à maintes reprises depuis 1989 avec des résultats quasiment inchangés. Plus l'étudiant qui les aborde est séduisant, plus les jeunes femmes sont tentées de le revoir, mais elles n'acceptent pas pour autant de coucher avec lui sur-le-champ. Pour les hommes, plus l'étudiante est séduisante, plus les probabilités sont grandes qu'il accepte de faire l'amour. Alors que les femmes sont en général stupéfaites, surprises, voire offensées qu'on leur fasse cette proposition abrupte, la plupart des hommes sont excités et flattés.

Dans une autre enquête, on demandait à 99 étudiants d'une université américaine de répondre à un questionnaire sur leur attitude envers la sexualité. Entre autres découvertes, les hommes se sont montrés plus enclins que les femmes à :

– accepter des rapports sexuels avec une femme qu'ils ne connaissaient que depuis trois heures ;

– avoir des rapports sexuels avec deux personnes différentes dans un laps de temps de six heures ;
– avoir des rapports sexuels avec une personne pour qui ils n'éprouvaient que du désir physique ;
– avoir des rapports sexuels avec une personne avec laquelle ils n'avaient pas une bonne relation.

Cette enquête a révélé que les réactions masculines immédiates à des opportunités sexuelles sont restées inchangées depuis des millénaires.

Par ailleurs, Kinsey a montré que 69 % des hommes américains avaient eu recours aux services d'une prostituée et que 15 % de ces hommes étaient des clients réguliers, alors que moins de 1 % des femmes ont fait cette expérience.

En quoi consiste une « relation sexuelle occasionnelle » ?

Il y a de nombreuses définitions différentes de la relation sexuelle occasionnelle. Voici quelques expressions que vous avez peut-être entendues : « rencontre coquine », « rencontre sexy », « plan cul », « histoire d'un soir », « aventure sans lendemain »…

Quelle que soit l'expression, il s'agit toujours d'une rencontre sexuelle entre deux étrangers. Elle peut être sans lendemain, mais il peut aussi s'agir d'une relation suivie entre deux personnes qui décideront de se retrouver de temps à autre.

Au départ, les relations sexuelles occasionnelles concernent apparemment des gens qui cherchent à assouvir un besoin physique et excluent une relation sentimentale. Pour la plupart des gens, il manque justement le lien émotionnel qu'ils associent à ce type de relations, et la sexualité sans engagement ou sentiments profonds semble aussi attirante aux hommes qu'elle l'est peu pour les femmes, comme nous allons le montrer. Le comportement de certaines femmes d'aujourd'hui peut donner l'illusion que leur attirance pour ces relations occasionnelles est semblable à celle des hommes. Ce n'est pourtant pas vrai, sauf dans les rares cas où elles présentent des taux de testostérone élevés (moins de 20 % des femmes), ou bien encore si elles sont en phase d'ovulation et que leur corps réclame le « bon » mâle, celui qui possède les meilleurs gènes.

En 2008, le professeur David Schmitt de l'université Bradley (Illinois) a demandé à 14 000 personnes originaires de 48 pays si elles assumaient l'idée même de relations sexuelles occasionnelles et d'évaluer le nombre de partenaires avec lesquels elles estimaient qu'elles feraient l'amour dans les cinq années suivantes. Les résultats ont permis de composer un répertoire des attitudes sexuelles traduisant le degré de permissivité des différentes cultures envers la sexualité. Dans ce classement qui évalue les rencontres d'un soir, le nombre de partenaires et les attitudes envers la sexualité, les Finlandais totalisent le maximum de points : c'est le pays où la sexualité est la plus libre, suivi de près par les Suédois.

Parmi les pays dont la population dépasse les dix millions d'habitants, la Grande-Bretagne est n° 1 pour le sexe occasionnel ainsi que pour les MST (maladies sexuellement transmissibles). On estime qu'une telle situation est due au déclin des scrupules religieux, à l'impact de l'égalité des droits hommes/femmes ainsi qu'à une culture obsédée par la sexualité à une époque où l'Angleterre se décide enfin à rompre avec le vieux code moral victorien.

Les pays les plus permissifs (OCDE 2008)

1. Grande-Bretagne
2. Allemagne
3. Pays-Bas
4. République tchèque
5. Australie
6. États-Unis
7. France
8. Turquie
9. Mexique
10. Canada
11. Italie
12. Pologne
13. Espagne
14. Grèce
15. Portugal

Une définition de la relation sexuelle

Quand on leur demande de définir en quoi consiste vraiment une « relation sexuelle » et si oui ou non leur partenaire les a trahis, les hommes et les femmes ont des points de vue différents. Nous avons passé en revue six études importantes sur ce problème pour essayer de définir la « relation sexuelle ». Cette question est devenue particulièrement délicate le jour où le président américain Bill Clinton a fait sa célèbre déclaration à propos de Monica Lewinsky, affirmant : « Je n'ai jamais eu de relations sexuelles avec cette femme. » D'un point de vue juridique, il avait raison parce que la sexualité orale n'entre pas dans la catégorie des « relations sexuelles », mais pour la plupart des gens, il est évident qu'il a bien eu une relation sexuelle avec Monica. Voici les deux définitions de la relation sexuelle suivant qu'on adopte le point de vue des hommes ou celui des femmes.

Définition masculine : toute activité sexuelle physique, y compris la sexualité orale et les rapports sexuels conventionnels.

Définition féminine : toute activité sexuelle, physique ou émotionnelle, avec une personne dont on est amoureux.

Du point de vue masculin, le rapport sexuel englobe tous les gestes qui peuvent conduire au plaisir physique, sans exclusion. Pour les femmes, en revanche, il englobe toute activité, physique ou non, avec un partenaire pour lequel on éprouve un sentiment amoureux. Cette définition englobe donc les préliminaires, les contacts intimes, la danse quand elle devient sensuelle, les rendez-vous clandestins pour le café ou le déjeuner, les e-mails intimes ou le chat sur Internet, même s'il n'y a jamais eu à proprement parler de relations sexuelles entre les partenaires. Toutes les enquêtes montrent que les hommes définissent l'intimité sexuelle comme une activité sexuelle, qu'il s'agisse de contacts intimes ou de rapports sexuels, alors que les femmes s'intéressent au point de vue amoureux, à l'engagement qu'il implique et à tous les aspects de la relation. Ceci confirme ce que nous avons déjà souligné auparavant, à savoir que les hommes s'intéressent au sexe pour lui-même, tandis que les femmes le considèrent comme une expression de l'amour. Presque tous les chercheurs ont établi que les hommes sont toujours plus partants que les femmes pour des relations sexuelles dénuées d'émotions et de sentiments. Townsend et Levy (1990), de l'université de Syracuse, ont découvert en sondant

382 hommes que pour ceux-ci le critère de l'attirance physique est suffisant pour décider ou non de faire l'amour avec quelqu'un. Ils ont montré que les femmes envisagent d'autres facteurs avant de prendre une telle décision, dont l'affection, l'engagement et les ressources : « M'aime-t-il ? » ; « Est-il intéressé par une relation à long terme ? » ; « A-t-il une autre femme dans sa vie ? » ; « Est-ce qu'il a de l'argent ou un potentiel financier ? ».

Dans une autre étude, les sociobiologistes Ellis et Symons ont découvert que les femmes jeunes ont plus facilement des relations sexuelles avec un homme s'il indique qu'il a un potentiel financier et qu'il montre de l'intérêt pour les enfants qu'elles ont déjà ou ceux qu'elles pourraient avoir. Alors que les femmes plus âgées sont moins intéressées par la capacité d'un homme à subvenir aux besoins d'une famille, les ressources de ce dernier n'en seront pas moins un critère majeur pour décider d'avoir des relations sexuelles avec lui.

Un autre facteur influence aussi cette décision, c'est la durée de la relation : l'étude révèle que nombre de femmes seront tentées de coucher avec un homme séduisant qu'elles connaissent depuis au moins cinq ans mais la plupart hésiteront si elles ne le connaissent que depuis six mois. Pour l'homme, le temps ne fait aucune différence : qu'il la connaisse depuis cinq ans ou cinq minutes, il est toujours prêt.

Pourquoi recherchons-nous les liaisons brèves ?

Les inconvénients des relations occasionnelles pour un homme sont évidents : il risque de passer pour un coureur, de contracter une vilaine maladie, de se faire casser la figure par un mari jaloux, de perdre beaucoup d'argent dans un divorce coûteux ou de devoir assumer la paternité d'enfants qui ne seront peut-être même pas les siens. Les femmes courent le risque de se faire traiter de filles faciles, voire de « pouffes » ou de « salopes », ce qui est plutôt attractif pour un homme s'agissant de relations sexuelles sans lendemain, mais les fera fuir pour une relation longue à cause des problèmes de paternité. Elles risquent aussi de devenir mères célibataires et d'affronter les difficultés matérielles que cela implique, de voir chuter leur valeur sur le marché, ou encore d'être rejetées par leur partenaire masculin et de perdre leurs ressources. Les bénéfices pour les hommes sont assez clairs en termes évolutionnistes : la reproduction. Pour parvenir à ce but ils sont disposés à faire l'amour avec un maximum de jolies filles. Cela ne signifie pas qu'ils le feront, mais qu'ils sont conditionnés pour en avoir envie. Si un joyeux luron a cinquante petites amies, il peut enfanter cinquante enfants ou plus chaque année, ce qui du point de vue de la survie de l'espèce est rassurant. Si une femme a cinquante petits amis, les bénéfices en termes de survie de l'espèce sont nuls, puisqu'elle ne pourra guère enfanter qu'une fois par an environ. Il doit donc y avoir d'autres raisons pour lesquelles nos ancêtres féminins recherchaient le sexe occasionnel. Le comportement de certaines femmes d'aujourd'hui peut créer l'illusion que les femmes qui recherchent des aventures le font pour les mêmes raisons que les hommes. Ces femmes « libérées » boivent quelques verres dans un bar, se montrent aguicheuses en gestes comme en paroles, jettent leur dévolu sur un homme et passent la nuit avec lui. Mais leurs mobiles sont *très* différents de ceux des hommes, même si leur comportement est similaire.

Quatre raisons principales expliquent que les femmes d'autrefois ou d'aujourd'hui se laissent tenter par des relations occasionnelles :

1. Un problème d'estime de soi.
2. Évaluer un homme pour son potentiel à long terme.
3. En obtenir un avantage.
4. Trouver un capital génétique plus intéressant.

1. Problème d'estime de soi.

Les relations sexuelles occasionnelles permettent à une femme de tester sa « valeur de marché » et donc de mesurer son pouvoir de séduction en tant que partenaire. Si l'on raisonne en termes préhistoriques, cette information était importante parce que si une femme ne s'évaluait pas à sa valeur réelle, elle courait le risque de finir avec un partenaire moins valable qui ne lui aurait pas fourni assez de ressources. Si elle se surévaluait, si elle se situait par exemple à 9 sur 10, elle pouvait peut-être attirer un partenaire du même niveau, mais quand il finissait par réaliser qu'elle ne valait que 7 – les hommes ne sont pas des évaluateurs très rapides –, il se mettait en quête d'une femme plus performante. Les femmes dont les compagnons sont des coureurs invétérés, quand elles recherchent des partenaires occasionnels, le font souvent afin de rehausser leur estime de soi et de se réévaluer (nous en discuterons plus longuement au chapitre 7). En d'autres termes, ces femmes demandent une seconde opinion. Parfois elles le font seulement pour prendre leur revanche.

2. Évaluer un homme pour son potentiel à long terme

Les relations sexuelles occasionnelles permettent aussi à une femme d'évaluer le potentiel de son compagnon d'une nuit comme partenaire à long terme, voire comme mari. De plus, une femme d'aujourd'hui n'est pas soumise au même phénomène de rejet que celles d'autrefois quand elle a une relation sexuelle occasionnelle. Une rencontre brève lui donne l'occasion de tester les diverses qualités de son partenaire : séduction, compatibilité, ressources, générosité et engagement potentiel. En d'autres termes, elle « prend la température ». À la différence des hommes, cependant, avant de démarrer une relation brève, une femme s'interroge sur les relations amoureuses ou sexuelles préexistantes de son partenaire et sa fidélité, ce qui montre qu'elle teste aussi son potentiel d'engagement à long terme. Les hommes considèrent le vagabondage sexuel féminin et les relations masculines existantes d'une femme comme un attribut positif parce qu'ils indiquent que leur cible se laissera conquérir plus facilement et, si elle est mariée, qu'elle n'exigera aucun engagement de leur part. C'est pourquoi quand une femme qualifie une autre femme de « pouffe », celle-ci gagne aussitôt quelques points dans l'opinion d'hommes en quête d'aventures.

3. En obtenir un avantage

L'observation des sociétés de chasseurs-cueilleurs qui existent encore en Amazonie, en Indonésie ou en Afrique permet de mieux comprendre ce comportement. Dans ces cultures, les femmes demandent des présents en échange de relations sexuelles sans suite – nourriture, bijoux, colifichets, coquillages, tabac… autrement dit des ressources immédiates.

> « Ce qui compte ce n'est pas le nombre d'animaux qui ont été tués pour confectionner un manteau de fourrure mais le nombre d'animaux avec lesquels la femme a dû coucher pour avoir le manteau. »
>
> ANGELA LAGRECA

David Buss a découvert que les femmes attendent en général des hommes avec qui elles ont des rapports sexuels occasionnels cadeaux, argent, restaurants et hôtels de luxe, mais qu'elles donnent beaucoup moins d'importance à ces avantages si c'est un mari qu'elles recherchent. Elles attendent d'un mari potentiel qu'il leur montre d'abord de la gentillesse, de l'affection, de l'empathie et de la compréhension.

Dans les sociétés d'autrefois comme dans les cultures tribales actuelles, une proposition de relations sexuelles brèves d'une femme disponible assure aussi une protection contre les assauts d'autres mâles. Dans les sociétés tribales où la nourriture est partagée entre tous les membres du clan, les femmes sont deux fois plus nombreuses à rechercher des relations sexuelles occasionnelles parce que l'essentiel de leurs ressources leur vient du groupe. Dans des sociétés modernes comme la Suède où le gouvernement subvient aux besoins des citoyens sans emploi, le nombre des couples non mariés dépasse celui des couples mariés et les partenaires sont plus tentés par des relations sexuelles occasionnelles que dans les autres pays occidentaux où l'aide sociale est moins avantageuse.

4. Trouver un capital génétique plus intéressant

Il y a une quatrième raison possible pour laquelle une femme peut rechercher des relations sexuelles occasionnelles : obtenir un meilleur capital génétique pour sa progéniture. Il est très pertinent, pour assurer les meilleures conditions de vie à sa descendance, de chercher un homme généreux sur le plan matériel mais qui ait aussi les meilleurs gènes possibles. Meilleurs seront les gènes de ses enfants, plus ceux-ci auront de chances de bénéficier d'une vie plus riche, plus saine, d'attirer à leur tour de nombreuses partenaires, bref d'être heureux. Une femme peut dissocier l'entretien au quotidien, la protection et les ressources dont elle a besoin et qu'un homme va lui assurer, et la qualité du patrimoine génétique qu'elle trouvera peut-être chez un autre homme. Son désir de meilleurs gènes apparaît vers le quinzième jour de son cycle menstruel, quand elle ovule. C'est alors que son corps exige des gènes de haute qualité. Ce qui signifie qu'elle se contentera la plupart du temps d'un homme gentil et généreux (type Hugh Grant) mais qu'une fois par mois son corps réclamera un superman (type Daniel Craig).

Le lendemain matin

Pour la plupart des hommes, une rencontre sexuelle brève, une aventure sans lendemain est vite oubliée.

Les hommes sont programmés pour procréer, ils sont stimulés par la testostérone et leur cerveau sépare sans problème sexe et sentiments. Pour les hommes sexe = sexe, une équation que le cerveau féminin a quelque peine à accepter.

Toutes les enquêtes et les études menées à ce jour sur les relations brèves montrent que les hommes en tirent d'intenses satisfactions et pour la plupart peu de culpabilité. L'avis des femmes sur le « lendemain matin » est, en revanche, assez différent. Elles se sentent passablement frustrées, coupables et atteintes dans leur estime de soi. En 2008, dans le cadre d'une étude du professeur Anne Campbell de l'université de Durham (Grande-Bretagne), les enquêteurs ont interrogé 1 743 hommes et femmes qui avaient fait l'expérience d'une aventure sans lendemain pour mesurer leurs sentiments positifs et négatifs après coup. Ils ont constaté sans surprise que 80 % des hommes en retiraient une impression globalement positive contre 54 % des femmes. Les hommes ont fait état d'une plus grande satisfaction sexuelle ainsi que d'un bien-être et d'une confiance en eux renforcés. Ils étaient par ailleurs plus enclins que les femmes à confier cette expérience à leurs amis.

Les sentiments de culpabilité sont plus importants chez les femmes âgées de plus de 40 ans, ceci surtout parce qu'elles sont conditionnées par une éducation morale ou religieuse plus stricte qui présente la sexualité comme sale, dégoûtante ou honteuse. Les études ont montré que les femmes plus jeunes ne souffrent généralement pas d'une culpabilité aussi grande que leurs aînées, mais éprouvent cependant une nette insatisfaction et un certain dégoût d'elles-mêmes après une aventure sans lendemain.

Comment les pères influencent-ils les attitudes de leurs fils ?

En 1991, les chercheurs Patricia Draper et Jay Belsky ont démontré dans une étude que la présence ou l'absence d'un père au foyer exerce une influence déterminante sur le comportement sexuel du fils une fois devenu adulte. Les fils de pères absents ont tendance à devenir des pères irresponsables, tandis que ceux dont le père est présent deviennent à leur tour de bons pères. Dans les familles qui souffrent d'absentéisme paternel, les filles ont aussi tendance à devenir pubères plus tôt et à multiplier les expériences sexuelles. La conclusion c'est que ces filles semblent décider que les hommes ne sont pas des soutiens de famille fiables, ce qui les entraîne, dès l'adolescence, à rechercher des ressources en multipliant les liaisons et les relations amoureuses.

Combien de partenaires voulez-vous ?

Le nombre de partenaires qu'un homme ou une femme est susceptible d'avoir est principalement fonction des restrictions que son environnement lui impose. Certaines sociétés encouragent les relations sexuelles occasionnelles comme manière de nouer des liens amicaux, ou comme présent de bienvenue pour les visiteurs. C'est l'expérience grisante que firent Christian Fletcher et ses mutinés du *Bounty* quand ils débarquèrent à Tahiti en 1789. D'autres cultures comme celles du Moyen-Orient prohibent les relations sexuelles occasionnelles et les femmes de ces pays couvrent leur corps des pieds à la tête afin de dissuader les avances inopportunes. Dans des pays comme le Pakistan, les femmes qui ont des rapports adultères sont considérées comme un déshonneur pour leur famille et peuvent être mises à mort par d'autres membres de la famille ; c'est ce qu'on appelle le « meurtre d'honneur ». Dans la plupart des pays occidentaux, les femmes sont, par contre, libres de choisir comme elles le veulent les partenaires sexuels qu'elles auront au cours de leur vie.

> « Je crois que le sexe à deux est une chose merveilleuse. À cinq c'est fantastique. »
>
> WOODY ALLEN

On a demandé à des jeunes Américains célibataires, hommes et femmes, âgés de 18 à 30 ans, le nombre de partenaires qu'ils aimeraient avoir au cours de leur vie, idéalement. Les hommes ont répondu qu'ils aimeraient avoir six partenaires l'année suivante, tandis que les femmes n'en souhaitaient qu'un. Les hommes en souhaitaient une moyenne de dix pour les trois années suivantes, alors que les femmes se limitaient à deux. Pour la vie entière, les hommes ont déclaré que dix-huit serait un bon chiffre tandis que les femmes n'en désiraient que quatre.

Fantasmes sexuels et partenaires multiples

La plupart des études montrent que les hommes fantasment deux fois plus que les femmes durant les rapports sexuels mais le contenu de ces fantasmes révèle une différence significative entre les conditionnements masculin et féminin. Les chercheurs Ellis et Symons ont découvert que 88 % des hommes (contre seulement 57 % des femmes) fantasmaient sur une ou plusieurs autres femmes que la leur. Ils ont aussi découvert que 81 % des hommes se focalisaient sur des images, des stimulations visuelles et non des sentiments (contre 43 % des femmes). Les fantasmes des hommes au cours des relations sexuelles sont axés sur des parties du corps féminin, des rapports sexuels avec des inconnues ou des partenaires multiples. Il y a deux facteurs clés dans les fantasmes masculins : d'une part les femmes imaginées sont demandeuses, volontaires et faciles à convaincre de passer à l'acte et d'autre part les scènes fantasmées sont dénuées d'émotions, d'engagement et de préliminaires trop prolongés. Telle est la recette idéale de l'amour impromptu version mâle moderne.

> « Le sexe sans amour est une expérience insignifiante, mais parmi les expériences insignifiantes qu'on peut faire c'en est une sacrément agréable. »
>
> WOODY ALLEN

Les fantasmes des femmes pendant les rapports sexuels sont centrés sur les émotions et la personnalité du partenaire fantasmé (57 % des cas) et les partenaires qu'elles imaginent sont en général des hommes qu'elles connaissent personnellement, des amis d'amis ou des relations professionnelles. Les rapports sexuels avec de complets étrangers apparaissent rarement dans ces fantasmes, même si un fantasme féminin courant est de faire l'amour avec plusieurs hommes, type James Bond, en même temps. Mais ce fantasme exprime la volonté de contrôler les hommes par sa seule féminité. Comme nous l'avons vu plus haut, pour la plupart des hommes le sexe se réduit au sexe, le sentiment relève d'un autre domaine, même si parfois désir physique et état amoureux vont de pair.

Le rêve est peut-être le seul endroit où hommes et femmes approchent une certaine forme d'égalité sexuelle. En analysant plus de 3 500 comptes-rendus de rêves d'hommes et de femmes, le Dr Antonio Zadra, du Laboratoire du rêve et du cauchemar (Montréal), a découvert que le contenu sexuel de leurs rêves était de 8 % pour les deux sexes. Faire l'amour était le fantasme le plus courant des rêves sexuels. Venaient ensuite : flirter, embrasser un partenaire, etc. Aussi bien les hommes que les femmes ont indiqué qu'ils atteignaient l'orgasme dans 4 % de leurs rêves sexuels. Les partenaires actuels ou passés figuraient dans 20 % des rêves sexuels féminins et l'on trouvait deux fois plus de personnalités connues ou de stars de cinéma (d'hommes riches) dans les rêves féminins. On trouvait des femmes célèbres dans 14 % seulement des rêves masculins, mais une fois sur trois des partenaires multiples.

> « Les femmes courent derrière leur médecin comme les hommes courent derrière les mannequins. Les femmes recherchent quelqu'un qui connaît le corps ; les hommes recherchent juste le corps. »
>
> SEINFELD

Pour la plupart des femmes, sexualité et amour vont de pair même dans les fantasmes.

Le point de vue des gays

Donald Symons a mené des recherches sur l'homosexualité masculine et féminine et son enquête a ouvert d'intéressantes perspectives sur les préférences hétérosexuelles. Il a ainsi découvert que la sexualité homosexuelle masculine n'était pas astreinte aux règles que les femmes appliquent aux hétéros concernant l'engagement, l'implication et les sentiments. En d'autres termes, les célibataires gays n'étant soumis à aucune de ces règles, ils peuvent draguer et coucher avec autant de partenaires différents qu'ils le désirent, aussi souvent qu'ils le veulent. Les hétéros adoreraient en avoir la possibilité mais les femmes ne le leur permettent généralement pas. Pour les hommes gays qui sont engagés dans une relation de couple à long terme, les mêmes règles s'appliquent que pour les couples hétéros.

Symons a aussi découvert que les lesbiennes se comportent comme des hétérosexuelles dans une relation sentimentale et imposent à leurs partenaires les mêmes règles d'engagement et de fidélité. Kinsey a révélé que 94 % des hommes gays avaient plus de 15 partenaires et que près de la moitié d'entre eux cumulent plus de 500 partenaires dans leur vie, pour la plupart des étrangers rencontrés dans des bars, des toilettes, des clubs gays ou des saunas, alors que seulement 15 % des lesbiennes en collectionnent autant. Les lesbiennes préfèrent des relations intimes, stables, quasi conjugales, exactement comme les hétérosexuelles.

En résumé

La principale raison pour laquelle les hommes ont recours au sexe occasionnel c'est qu'ils recherchent des rapports sexuels variés et n'hésitent pas, lorsque les risques sont modérés. Les hommes sont des opportunistes et ils planifient rarement ces rencontres brèves et intenses. Toutes les études concordent : dans la plupart des pays, les probabilités sont deux fois plus grandes pour les hommes que pour les femmes d'avoir des relations sexuelles sans lendemain ou même une liaison plus longue. La principale raison pour laquelle les femmes ont des aventures extraconjugales c'est qu'elles ne se sentent pas assez aimées de leur conjoint. Cette carence peut affecter leur estime de soi et les pousser à tester un autre homme pour son potentiel de partenaire à long terme ou pour en obtenir un avantage immédiat.

Quand on examine les motivations sexuelles à la dure et froide lumière de l'analyse objective, on est assez loin des vaporeuses images romantiques que les médias, les magazines féminins et les séries télé à l'eau de rose nous présentent. Les femmes sont toujours stupéfaites et désorientées de voir comme il est aisé pour un homme d'avoir des relations sexuelles avec une femme qu'ils connaissent à peine et pour qui ils n'ont aucune affection. Les hommes devraient aussi réaliser que les femmes échangent des rapports sexuels contre des avantages immédiats et sont toujours à la recherche d'un meilleur spécimen, surtout si un homme est prêt à réévaluer leur cote de séduction.

Les rapports sexuels sans lendemain sollicitent la partie la plus primitive du cerveau et sont conditionnés par les flux hormonaux. Quand on passe du désir-plaisir physique à la passion amoureuse, la rencontre sans lendemain devient une liaison, une histoire d'amour commence, et c'est de cela que nous allons maintenant parler.

CE QU'IL FAUT RETENIR

– Hommes et femmes ont des points de vue complètement différents sur les relations sexuelles occasionnelles.
– Les hommes sont conçus pour procréer, c'est pourquoi chez eux le sexe peut se réduire au sexe. C'est ce qui explique que les hommes ont beaucoup plus d'aventures d'un soir que les femmes.
– Les femmes, par contre, sont pour la plupart incapables de séparer sexualité et amour.

CHAPITRE 6

Relations extraconjugales et mensonges

Colin et Jill étaient mariés depuis 5 ans. Après leur lune de miel, ils décrivaient leur vie sexuelle comme « absolument incroyable », ils n'arrêtaient pas de faire l'amour « comme des lapins ». Quand Jill est arrivée à son sixième mois de grossesse, les choses ont commencé à mal tourner pour eux. Elle se trouvait grosse, mal fagotée, « moche ». Elle s'est mise à refuser tout rapport sexuel, prétextant la fatigue, une migraine, ou éludant par un « peut-être demain ». Elle aurait voulu lui parler de ce qu'elle ressentait, mais Colin se disait qu'elle avait besoin qu'on lui fiche la paix – son cerveau masculin n'étant pas programmé pour comprendre à quel point il était important de dialoguer avec Jill et surtout de l'écouter. Elle a eu l'impression qu'elle lui était indifférente et qu'il la traitait au fond comme un objet sexuel. De son côté, Colin s'est senti rejeté. Sa frustration devant l'arrêt des rapports sexuels s'est transformée en ressentiment, il se sentait atteint dans sa virilité. Il vivait les sautes d'humeur de Jill comme des agressions personnelles et elle ressentait les colères de Colin comme la preuve qu'elle devait être vraiment repoussante. Après la naissance du bébé, les choses n'ont fait qu'empirer. Jill ne s'occupait que de son nouveau-né, et Colin a eu l'impression qu'elle le punissait, qu'il était rétrogradé à la deuxième place, le bébé étant devenu le numéro un. Après quelque temps, il était si frustré qu'il avait l'impression que c'était le chien le numéro deux et qu'il venait en dernière position. Colin est sorti avec Alison, une collègue de travail, et Jill l'a quitté. Elle vit maintenant seule avec son fils. Colin travaille dur pour payer la pension alimentaire et subvenir en même temps aux besoins de son nouveau ménage.

L'infidélité est l'une des grandes inquiétudes qui hantent les couples engagés dans une relation de longue durée. Pourtant rares sont ceux qui comprennent les causes des liaisons extraconjugales. La rupture de Jill et Colin met en évidence un cercle vicieux que beaucoup de couples ont vécu. Colin ne comprenait pas qu'une femme a besoin d'être dans un certain état pour faire l'amour. Elle attend de son compagnon qu'il lui parle de ses sentiments et de ses émotions, qu'il l'écoute avec compassion, la caresse tendrement, autant d'attitudes qui ne font pas partie de sa programmation de base à *lui*. Pour Jill, les problèmes étaient amplifiés par les perturbations hormonales liées à sa grossesse et son image d'elle-même était sérieusement atteinte : elle se trouvait grosse et laide. Elle ne comprenait pas que les hommes s'expriment émotionnellement à travers le sexe et que le cerveau masculin n'associe pas nécessairement sexe et amour. Parfois ils sont associés, certes, mais ils peuvent tout à fait exister séparément. Tant et si bien qu'elle reprochait à son compagnon d'être insensible, indifférent à ce qu'elle vivait. De son côté, Colin lui reprochait de pratiquer une sorte de chantage sexuel et d'être devenue frigide. Bientôt il a pris l'habitude d'être rejeté par Jill, et elle, de trouver Colin distant et indifférent. La réalité c'est qu'il se sentait repoussé et délaissé et qu'elle se sentait déstabilisée et enlaidie. Elle a développé une attitude de rejet craintif envers la sexualité et s'est mise à éviter Colin. Il s'est mis à craindre d'être rejeté, si bien qu'il a cessé de lui faire des avances sexuelles. Aucun des deux n'a compris le point de vue de l'autre et c'est ainsi qu'une relation parfaitement viable a tristement tourné court.

La relation extraconjugale, définition

Dans ce chapitre, nous allons utiliser le mot « mariage » pour décrire toute relation dans laquelle deux personnes se promettent fidélité et, techniquement parlant, se sont éloignées de la période de désir intense du début. Le couple aborde un « régime de croisière », celui de l'attachement à long terme, avec les changements que cela implique au niveau de la chimie cérébrale.

Les relations sexuelles en dehors du couple expriment un désir insatisfait. Comme nous l'avons vu dans le chapitre 1, deux zones du cerveau passent en « surrégime » quand le désir physique augmente : l'hypothalamus (pulsions primordiales) et l'amygdale (excitation). La dopamine, sécrétée en abondance au moment du désir, déclenche la production de testostérone, engendrant une stimulation sexuelle. Quand une aventure passe au stade suivant (celui de la passion amoureuse), c'est le signal interne du début d'une « liaison ». Chez les femmes, le cerveau active le noyau caudé, entraînant une augmentation du niveau de testostérone et faisant grimper le désir sexuel.

Les zones du cerveau qui deviennent actives chez les hommes ne sont pas les mêmes. Le cortex visuel est très stimulé et le niveau d'ocytocine masculin augmente, ce qui rend l'homme plus tendre et câlin. Ces réactions chimiques temporaires donnent au couple l'illusion d'un accord parfait. La principale différence entre hommes et femmes c'est que les hommes en restent au stade du désir plus longtemps que les femmes, ce qui signifie que, alors qu'il a encore envie de faire l'amour, elle est déjà passée au stade suivant.

Quand on demande aux hommes de définir ce qu'ils entendent par « liaison extraconjugale », ils la décrivent en général comme une relation sexuelle stable avec ou sans lien émotionnel, bref elle se rapproche beaucoup d'une relation sexuelle occasionnelle. Pour un homme, une liaison est basée sur l'attirance physique ; le lien émotionnel est souvent secondaire.

Pour les femmes, cette excursion hors de la routine du mariage est vécue comme un événement émotionnel ; qu'il implique ou non des relations sexuelles physiques, c'est le rapport émotionnel sous tous ses aspects qui prime : les discussions téléphoniques, e-mails et textos, déjeuners et rendez-vous, etc. Une liaison extraconjugale est une relation entre deux personnes qui a de toute façon un impact sur la complicité, la proximité émotionnelle et l'équilibre général du mariage. Le partenaire infidèle est amené à consacrer beaucoup de temps à son amant ou sa maîtresse. Il s'épanchera avec sa nouvelle « amie » plutôt qu'avec sa partenaire en titre, et elle deviendra la confidente privilégiée des pensées intimes, voire des secrets de son compagnon clandestin. Ce type de relation n'est pas nécessairement physiquement intime au début mais elle conduit presque inévitablement à une relation sexuelle. Pour la majorité des femmes, néanmoins, sexe ou pas sexe, l'infidélité est bien là. La sexualité ne fait que confirmer la profondeur d'une relation qui est avant tout sentimentale.

La plupart des hommes estiment que tant qu'ils n'ont pas de relations sexuelles avec une autre femme, ils ne font rien de mal.

Un cœur volage

Selon une étude parue en 2006, l'infidélité est la cause de divorce la plus fréquente dans 150 pays du monde. Impossible en vérité d'évaluer sérieusement le nombre des liaisons extraconjugales, parce qu'on peut mettre en doute la sincérité des personnes interrogées par les enquêteurs. En 2007, des chercheurs de l'université du Colorado et du Texas ont interrogé 4 884 femmes mariées, combinant entretiens en tête à tête et questionnaires anonymes envoyés par mails. Dans les entretiens en tête à tête, seules 1 % des femmes ont reconnu avoir été infidèles à leur époux au cours de l'année précédente. Sur les questionnaires informatiques anonymes, plus de 6 % avouaient une infidélité. Les données les plus fiables sur l'infidélité ont été recueillies par la National Science Foundation de l'université de Chicago, qui étudie les opinions et les comportements sociaux des Américains depuis 1972. Selon les données recueillies par la NSF, environ 10 % des personnes mariées (12 % des hommes et 7 % des femmes) reconnaissent avoir eu une liaison extraconjugale dans l'année écoulée. Dans la plupart des pays occidentaux, on estime entre 50 et 60 % la proportion des hommes mariés qui trompent au moins une fois leur femme au cours de leur vie. Dans des pays comme la France ou la Suède ce taux grimpe à 70-80 %. Environ 40 % de ces liaisons extraconjugales sont découvertes tandis que les autres passent sans doute inaperçues. Environ 40 % des femmes mariées s'autorisent un ou plusieurs rapports intimes avec un autre homme que leur mari, mais seules 15 % de ces aventures sont découvertes.

Le seul pays au monde où les femmes commettent plus d'infidélités que les hommes est la France : 87 des femmes reconnaissent avoir trompé au moins une fois leur partenaire actuel ou passé.

L'infidélité progresse dans toutes les tranches d'âge : entre 1988 et 2008 aux États-Unis, chez les sujets âgés de plus de 60 ans, elle a augmenté de 20 % pour les hommes et de 15 % pour les femmes. Mais pourquoi cette subite frénésie de relations sexuelles chez les seniors ? Pour deux raisons. La première c'est que la génération issue du *baby-boom* qui a lancé la révolution sexuelle des années 1970 refuse de vieillir : à 60 ans ils se sentent comme leurs parents à 45. La seconde c'est que le troisième âge dispose aujourd'hui de stimulants que leurs parents ne connaissaient pas : le Viagra, les THS (traitements hormonaux de substitution) et les diverses solutions pour les problèmes d'impuissance masculine. La génération des 40-60 ans, surtout les femmes, se libère enfin des inhibitions sexuelles héritées de la génération précédente.

L'infidélité progresse aussi chez les moins de 40 ans, ce qui s'explique par l'usage intensif du porno sur Internet qui a changé ce que ce groupe considérait jusque-là comme un comportement sexuel « normal ». 99 % de nos grands-parents n'avaient sans doute pas la moindre idée de ce que pouvait être une sexualité « SM » ou « scato »…

En 2002, les psychologues Raymond Bergner et Ana Bridges ont été les premiers à montrer que les sites pornos avaient un effet négatif sur les relations permanentes. Le porno et les relations « sexuelles » en ligne ont creusé un fossé émotionnel qui s'est avéré aussi néfaste pour les relations de couple que les infidélités réelles.

> « Je suis très déprimé. Mon médecin a refusé de me donner une prescription de Viagra. Il m'a dit que ça reviendrait à planter une antenne toute neuve sur un immeuble vermoulu. »
>
> GEORGE BURNS

En étudiant les habitudes sexuelles d'hommes et de femmes originaires de 48 pays du monde, le Dr David Schmitt de l'université Bradley (Illinois) a découvert que la période où les hommes sont à l'affût d'aventures avec de nouvelles partenaires se situe entre 25 et 35 ans. C'est le moment où la testostérone atteint son apogée et va commencer à décliner. Quant aux femmes, c'est plutôt après 30 ans qu'elles sont tentées par le vagabondage sexuel parce que le compte à rebours d'une fertilité déclinante commence à faire sentir ses effets. Les femmes atteignent le sommet de leur sexualité vers la fin de la trentaine quand le niveau de testostérone s'élève – c'est la ruse de la nature pour inciter les femmes à se reproduire avant la ménopause.

L'analyse des résultats de la plupart des enquêtes sur l'infidélité vous fera conclure qu'environ 50 % des hommes et 30 % des femmes ont probablement été « voir ailleurs » au moins une fois à l'insu de leur partenaire. Cela fait beaucoup d'adultères, si on y pense. Mais rappelons-nous aussi que d'après ces statistiques la plupart des gens sont fidèles le plus clair du temps.

Un homme qui avait six enfants était si fier de lui qu'il se mit à appeler sa femme « mère de six », en dépit des objections de celle-ci.
Un soir au restaurant, il hurla d'une voix de stentor : « Est-ce qu'on rentre, maintenant, mère de six ? » Irritée par son manque de discrétion, elle répondit du même ton : « Quand tu voudras, père de quatre. »

Pourquoi l'adultère ?

Un sondage effectué en Grande-Bretagne en 2008 auprès de clients d'avocats spécialisés en divorce révélait les dix principales causes d'adultère chez les hommes :

1. Le désir.
2. La perte d'attirance pour l'épouse/la partenaire.
3. Les problèmes sexuels – il voudrait plus de rapports sexuels ou plus de variété –, l'addiction au sexe.
4. Une épouse accaparée par la vie familiale et les problèmes des enfants.
5. Une entreprise de séduction agressive d'une autre femme.
6. Sa compagne en titre ne fait plus aucun effort pour le séduire.
7. L'excitation de la drague.
8. Les récriminations perpétuelles de sa partenaire.
9. L'échec de la communication avec elle sur les problèmes du couple.
10. L'image masculine de soi – séduction décli-

nante, vieillissement : l'ego exige d'être valorisé.

Par contraste, ce que recherchent la plupart des femmes ressemble plutôt à une « expérience de sortie hors du corps ». Elles refusent d'être réduites aux rôles de mère, d'épouse, de fille, d'employée. Elles veulent un mari qui leur dise autre chose que : « Il faut porter mon costume chez le teinturier », « Tu m'as préparé ma lunch-box ? » ou « J'ai une chemise propre pour ma réunion ? ». Même les femmes qui ne sont pas cantonnées au rôle de maîtresse de maison et ont une vie professionnelle estiment qu'elles ne sont pas assez valorisées et que leurs efforts restent souvent peu reconnus dans leur propre maison alors qu'elles sont valorisées dans leur travail.

> « Les hommes pimentent leur quotidien de sexualité extraconjugale, les femmes enrichissent leur quotidien de quelques apports émotionnels extérieurs, dont la sexualité fait partie. »
>
> DEBBIE THEN

Pour certaines femmes une aventure extraconjugale est simplement une façon de se révolter contre la routine et de forcer leur partenaire à un sursaut ou de le ramener à l'époque bénie des premiers émois amoureux, de lui rappeler qu'elle est une femme et pas seulement une « maîtresse de maison », ou encore de se venger parce qu'il l'a trompée. Les femmes cherchent aussi à booster leur ego – elles veulent se sentir désirées donc désirables, savoir qu'on prend des risques pour elles, qu'elles valent le temps que leur amant consacre aux préliminaires, etc. Pour les femmes infidèles, la sexualité n'est pas l'essentiel, c'est le sentiment qui compte.

Voici maintenant le *top ten* des réponses des femmes à qui l'on demandait les raisons de leurs aventures extraconjugales :

1. Je me sens seule (le problème le plus courant chez les femmes qui restent à la maison).
2. Je n'arrive pas à discuter de mes problèmes avec mon partenaire.
3. Je ne me sens pas assez désirée, donc pas très désirable.
4. Mon mari n'est pas assez reconnaissant de tout ce que je fais.
5. Il est trop absorbé par ses problèmes, souvent distrait quand je lui parle.
6. Je manque de romantisme et d'excitation au lit avec lui.
7. J'ai besoin de fuir la routine de la vie quotidienne.
8. Je veux me sentir aussi valorisée dans ma vie personnelle que dans mon travail.
9. La routine m'assomme.
10. L'occasion de sortir avec un autre homme s'est présentée juste au bon moment.

Ça arrive même aux riches et célèbres

Nous connaissons tous des gens célèbres ou puissants qui semblent tout posséder et qui le risquent quand même pour un « petit coup » apparemment sans intérêt. Songez à Hugh Grant, acteur adulé, qui vivait avec l'une des plus belles femmes du monde, Elizabeth Hurley. Il a tout risqué pour une fellation express avec une prostituée dans une petite ruelle sordide. Sans parler du célèbre joueur de tennis Boris Becker qui a engrossé une serveuse dans le placard à balais d'un restaurant japonais de Londres, un coup de folie qu'il a dû reconnaître quelque temps plus tard.

Et Bill Clinton ? Le monde a été saisi de stupeur en apprenant que l'homme le plus puissant du monde avait tout misé et tout perdu pour les beaux yeux d'une petite stagiaire très quelconque, Monica Lewinsky. Comment un homme qui semblait à l'apogée de ce qu'il avait toujours recherché a-t-il pu être assez stupide pour risquer la colère du peuple américain tout entier de manière aussi imprudente ? Par contraste, la plupart des femmes infidèles sont généralement des âmes esseulées en quête de sensations qu'elles semblent incapables de trouver dans leurs relations intimes – qu'il s'agisse de Marilyn Monroe, Janis Joplin, ou Anna-Nicole Smith pour en citer quelques-unes. Leur comportement semble dépourvu de sens jusqu'au moment où vous jetez un œil sur la liste des principales causes d'infidélité (voir ci-dessus).

Le type de la femme ordinaire tentée par une liaison a été porté à l'écran à la perfection par Meryl Streep dans *Sur la route de Madison*. Elle s'ennuie, accablée par la morne routine de sa vie ordinaire, quand un homme apparemment libre (Clint Eastwood) lui offre une alternative excitante. Elle joue le jeu et parvient à cacher cette liaison. Mais pour en revenir à Bill Clinton, quand il affirme, l'index pointé vers la caméra : « Je n'ai pas eu de rapports sexuels avec cette femme », on comprend qu'il est grillé. Le monde entier a alors soupçonné sa culpabilité, même si sa femme clamait qu'elle ignorait tout de l'affaire.

« Clinton a menti. Un homme peut oublier où il a garé la voiture et même où il habite, mais il n'oublie jamais une fellation, si médiocre soit-elle. »

BARBARA BUSH (ex-First Lady des États-Unis)

Pourquoi les femmes sont-elles moins coureuses que les hommes ?

Le principal problème des hommes est leur incapacité à gérer rationnellement une situation dès que s'y mêle une pulsion sexuelle. Contrairement à la plupart des femmes, qui auront tout le sang-froid nécessaire pour ne pas franchir la ligne jaune dans ce type de situations. La plupart des hommes ne planifient pas une relation extraconjugale, ils sont dépassés par la situation, elle arrive quasiment sans que leur volonté ni leur intelligence aient eu leur mot à dire. Une femme laisse mûrir la possibilité d'une aventure et cueille le fruit quand il est à point. D'une manière générale, toutefois, le nombre des femmes qui trompent leur mari est inférieur au nombre des hommes qui trompent leur femme, même si les jeunes femmes d'aujourd'hui semblent plus adeptes des aventures d'un soir que leurs mères. Les recherches de Michelle Langley, auteure de *Women's Infidelity*, indiquent que les femmes, surtout les jeunes, trompent leurs époux autant que ces derniers. Mais les femmes sont par nature plus tendres et plus aimantes que les hommes et moins tyrannisées par la testostérone. Chez elles c'est l'hormone de la tendresse, l'ocytocine, qui mène la danse : les relations sexuelles sont donc toujours moins importantes pour elles. De plus, la plupart des femmes sont convaincues qu'elles devraient occuper la première place dans le cœur de leur partenaire parce qu'elles-mêmes placent leurs compagnons au premier rang de leurs préoccupations.

Beaucoup de femmes sacrifieront leurs propres aspirations et besoins pour soutenir leur homme, élever ses enfants, entretenir la maison, et lui resteront loyales quoi qu'il arrive. Pour une majorité de femmes, cette attitude englobe aussi le sexe : l'idée d'être touchée par un autre homme ou d'avoir des relations sexuelles avec un étranger est inconcevable. Les plus naïves d'entre elles supposent que leur mari partage ce point de vue. Un cours sur les différences hommes/femmes ouvrirait les yeux de la plupart des futures mariées et éviterait à beaucoup les désillusions et le divorce, lequel, rappelons-le, touche un mariage sur deux. Le problème c'est que les hommes sont gouvernés par leurs pulsions sexuelles depuis la puberté, moment où leurs hormones les submergent, jusqu'à la fin de leur vie. Avec cette nuance qu'en vieillissant le cerveau des hommes reste toujours en éveil tandis que leur sexualité s'endort peu à peu. Les passages à l'acte vont donc se faire plus rares avec le temps, mais presque toute sa vie, le cerveau masculin reste hanté par la sexualité.

Le mariage a ses bons côtés. Il vous apprend la loyauté, la tolérance, la maîtrise de soi, et d'autres qualités valables dont vous n'auriez aucun besoin si vous restiez célibataire.

Les 6 légendes les plus répandues sur l'infidélité

Légende n° 1 : l'adultère est presque toujours le fait des hommes

Les hommes nés avant 1962 trompent deux fois plus leurs femmes que celles-ci ne les trompent. Par contre, les dernières recherches montrent que les femmes de 20 à 30 ans ont à peu près autant de liaisons extraconjugales que les hommes du même âge. Comme elles jouissent d'une plus grande liberté financière puisque la plupart travaillent, elles sont plus tentées de prendre des risques avec leur relation de couple. Environ un adultère féminin sur deux est d'ailleurs commis au travail et avec un ou une collègue.

Légende n° 2 : il y a un profil type de l'homme ou de la femme infidèle

Si la situation s'y prête, n'importe qui peut tromper son mari ou sa femme. Une relation extraconjugale arrive souvent par surprise. De plus, le conjoint infidèle est souvent moralement opposé à l'adultère. Pourtant, si les circonstances et le moment sont propices, et que l'occasion se présente, il se laisse tenter. L'occasion pourra prendre la forme d'une assistante au bureau qui lui « tapera dans l'œil ». Ou d'un jardinier qui fera un compliment à une maîtresse de maison submergée de soucis. Beaucoup de gens s'imaginent cependant qu'un profil psychologique type explique les infidélités et, convaincus d'avoir choisi le bon partenaire, ils se réfugient dans un sentiment de sécurité illusoire. Il est vrai que certains êtres sont des coureurs obsessionnels, mais personne, jamais, n'est à l'abri de la tentation. Pour les hommes, une liaison est d'abord affaire d'occasion. Pour les femmes, c'est plus l'objet d'une planification.

Ne vous leurrez pas vous-même en vous persuadant que vous ne tromperez jamais votre partenaire. Pensez plutôt à toutes les situations et circonstances où vous pourriez vous laisser tenter et faites ce que vous pouvez pour les éviter !

Légende nº 3 : la monotonie est la grande responsable

Les relations extraconjugales se produisent au début du mariage : on en compte plus dans les deux premières années qu'à n'importe quel autre moment de la vie du couple. C'est le moment où les femmes se demandent si elles ont fait le bon choix, ou si elles ne seraient pas mieux avec quelqu'un d'autre. Il faut au moins deux ans de vie commune avec un être pour bien le connaître. Un homme qui était un coureur invétéré avant le mariage devra donc être « surveillé » pendant cette période initiale. Ce type d'hommes combine en général un taux de testostérone élevé et des souvenirs d'enfants sur les relations amoureuses qui les ont durablement déstabilisés.

Légende nº 4 : un homme a des aventures avec d'autres femmes quand il n'est pas heureux chez lui

En 2007, Shirley Glass, la célèbre chercheuse sur le couple et l'infidélité, auteure de *Not Just Friends*, a découvert que des gens qui n'avaient pas la moindre intention de tromper leur conjoint nouaient, sans le réaliser, des liens profonds et passionnés avec de nouvelles relations et franchissaient ainsi sans s'en apercevoir la frontière séparant une amitié platonique de l'amour avec un A majuscule. Pour les cavaleurs, le schéma est imparable : une aventure se présente et ils prennent leur pied, comme ils l'ont toujours fait, grâce aux substances chimiques euphorisantes que l'excitation de l'inconnu libère dans leur organisme. Selon miss Glass, les femmes qui ont une aventure expliquent que le lien sentimental avec leur partenaire s'est distendu environ un an avant le début de leur liaison extraconjugale. Elles rapportent aussi que l'éventualité de cette liaison a fait son chemin dans leur esprit pendant presque tout ce temps.

La conclusion de ces réflexions, c'est que plus la distance émotionnelle se creuse avec votre partenaire, plus le risque d'une relation extraconjugale est grand. Une discussion ouverte sur votre couple est alors le meilleur moyen de réduire ce risque.

Légende n° 5 : cette fois sera la bonne !

Ceux ou celles qui décident de vivre en couple avec leur amant ou leur maîtresse le font en se disant : « Cette fois sera la bonne. » Les changements chimiques survenus dans leur cerveau les trompent en leur faisant croire qu'ils « vivront heureux jusqu'à la fin de leurs jours » – ambiance conte de fées. Les statistiques montrent que ce n'est vrai que pour 25 % de ceux qui épousent leur amant ou leur maîtresse : 75 % finissent par divorcer ; mais la plupart de ceux qui se remarient croient qu'ils feront partie des 25 % restants. Grisés par l'idylle qu'ils sont en train de vivre, ils se projettent dans un monde de fiction où il n'y a plus de traites à payer et où les contraintes et corvées du quotidien ont disparu comme par miracle. Une nouvelle voiture a toujours une allure excitante pour ses acheteurs potentiels, mais un an plus tard c'est devenu une voiture comme les autres, son charme s'est usé, il faut la nettoyer chaque semaine et l'amener au garage pour l'entretien comme n'importe quelle autre voiture.

Légende n° 6 : en général vous sentez que votre partenaire vous trompe

La plupart des gens ne réalisent pas tout de suite que leur partenaire les trompe parce qu'ils ont confiance dans la loyauté de leur conjoint et qu'ils ne sont pas, sauf les jaloux obsessionnels, à l'affût des indices. Quand les signaux deviennent évidents, certains préfèrent se réfugier dans le déni plutôt que d'affronter le choc que va entraîner la découverte d'une liaison extraconjugale. Les femmes excellent à détecter les signaux, raison pour laquelle 80 % des ruptures sont le fait des femmes. Dans *Pourquoi les hommes se grattent l'oreille et les femmes tournent leur alliance ?*, nous avons montré pourquoi les hommes ne sont pas aussi perceptifs que les femmes : le cerveau masculin n'a pas la même aptitude à décoder les subtiles contradictions entre les paroles et les gestes qui les accompagnent. C'est pourquoi tant d'hommes sont choqués quand ils découvrent que leur femme les a trompés.

Les 9 catégories de liaisons extraconjugales

Quand votre couple rencontre des problèmes et que vous ne savez pas comment les résoudre, vous devenez candidat à une relation extraconjugale : celle-ci peut vous offrir un espace pour fuir vos problèmes.

Voici les neuf grandes catégories de liaisons extraconjugales.

1. La liaison « Suis-je encore capable de séduire ? »

Vous avez peut-être l'impression que votre partenaire ne s'intéresse plus beaucoup à vous, qu'il ou elle ne vous consacre plus guère de temps, ou peut-être vous êtes-vous mariés jeunes et manquez-vous d'expérience. En tout cas, vous vous demandez si vous pouvez encore séduire d'autres partenaires. Vous avez l'impression de ne pas vous être complètement épanoui, et vous en voulez à votre conjoint de ne pas tenir compte de vos besoins. Vous voulez connaître à nouveau l'euphorie de la séduction et vous avez le sentiment d'avoir raté quelque chose. Pour vous, sortir avec cet homme ou cette femme, c'est une façon d'en finir avec les doutes que vous avez sur vous-même, de sortir des pensées négatives qui vous tourmentent. Si vous avez une liaison extraconjugale, une fois que vous aurez constaté que vous séduisez encore, vous serez sans doute tenté d'y mettre fin. Si vous évitez les retombées négatives sur votre couple, il est probable que votre vie conjugale s'en portera mieux.

2. La crise de la maturité

Vous arrivez à la moitié de votre vie et vous vous posez toutes sortes de questions : vous vous demandez ce que vous avez loupé et si oui ou non vous avez réussi votre vie. Des amis de votre âge, et même des gens plus jeunes tombent malades, meurent, et le coup d'œil matinal dans le miroir vous rappelle chaque jour que vous vieillissez. Votre libido est sur le déclin, la fin de votre vie se profile à l'horizon et vous éprouvez un sentiment d'urgence, vous devez faire quelque chose de mémorable ou de significatif. Vous commencez peut-être à paniquer un peu et vous voudriez faire quelque chose de « dingue » pour vous prouver que vous existez. Mais une liaison extraconjugale ne résoudra rien ; ce dont vous avez besoin c'est un psy qui vous aide à passer le cap de la cinquantaine et vous aide à fixer des objectifs nouveaux et excitants.

3. Comment ce serait avec quelqu'un d'autre ?

C'est une cause fréquente d'adultère au début d'un mariage ou d'une nouvelle relation stable. La personne candidate à ce type de liaison est minée par des doutes : ai-je fait le bon choix, serais-je plus heureux(se) avec une autre personne, mes problèmes actuels de couple disparaîtraient-ils si je vivais avec quelqu'un d'autre ? Si vous avez une aventure de ce type, vous devez d'abord identifier précisément les problèmes spécifiques de votre relation conjugale et tenter de les améliorer ou de les résoudre. L'infidélité n'est sûrement pas la solution. Si vous avez trouvé les réponses aux questions que vous vous posez, rompez avec votre amant ou votre maîtresse et affrontez la vie réelle.

4. La liaison bombe à retardement

Cette aventure a débuté parce que vous craignez d'affronter votre partenaire pour lui dire que vous en avez assez. Vous ne savez même pas exactement de quoi vous avez besoin ou ce qui manque dans votre relation de couple et vous pensez que le meilleur moyen de sauver votre vie de couple c'est de faire tout sauter. Vous laissez sciemment traîner des indices pour que votre conjoint comprenne que vous le trompez, ce qui vous évite d'avoir à lui mettre les points sur les I. Vous non plus n'avez pas besoin de cette liaison, en revanche le moment est venu d'affronter votre partenaire et d'avoir une discussion franche avec lui. Cette démarche sera moins douloureuse et fera moins de dégâts qu'un adultère. Faire tout sauter et recoller les morceaux après coup peut paraître tentant, mais, comme vous l'apprendrez à vos dépens, c'est en fait la pire des solutions.

5. La vengeance

Votre partenaire vous a trompé et vous avez bien l'intention de prendre votre revanche pour égaliser le score ou simplement lui faire comprendre « ce qu'on ressent ». Vous ne vous lancez pas dans cette aventure par désir d'une expérience émotionnelle ou sexuelle, vous le faites par dépit. Vous éprouverez sans doute une forte culpabilité, et votre estime de soi risque de pâtir. Cette liaison sera une forme de violence envers vous-même et votre maîtresse (dans le cas d'un amant, il vous sera simplement reconnaissant des bons moments passés au lit). Si vous avez une relation de ce type, rappelez-vous que votre but était d'abord de vous venger et ne vous laissez pas entraîner dans l'aspect émotionnel de cette relation qui n'est qu'une réaction. Prenez rendez-vous chez un psy et réfléchissez ensemble au meilleur moyen de surmonter votre colère envers votre conjoint.

6. Une épaule pour pleurer

Vous passez plus de temps à vous épancher auprès de votre amant/maîtresse qu'à faire l'amour avec lui/elle ? C'est de ce type de liaison qu'il s'agit. En fait les rapports sexuels, si forts soient-ils, semblent presque secondaires comparés au bénéfice principal que vous retirez de cette relation : une thérapie gratuite. Vous vous sentez compris par l'autre qui vous soutient et vous encourage. C'est encore l'exemple de la relation dont vous n'avez pas vraiment besoin : vous avez besoin d'un thérapeute professionnel.

Au final, ça vous reviendra moins cher !

7. La liaison « J'ai droit à mieux »

C'est le genre d'aventure qui vous tente quand votre valeur sur le marché grimpe : vous avez trouvé un meilleur job, perdu du poids, amélioré votre look, passé un diplôme, etc. Ou bien c'est la cote de votre partenaire qui est en baisse, parce qu'il(elle) se laisse aller, vous délaisse ou néglige votre vie de couple. Quand vous vous êtes mariés, votre partenaire était ce que vous pouviez espérer de mieux à l'époque. Maintenant, vous êtes plus âgé, plus expérimenté, vous avez une meilleure connaissance des relations humaines et vous pensez que vous pourriez vivre une histoire plus exaltante. Parlez à votre partenaire de vos hésitations, de votre insatisfaction et fixez-vous des buts communs qui vous donneront à l'un comme à l'autre la même « valeur de marché ». N'oubliez pas que chaque fois que vous achetez un modèle neuf, vous payez en général très cher le nouveau et vous perdez beaucoup sur l'ancien. Peut-être qu'un bon nettoyage de printemps et un petit coup de neuf sur votre relation actuelle résoudront votre problème.

8. La liaison « Il/elle ne satisfait pas mes besoins »

Votre partenaire refuse de faire quelque chose dont vous avez vraiment besoin, qu'il s'agisse d'un lien émotionnel, d'une discussion à cœur ouvert, de sexualité orale, anale, de fantasmes particuliers, tout ce qui vous turlupine depuis longtemps mais ne rencontre aucun écho de son côté. Un bon thérapeute sexuel vous aidera à développer des stratégies appropriées, à moins que vous ne sentiez que votre besoin insatisfait est plus important que la relation elle-même. Dans ce cas, peut-être vaudra-t-il mieux quitter votre partenaire.

9. La liaison « involontaire »

Comme nous l'avons dit plus haut, si les conditions, lieu, moment, etc., sont réunies, presque n'importe qui peut céder à la tentation. Vous ne savez pas vraiment comment c'est arrivé mais Dieu (ou diable) que c'est agréable ! Vous vous demandez comment y mettre fin et vous êtes tenaillé par la culpabilité et l'angoisse. Vous vous répétez : « Pourquoi suis-je en train d'agir ainsi ? », et vous n'avez pas la réponse. Cette affaire met en lumière une carence dans votre relation de couple que vous ou votre partenaire niait. Trouvez de quoi il s'agit et rompez avec votre amant ou votre maîtresse.

Une liaison a toujours un impact nocif sur votre vie de couple. Tromper son ou sa partenaire suppose de mentir sans arrêt, d'éluder les vraies explications et de devoir surmonter ses sentiments de colère ou de culpabilité. Le menteur est souvent miné par la culpabilité, ce qui le pousse parfois à se montrer agressif verbalement ou physiquement avec son conjoint. Si vous avez une relation extraconjugale, montrez du respect aussi bien à vous-même qu'à votre conjoint et prenez rendez-vous chez un psy spécialisé dans les problèmes de couple, ou mettez fin à votre aventure.

Le psy avait envoyé le couple au fond du jardin pour discuter de la meilleure façon de résoudre leurs problèmes, quand ils tombèrent sur une fontaine enchantée. La femme se pencha au-dessus de la fontaine, fit un vœu et jeta une pièce. Le mari décida de l'imiter. Mais il se pencha un peu trop, tomba dans la fontaine et se noya.
La femme resta pétrifiée quelques instants, puis elle arbora un grand sourire et se murmura à elle-même : « Ça marche vraiment ! »

Je l'ai appris par ouï-dire

Le soupçon que votre partenaire vous trompe peut parfois être plus difficile à supporter que la vérité. Beaucoup de femmes se réfugieront dans le déni tandis que la plupart des hommes chercheront des preuves et voudront avoir des certitudes.

Ça se passe très rarement comme à la télé. Peu de gens découvrent que leur partenaire a une liaison en le prenant sur le fait – même si les hommes sont très nombreux à choisir le lit conjugal pour tromper leur femme. Parfois le conjoint va l'apprendre par le biais de tiers. Les amis redoutent le moment où ils vont révéler la pénible vérité au conjoint trompé – c'est le syndrome classique du messager de malheur mis à mort. De plus, certains amis qui vous veulent soi-disant du bien ne sont pas animés d'intentions si charitables en vous annonçant la mauvaise nouvelle. La plupart des femmes choisiront de dire la vérité, parce qu'elles redoutent d'être elles-mêmes, le jour venu, les dernières à l'apprendre, et qu'avec leurs amies intimes la sincérité est la base même de la relation.

La preuve d'infidélité la plus courante, c'est la preuve écrite. Ce peut être une note d'hôtel qui montrera que les amants ont dormi ensemble, des factures de cadeaux ou de fleurs injustifiables, des factures détaillées de mobile, des relevés de carte de crédit, des e-mails ou, pour le coureur invétéré, des numéros de téléphone sur des bouts de papier.

Il ou elle vous trompe ? 8 signes qui (eux) ne trompent pas

Mais en l'absence de preuves formelles, d'une amie fouineuse ou du détective privé, qui n'est pas à la portée de toutes les bourses, il existe des indices évocateurs valables pour tout un chacun et qui en tout cas valent la peine qu'on se pose et qu'on pose à l'autre certaines questions. Soyez prêt à affronter la colère de votre conjoint devant votre manque de confiance s'il est capable de vous prouver que vos soupçons sont erronés, mais soyez prêt à assumer les conséquences si la réponse est celle que vous ne voulez vraiment pas entendre.

Quand un homme ou une femme tombe amoureux, l'afflux d'hormones dans le cerveau entraîne des modifications de son comportement : des changements dans ses habitudes quotidiennes ou de nouvelles habitudes qui ont pour fonction d'essayer de masquer sa double vie.

1. Les changements d'habitudes

Soyez attentif aux éventuels changements d'habitudes : ils peuvent indiquer une force d'attraction extérieure à la maison. Un homme va commencer à nettoyer lui-même ses vêtements, votre conjoint qui passe sa vie dans le canapé devant la télé va se mettre à fréquenter un club de gym, il va arrêter de porter son alliance, ou se mettre à fermer à clé les tiroirs de son bureau.

2. Une sexualité qui évolue

Ce sont des modifications subtiles dans la régularité ou la manière de faire l'amour, mais ne les ignorez pas. Votre partenaire veut essayer des choses qu'il ou elle n'avait jamais faites avec vous jusque-là – il y a peut-être quelqu'un qui lui souffle ces nouvelles idées. Ce peut aussi être l'inverse : une absence soudaine et inexpliquée de désir ou le refus de tout rapport sexuel.

3. Un changement de look

Un régime, de nouveaux vêtements, une certaine façon de foncer vers la douche à la minute où il franchit le seuil de la maison, il se rase deux fois par jour, elle adopte une nouvelle coiffure ou se coupe les cheveux…

4. Voyages d'affaires et absences multipliés

Les voyages se multiplient et durent de plus en plus longtemps, vous n'êtes jamais invité, vous ne voyez jamais les billets d'avion ni les réservations d'hôtel, qui ne sont pas à leur place habituelle. Il ou elle rentre de plus en plus tard le soir. Les collègues de travail que vous croisez sont mal à l'aise, crispés.

5. Une nervosité inhabituelle

Vous l'observez quand le téléphone sonne ou quand vous mentionnez une certaine personne, un ou une collègue de travail. Votre partenaire parle dans son sommeil, est sujet à des sautes d'humeur, vous critique souvent.

6. Des détails qui n'en sont pas

Si il ou elle vous trompe avec un(e) collègue de travail, le ou la collègue en question, qui était régulièrement mentionné dans les nouvelles du jour, soit prend une place accrue dans les comptes-rendus journaliers (mangé avec… discuté avec…), soit au contraire en disparaît complètement. Un homme répétera souvent les mêmes histoires, parce qu'il a oublié à qui il a dit quoi.

7. Des changements « technologiques »

Vous commencez à remarquer que votre partenaire préfère vous envoyer des e-mails plutôt que de vous appeler. Quand il ou elle vous appelle, il est expéditif, chuchote, signe que votre rival(e) est peut-être à portée de voix. Il/elle a tout le temps de bonnes excuses pour aller faire un tour avec son téléphone mobile : la réception est toujours mauvaise quand vous êtes dans la pièce. Dans le même registre, il ou elle va un peu trop souvent aux toilettes et y reste trop longtemps.

Quand vous êtes ensemble, il/elle refuse de prendre certains appels en votre présence. Vérifie à tout bout de champ ses e-mails. Et si vous approchez quand votre partenaire est devant l'ordinateur, la fenêtre se ferme subitement. Le Blackberry ne traîne jamais à un endroit où vous pourriez le voir. Du jour au lendemain, son ordinateur et son mobile deviennent inaccessibles sans mot de passe.

8. De nouveaux amis

Il/elle s'est fait de nouveaux copains au travail, que vous n'avez jamais l'occasion de croiser. Ils l'appellent de temps à autre mais ces appels sont toujours brefs ; pour des raisons mystérieuses il faut absolument qu'ils rappellent plus tard (quand vous ne serez plus là). Si vous découvrez que ses amis mentent, vous pouvez les suspecter d'être au courant et de jouer son jeu. Un club de menteurs en quelque sorte.

En résumé

Les indices énumérés ci-dessus trahissent plutôt les hommes que les femmes. Ces dernières cachent leur double jeu avec plus de subtilité et les hommes sont en général moins habiles à décrypter ces indices (voir *Pourquoi les hommes se grattent l'oreille et les femmes tournent leur alliance*). Pourtant ils sont souvent si énormes que même un aveugle les remarquerait, mais il est surprenant de constater à quel point les hommes manquent de lucidité à cet égard. Ses démonstrations de tendresse se raréfient subitement, elle lui suggère d'aller pêcher à la ligne le week-end avec son meilleur copain, elle oublie des préservatifs dans sa trousse de toilette, ne lui prête aucune attention, elle a mille préoccupations en tête dont il est complètement absent. Les femmes qui ont une liaison ont tendance à devenir plus froides et à espacer ou à refuser les rapports sexuels avec leur époux parce que la duplicité est un exercice beaucoup plus compliqué pour elles – au fond de leur cœur, la plupart d'entre elles sont programmées pour être la femme d'un seul homme.

Pour les raisons que nous avons évoquées dans les chapitres précédents, beaucoup d'hommes trouvent que rien ne vaut le piment d'une liaison pour briser la monotonie de leur vie sexuelle. Et comme le cerveau masculin sépare naturellement l'amour de la sexualité, distribuer ses faveurs à deux femmes, voire plus, ne lui pose pas de problèmes.

Pourquoi les hommes ont-ils des cerveaux plus gros que ceux des chiens ? Pour ne pas mordre les mollets des femmes dans les soirées.

Comment gérer un partenaire infidèle ?

Le soir où le prince Charles a donné la célèbre interview télé où il reconnaissait sa liaison ancienne avec Camilla Parker Bowles, alors qu'il était encore marié avec la princesse Diana, celle-ci a revêtu sa petite robe noire la plus sexy et paradé dans une soirée de gala, plus « glamour » que jamais. Ça ne devait pas être si facile pour elle, mais sans doute plus que de rester assise chez elle avec une boîte de Kleenex.

Les hommes souffrent moins quand ils sont trahis parce que, pour la plupart d'entre eux, les émotions initiales, celles qui vont durer, sont la colère, la fierté blessée – des émotions agressives. Le problème des hommes est de s'épancher, de se confier à leurs amis, de communiquer leurs blessures et leurs peurs.

En général, les femmes passent par plusieurs phases distinctes. D'abord vient la colère, elles sont blessées. Mais les affects à long terme sont les plus profonds. Une femme trompée va être atteinte dans sa confiance en elle, son estime de soi va chuter, elle se repliera sur son rapport avec ses enfants et se sentira obligée de sauvegarder l'unité familiale. Bref, elle aura le sentiment de n'avoir guère le choix. Elle risque fort aussi de se sentir au moins partiellement responsable du fait que son compagnon soit sorti avec une autre femme. Les séquelles les plus courantes chez une femme trompée sont la dépression, et le fait de tomber souvent malades parce qu'un stress important affaiblit le système immunitaire et laisse le corps à la merci des agressions microbiennes. Elle attrapera le moindre rhume de ses enfants, sans parler des douleurs de dos traduisant les tensions qui ne la quittent plus.

Beaucoup de femmes tiendront leur rivale pour responsable de l'infidélité de leur mari, c'est le classique symptôme de déni. Elles ne parviennent pas à croire que l'homme qu'elles aiment et avec lequel elles ont bâti leur vie soit capable de les trahir et de les blesser de cette façon.

Leur mari a une aventure d'un soir ? Pour beaucoup de femmes ce n'est pas une raison suffisante pour rompre. Beaucoup accepteront même des liaisons prolongées, des promesses de rupture non tenues, certaines endurent même des années une succession de petites infidélités et de maîtresses au long cours…

Plusieurs raisons expliquent ce comportement : elles sont attachées à leur mari, leurs enfants, leur vie de famille.

Autre point important, elles ne veulent pas renoncer à leur aisance financière, à leur maison, à tout le confort et au standing social dont elles jouissent. De plus, leur estime de soi est si dévaluée qu'elles sont incapables d'imaginer qu'un homme puisse tomber amoureux d'elles. Si bien que beaucoup de femmes se résignent aux infidélités de leur époux, jugent une concession inévitable en échange de la belle maison, de l'argent et du niveau de vie qui est le leur. Autrement dit, elles restent pour les ressources. Mais une femme qui décide de s'infliger cette situation prend de gros risques pour sa santé émotionnelle et physique, sans avoir d'ailleurs la moindre garantie que son compagnon ne finira pas par partir quand même. Cela dit, il est rare qu'un homme rompe avec une femme parce qu'il est malheureux avec elle. Il a tendance à rester tant qu'il n'a pas trouvé mieux.

Une aventure d'un soir peut aussi tourner à la liaison amoureuse ou à la relation au long cours et l'homme peut décider que sa nouvelle conquête vaut bien les déchirements d'une rupture avec sa compagne en titre. Un homme qui décide de ne pas rompre alors que sa femme l'a trompé le fera d'autant plus facilement que l'aventure de sa femme n'a pas été ébruitée. La fierté masculine est sérieusement atteinte par une infidélité féminine et le fait qu'elle soit connue de tous nuit à son image, le déstabilise et son moi primal lui dit que sa paternité n'est plus garantie. Comme nous l'avons dit plus haut, à moins qu'un homme ait une meilleure offre en vue, il sera tenté de rester et d'essayer de recoller les morceaux, à moins que sa compagne ne décide d'en finir avec lui.

La réalité de la vie au quotidien quand on décide de continuer peut être plus difficile à affronter qu'une relation sentimentale toute neuve. Rares sont ceux qui parviennent à panser leurs blessures et à surmonter colère et tristesse, la réaction la plus courante consistant à nier qu'on a été trahi. La colère vise le/la rival(e) alors qu'en réalité c'est votre partenaire qui devrait en faire les frais.

« Vous avez deux options dans la vie : rester célibataire et vous morfondre dans votre coin ou vous marier et hésiter entre la corde et le pistolet. »

BOB HOPE

Ceux ou celles qui choisissent d'affronter le/la rival(e) risquent de souffrir des sentiments de mépris de soi qu'entraînent les excès que s'autorisent certains partenaires bafoués : hurler dans la rue, se battre, provoquer un accident volontaire, jeter des pierres contre des fenêtres, poster des blogs vengeurs sur Internet ou déchiqueter les vêtements du traître.

Pour certains, hommes ou femmes, la vengeance est la seule réponse acceptable mais attention au retour de manivelle ! Après une grande satisfaction narcissique initiale, ils risquent fort de se faire plaquer et d'en être profondément blessés. Et si la vengeance est humiliante pour celui dont on se venge, elle est presque toujours avilissante pour celui qui se venge.

Réinitialisation du couple

Les aventuriers du sexe, hommes ou femmes, ne font pas de bons conjoints. Ils ont besoin d'une sérieuse psychothérapie et d'une remise en question, s'ils veulent être capables de soutenir une relation de longue durée qui fonctionne… Leur partenaire fera bien de chercher un autre conjoint plutôt que d'essayer de vivre une relation heureuse avec un être qui en est complètement incapable. Vous ne chercheriez pas un criminel ou un escroc comme partenaire, alors pourquoi vous enticher d'un(e) obsédé(e) sexuel(le) ?

Le partenaire qui a une liaison sérieuse, partie pour durer, doit être forcé de choisir. Il n'y a pas de véritable avenir – si ce n'est la perspective de la dépression et de la maladie – pour quelqu'un qui choisit de rester avec un conjoint qui mène une double vie. Si la situation se prolonge et que vous ne parveniez pas à la régler, vous allez tous les deux souffrir et y laisser des plumes.

Le défi le plus délicat pour ceux qui veulent résoudre leurs difficultés et réparer leur couple consiste à laisser l'accident de parcours derrière eux et à construire une relation plus épanouie avec leur partenaire.

Panser les blessures et repartir du bon pied : les 9 étapes

1. Communiquez

À moins que vous ne parliez de ce qui est arrivé (« pourquoi... ? », « comment... ? »), vous n'avancerez jamais. Soyez honnête et n'ayez pas peur de poser des questions même si vous n'aimez pas les réponses. Seules ces réponses vous donneront les clés d'un avenir plus serein.

2. Parlez à cœur ouvert

Si c'est vous qui avez été infidèle, reconnaissez votre erreur et montrez que vous voulez sincèrement sauver la relation. Vous redoutez peut-être les conséquences d'un aveu complet, pourtant il vous donnera de bien meilleures chances de sauver la situation que si votre conjoint apprend votre infidélité par un tiers. Encouragez-vous en vous disant que la révélation d'une aventure extraconjugale est souvent tout ce dont un couple a besoin pour sauver un mariage qui bat de l'aile, parce que c'est un choc nécessaire. Pour s'arrêter, évaluer la situation dans tous ses aspects et repartir du bon pied.

3. Évitez de vous accuser l'un l'autre…

… de ce que vous avez ou n'avez pas fait. Cette attitude négative ne vous aidera nullement à résoudre les problèmes qui ont conduit à cet échec, or c'est à eux qu'il faut vous attaquer.

4. Ne prenez pas de décisions hâtives

Laissez le temps refermer les blessures. C'est indispensable pour redevenir capable d'évaluer rationnellement la situation. Après une semaine ou deux vous vous sentirez déjà plus calme et vous serez capable de prendre les décisions qui s'imposent.

5. Acceptez une période de deuil

La relation telle que vous la connaissiez appartient au passé et aucun retour en arrière n'est possible. Présenter un visage serein aux yeux des autres ne signifie pas que vous vous persuaderez aisément que la vie reprendra son cours habituel – comme si de rien n'était.

6. Si vous n'arrivez pas à le dire, écrivez-le

Une telle démarche s'est avérée très efficace pour des hommes qui trouvaient difficile de communiquer leurs sentiments et leurs peurs. Parler est rarement le point fort des hommes, aussi ne vous perdez pas dans les détails de l'histoire, collez à l'essentiel.

7. Faites une liste

Vous et votre partenaire devriez faire une liste des améliorations à apporter, des problèmes qui doivent être résolus pour reconstruire la relation. Vous serez surpris de constater à quel point les difficultés que vous noterez sont simples et concrètes. Il y a de quoi s'étonner qu'elles n'aient pas été mentionnées avant que le couple déraille, mais elles sont souvent enterrées sous l'avalanche des problèmes quotidiens.

8. Ne vous maltraitez pas

Ménagez-vous et repoussez sans hésitation les corvées qui ne sont pas vraiment urgentes si elles empiètent sur les moments que vous devez consacrer à votre partenaire et qui vous aideront à aller mieux l'un et l'autre.

9. Travaillez tous deux sur l'estime de soi

Après une infidélité, les couples qui s'en sortent sont ceux qui éprouvent des remords sains (des deux côtés), mais à condition de ne pas se laisser submerger par eux. Essayez de tirer des conclusions positives de cette situation. Le meilleur moyen d'évacuer votre culpabilité est d'accepter votre part de responsabilité dans le gâchis actuel et d'en finir une bonne fois avec lui en remettant la relation d'aplomb.

4 stratégies simples pour éviter de devenir vous-même un « tricheur »

1. Que votre partenaire soit toujours votre priorité n° 1

Les relations où l'un des partenaires voire les deux sont avant tout axés sur leur carrière, leurs affaires ou les enfants, sont en danger d'infidélité. Si tous ces aspects de la vie familiale sont importants, ne les laissez jamais prendre la première place dans votre vie.

2. Pour certains aspects de votre vie intime n'ayez pas d'autre confident que votre partenaire

Ne confiez pas vos pensées privées ou intimes à d'autres si vous n'en avez pas discuté auparavant avec votre conjoint.

3. Ménagez-vous chaque jour un moment de vraies retrouvailles

Les couples qui prennent chaque jour un moment pour discuter avec leur partenaire sont les moins exposés aux infidélités et les plus en sécurité.

4. Évitez toutes les situations dans lesquelles une infidélité pourrait se produire

Évitez toutes les circonstances où vous pourriez être attiré par quelqu'un d'autre. Cela ne signifie pas qu'il y ait un problème dans votre relation ou que vous devriez faire comme s'il y en avait un, mais simplement que le meilleur moyen de ne pas succomber aux tentations reste encore de les éviter.

En résumé

L'infidélité est l'événement par excellence que l'on redoute dans une relation de couple, mais il y a presque toujours des signaux qui nous avertissent qu'un des deux partenaires est insatisfait et qu'il risque d'aller voir ailleurs. En parlant et en communiquant vos sentiments et vos peurs à votre partenaire, en gardant un vrai contact avec lui, vous vous protégerez efficacement d'éventuelles infidélités.

Une relation extraconjugale est rarement une solution aux problèmes que vous rencontrez dans votre couple, en fait c'est même tout le contraire : elle va en créer de nouveaux. Une nouvelle personne, cela signifie de nouvelles exigences, et plus grande sera la différence d'âge, plus ces problèmes seront compliqués. La plupart des amants clandestins confondent l'euphorie du désir-plaisir avec l'amour. Une liaison est complètement égoïste, c'est l'idylle hors des contraintes du quotidien où l'on ne se demande jamais qui va faire les courses, emmener les enfants à leur cours de dessin, sortir les poubelles. Quand des amants se marient, l'afflux d'hormones euphorisantes cesse dans les douze à vingt-quatre mois, une fois que l'excitation de la découverte a cessé et que la routine de la vie reprend peu à peu ses droits.

Ceux qui sont embarqués dans une relation extraconjugale perdent au moment du divorce au moins 50 % de leurs relations sociales, la moitié de leurs ressources et ils doivent jongler avec les relations entre leur nouvel amour et leurs enfants, leurs frères et sœurs, leurs parents, leur ex et leurs collègues, sachant que leur nouveau partenaire ne sera pas accepté par tout le monde.

La plus importante agence anglaise de conseil en relations de couple, Relate, a montré que 50 % des couples qui mettent fin à une relation de longue durée finissent par regretter cette décision. Une liaison ne doit pas sonner la fin d'une relation, mais alerter les partenaires : elle révèle l'existence d'un problème que l'un des partenaires, ou les deux, refusent de reconnaître. Quand un homme ou une femme a une aventure extraconjugale, c'est le signe que la relation doit évoluer d'une manière ou d'une autre.

Quelques entretiens avec un expert en relations de couple vous aideront à résoudre la plupart des problèmes qui sont à l'origine des infidélités.

« Un homme qui épouse sa maîtresse laisse une place vacante dans cette position. »

OSCAR WILDE

CE QU'IL FAUT RETENIR

- Les infidélités peuvent arriver à chacun de nous et dans tous les couples.
- Les infidélités ne résolvent pas les problèmes, elles en créent simplement de nouveaux.
- Affrontez ces problèmes en consultant un psy spécialiste du couple.

CHAPITRE 7

Savoir évaluer le/la partenaire idéal(e)

« J'avais décidé qu'elle serait ma femme. La séduire ne serait qu'une simple formalité. Mais que pouvais-je dire pour lui donner envie de me connaître ? "Vous voulez un chewing-gum ?" me semblait un peu ringard. "Hé, chérie..." était une entrée en matière vulgaire pour ma future fiancée. "Je t'adore, je suis raide dingue de toi !" était trop direct, presque agressif. "Je veux que vous soyez la mère de mes enfants !" me semblait prématuré. Du coup je suis resté muet. Je n'ai pas sorti un mot. Je suis resté là, bras ballants. Au bout d'un moment, le bus a stoppé devant un arrêt, elle est descendue et je ne l'ai jamais revue. »

Ne laissez pas le hasard décider pour vous

Pour la plupart des gens, les relations débutent accidentellement. Un nombre croissant de futurs couples se rencontrent par le biais d'agences de rencontres ou d'Internet, mais la moitié d'entre nous rencontrons l'amour dans le cadre de notre vie professionnelle, ou par hasard dans des discothèques, des bars, des fêtes chez des amis. On n'a rien planifié, la rencontre ne fait pas partie de nos projets immédiats, elle se produit accidentellement. Le hasard est le maître du jeu et on se demande ensuite pourquoi le taux de divorces est si élevé…

Si vous étiez DRH d'une entreprise et que vous recrutiez un cadre de direction, vous lui demanderiez un CV, un certificat médical, une attestation de sa banque et des références de ses ex-employeurs. Vous préféreriez savoir s'il a fait des séjours en prison ou assassiné un voisin, n'est-ce pas ? Alors pourquoi entamer une nouvelle relation avec quelqu'un que vous venez de rencontrer dans un club ou un bar et dont vous ne savez absolument rien ? C'est pourtant exactement comme ça que la plupart des gens commencent un nouvel amour, par accident. Dans la première année d'une nouvelle relation, les partenaires s'efforcent de minimiser leurs différences et de mettre en évidence leurs aspects positifs et il faut un certain temps avant de comprendre à qui on a réellement affaire.

La personne idéale pour vous, c'est celle sur qui vous n'avez absolument aucun doute : c'est, absolument, définitivement avec elle que vous voulez passer le reste de votre vie. Pas de précipitation. L'âge n'est plus un problème majeur et les cœurs disponibles ne manquent pas !

Toute relation sentimentale est un exercice d'apprentissage… et une étape sur le chemin qui mène au partenaire idéal.

Quand il s'agit de choisir un partenaire à long terme, les émotions et les sentiments ne remplacent pas un jugement sain et mûrement réfléchi. Comme nous l'avons souligné, la passion amoureuse résulte d'un cocktail de substances chimiques qui vous incitent à vous reproduire. Pour Mère Nature, peu importe que celui ou celle avec qui vous allez travailler à la survie de l'espèce soit vraiment le partenaire rêvé. Mais toute décision qui va changer votre vie en profondeur doit être soigneusement étudiée, surtout s'il s'agit de former un couple « longue durée » avec un autre être. Une mauvaise combinaison aura des conséquences négatives et peut-être très graves pour vous. « Les histoires d'amour finissent mal », dit la chanson. La façon la plus intelligente de dénicher la perle rare qui vous rendra heureux consiste à imiter les méthodes de recrutement des chasseurs de tête pour des postes de dirigeants d'entreprise. Pourquoi laisser un complet étranger changer votre vie et faire peut-être fausse route à cause d'une overdose hormonale ?

Trouver le bon partenaire

Vous avez des chances de trouver le bon partenaire à deux conditions :

1. Savoir exactement ce que vous attendez de lui.
2. Être capable de lui donner ce qu'il attend en retour.

Comme vous le savez maintenant, les femmes recherchent depuis toujours des hommes capables d'assurer leur subsistance. C'est la raison pour laquelle les hommes sont devenus des accumulateurs de ressources et de pouvoir. Nos ancêtres recherchaient des femmes douées de hautes capacités reproductives, ce qui explique que ces dernières soient prêtes à beaucoup d'efforts pour paraître jeunes, saines et (donc) fertiles. Consciemment ou inconsciemment, hommes et femmes comprennent ce qu'attend le sexe opposé. Exactement comme un pêcheur enfile un appât sur son hameçon pour attirer des poissons, les hommes et les femmes font ce qu'il faut pour attirer un partenaire potentiel.

Les jeunes d'aujourd'hui sont désorientés. On a inculqué aux jeunes femmes que, sous prétexte d'égalité entre hommes et femmes, ils sont soi-disant les

« mêmes » : les garçons d'aujourd'hui seraient donc partants pour des relations sentimentales prolongées avec « cour », préliminaires, discussion des sentiments et jeux. La vérité est bien différente : les hommes du XXIe siècle sont programmés pour vouloir exactement la même chose que leurs ancêtres : un maximum de sexe avec beaucoup de partenaires et le plus vite possible.

Les hommes expérimentés qui comprennent les besoins élémentaires des femmes se soumettront au rituel de la « cour » et de la sentimentalité pour obtenir ce qu'ils veulent, mais plus l'homme a un statut social élevé, moins il y consacrera de temps. Brad Pitt pourrait sans doute convaincre la plupart des filles de coucher avec lui en moins de trente minutes, tandis que Patrick, chargé de clientèle à la banque du coin, devra sans doute « ramer » trois mois pour arriver au même résultat.

Valeurs et convictions essentielles

Si les ressources de l'homme d'une part, la santé et la jeunesse de la femme d'autre part, sont des éléments clés de l'attraction des sexes, toutes les études sur les relations réussies à long terme arrivent à la même conclusion : celles qui sont fondées sur des valeurs et des convictions communes résistent aux épreuves du temps.

Les couples qui durent partagent les mêmes valeurs et convictions essentielles :

1. L'éducation des enfants, les notions d'autorité et de discipline.

2. Le partage des tâches et des responsabilités domestiques.
3. Les finances – combien, où et comment l'argent est dépensé.
4. Ordre, propreté et standards de la vie quotidienne en général.
5. Relations sociales et famille – implication, activités et fréquence.
6. Sexualité et intimité – qui a besoin de quoi et le recevra-t-il ?

Les convictions profondes sont :

1. Spirituelles et religieuses.
2. Éthiques et morales.
3. Politiques et culturelles.

Un couple en phase sur tous les plans, ça n'existe pas. La plupart des couples sont en désaccord sur les mêmes sujets : l'argent, la sexualité, les enfants et le temps. Pour réussir une relation sur le long terme il faut savoir accorder valeurs et convictions, et gérer intelligemment les différences. La compatibilité se fabrique à deux. Rappelez-vous qu'après un ou deux ans vous allez vivre un réel sevrage hormonal. C'est à ce moment que vos valeurs et vos convictions communes vous permettront de rester unis. Un an, la durée moyenne de l'idylle avec le ou la partenaire que vous venez de rencontrer, c'est bien assez pour découvrir ses valeurs et ses convictions profondes et accorder vos violons.

Voici trois questions simples pour tester le potentiel de M. et Mme Candidat(e) idéal(e) au début d'une nouvelle relation :

1. Quelles sont ses valeurs de base ?

Comment votre partenaire traite-t-elle les autres, ses amis, ses parents, ses collègues ? Est-elle attentionnée, disponible, aimante, affectueuse ? Observez aussi comment il/elle traite un chien ou un serveur au restaurant, vous aurez un aperçu de ce qui vous attend.

2. Que révèlent ses actes ?

Votre conjoint peut vous faire croire ce qu'il veut, mais ses actes le trahissent. S'il vous raconte que vous êtes la personne qui compte le plus au monde mais qu'il passe le plus clair de son temps avec ses copains, posez-vous des questions.

3. Que pensent vos amis ?

Certes, votre opinion prime, mais vos amis proches repéreront peut-être des défauts imperceptibles pour un amoureux aveuglé par ses hormones. Vos amis peuvent vous aider à juger plus objectivement la personnalité de votre partenaire.

Les 5 erreurs les plus fréquentes dans une « nouvelle relation »

Erreur n° 1 : laisser vos hormones choisir pour vous

Quand quelqu'un tombe « follement amoureux », il se laisse dicter ses décisions par ses sentiments du moment sans se poser de questions sur la compatibilité à long terme de son partenaire potentiel. Comme nous l'avons montré dans le chapitre 1, dans les phases initiales de la passion amoureuse, on est shooté par les hormones, comme un drogué sur son petit nuage. Si vous avez l'impression que vous êtes sur le point de vous engager avec quelqu'un parce qu'il/elle projette « un fluide magnétique… une aura incroyable, indescriptible… », prenez une douche froide et relisez le chapitre 1. Vos hormones ont pris le pouvoir et votre intelligence a (provisoirement) capitulé. Si vous le sentez, n'hésitez pas à vous lancer dans cette nouvelle relation mais à une condition : quels que soient vos sentiments à l'égard de cette personne, laissez passer un peu de temps avant de prendre une décision sur un éventuel avenir commun.

Erreur n° 2 : nier les problèmes

Vous niez que votre partenaire a des problèmes que vous avez repérés, vous refusez d'écouter les autres au sujet de ses éventuels défauts… Vous allez vous focaliser sur ses seuls aspects positifs en ignorant les autres. Toutes les informations que vous recueillerez sur votre partenaire sont à prendre en considération, du moins dans l'optique d'un choix intelligent et réfléchi.

Erreur n° 3 : choisir quelqu'un qui a besoin de vous pour aller mieux

Vous attirez un homme ou une femme qui vous explique qu'il/elle a besoin de vous et vous vous donnez pour mission de résoudre ses problèmes, de soigner ses névroses. Vous êtes tout le temps à l'écoute. Ça ne durera pas : ce type de relation finira par vous lasser et vous chercherez quelqu'un d'autre. À l'inverse, si vous êtes celui qui a besoin d'une oreille attentive parce que vous venez de vous faire plaquer, de divorcer ou de vous séparer, c'est vous qui recherchez un « partenaire thérapeutique ». Donnez-vous du temps, environ 10 % de la durée de votre précédente relation, pour faire votre deuil de celle-ci. Ensuite, cherchez un être qui soit prêt à vivre une histoire d'amour avec vous, pas quelqu'un qui vous utilisera ou que vous utiliserez comme thérapeute de remplacement.

Erreur nº 4 : être trop conciliant

Vous passez votre temps à éviter à tout prix malentendus et conflits éventuels avec votre nouvel amour, vous essayez de le rendre heureux, vous évitez tout ce qui pourrait l'agacer en actes comme en paroles. Vous dites toujours oui à tout mais personne ne respecte celui ou celle qui dit oui à tout. En vous montrant passif et complaisant vous accumulez colère et ressentiment et vous suggérez à votre partenaire que vous n'avez pas de caractère ou que vos sentiments ne comptent pas. Vous devenez alors la cible rêvée des violences psychologiques. Un bon conseil : offrez-vous deux ou trois bonnes disputes avec votre nouvel amour, c'est le meilleur moyen d'avoir un véritable aperçu de sa personnalité.

Erreur nº 5 : choisir un partenaire que vous croyez pouvoir changer

« Je sais qu'il a eu beaucoup de problèmes avec ses autres partenaires, mais avec moi il sera différent. Il va changer. » Eh bien… non, il ne changera pas. Ceux qui se croient capables de faire changer un être ou qui pensent que celui-ci sera différent avec eux se préparent des réveils douloureux. Beaucoup de femmes s'imaginent que le pouvoir magique de l'amour va recréer un homme nouveau sous leurs yeux émerveillés. Mais ce qui se produit en général c'est que leur nouvel amant renoue assez vite avec ses mauvaises habitudes passées. Ça n'arrive qu'au bout de quelque temps parce qu'au début d'une passion amoureuse, la plupart des gens se montrent sous leur meilleur jour et camouflent leurs mauvaises habitudes.

La durée moyenne d'un mariage en 2007 était de 12 ans.

Évaluez votre partenaire potentiel

Toute personne a sa propre cote de partenaire potentiel, une note comprise entre 1 et 10. Cette note mesure l'attractivité de chacun de nous sur le marché des relations amoureuses. Nous évaluons les autres consciemment ou inconsciemment en utilisant ce barème et nous le faisons avec toutes les personnes que nous croisons. Cette évaluation est basée sur les caractéristiques qu'hommes et femmes recherchent chez un partenaire.

Quand nous examinons un couple au restaurant ou dans la rue, nous notons chacun des deux partenaires et décidons si les deux se valent à peu près ou non. Nous jugeons s'il s'agit d'une relation mutuellement avantageuse et si elle leur apporte ce qu'ils en attendent – autrement dit nous répondons à la question : est-ce qu'ils vont bien ensemble ? Nous évaluons leur allure, leur séduction, leur intelligence, leur énergie, leurs ressources, etc.

Par exemple Angelina Jolie et Brad Pitt obtiendraient une note de 10 pour la plupart des gens parce qu'ils cumulent tous les atouts séduction : beauté, argent, célébrité, pouvoir, etc. Ils ont donc la même cote sur le marché. Mais il vous arrive de croiser des couples et de songer : « Mais qu'est-ce qu'elle lui trouve ? », ou vice versa. Parfois vous vous demandez même comment la relation peut bien fonctionner. Vous vous dites « Il pourrait avoir bien mieux » ou bien « Elle doit s'embêter comme un rat mort avec ce type ». Si vous avez l'occasion d'engager la conversation avec ce couple et de mieux le connaître, vous réviserez éventuellement cette première impression à la hausse ou à la baisse. S'ils sont riches, drôles, gentils ou intelligents, leur cote grimpera, alors que s'ils sont mesquins, ennuyeux, fauchés, leur cote plongera.

> « Les couples de pingouins passent toute leur vie ensemble. Ce qui ne me surprend pas vraiment puisqu'ils se ressemblent tous comme deux gouttes d'eau. Ils n'ont pas la moindre chance de rencontrer un pingouin plus séduisant un jour. »
>
> ELLEN DEGENERES

Toutes les études sur la formation des couples sont d'accord sur un point : c'est avec un partenaire qui se situe sensiblement au même niveau que nous sur le « barème séduction » que nous avons le plus de chances de bâtir un couple qui dure. Quelqu'un qui vaut 7 a donc tout intérêt à chercher un partenaire au long cours qui vaille à peu près 7. On peut toujours fantasmer sur Penelope Cruz ou Brad Pitt, mais on finit en général par trouver un partenaire de son niveau. Et si les valeurs et les convictions essentielles de ce partenaire sont compatibles avec les vôtres, et que l'alchimie amoureuse fonctionne, votre couple a toutes les chances de durer. Les problèmes relationnels surgissent quand la cote de séduction de l'un des deux partenaires change significativement. Par exemple, il accroît ses ressources en obtenant une importante promotion ou en gagnant au loto et passe de 7 à 8,5, tandis que sa cote à elle baisse parce qu'elle se néglige et qu'elle a grossi, et ne vaut donc plus que 5. Il se met alors à la critiquer tandis qu'elle essaie de compenser pour tenter de rattraper l'écart.

LE QUIZ SÉDUCTION

Évaluez votre cote sur le marché

Ce quiz est conçu pour évaluer votre cote de séduction – c'est-à-dire pour déterminer à quel niveau vous situent les personnes du sexe opposé (celles qui ont une programmation cérébrale opposée à la vôtre) sur l'échelle du désir. Ce quiz sera utile à tous ceux qui cherchent à améliorer leur cote de séduction et visent l'échelon supérieur. Il vous aidera à déceler vos points faibles et les domaines où vous n'êtes pas assez performant. Peu importe la catégorie dans laquelle vous vous classez, si vous vous y sentez bien : alors, pas de problème. Si par contre vous n'êtes pas heureux dans cette catégorie, ce test vous aidera à progresser là où c'est nécessaire. Ayant constaté que les personnes que nous interrogions étaient en général trop sévères envers elles-mêmes, nous vous suggérons de demander à quelqu'un qui vous connaît bien de répondre avec vous à ce quiz afin d'obtenir des réponses plus fiables. De cette façon vous découvrirez non seulement comment vous vous voyez vous-même mais aussi quel regard les autres portent sur vous. Beaucoup d'entre vous seront surpris de constater un net décalage entre leurs réponses et celles de leurs proches, à leur sujet.

Répondez à toutes les questions avant de consulter notre système de notation et l'analyse finale, afin d'être aussi honnête que possible.

Quiz Hommes

	1re partie	Rarement	Parfois	Presque toujours
1.	Mon indice de masse corporelle est dans la norme.			
2.	Si une femme m'adresse des signaux oculaires dans un bar, je les reconnaîtrai.			
3.	Je décrypte facilement les arrière-pensées des gens.			
4.	Je m'attribue les actions que j'ai accomplies et pas celles des autres.			
5.	Quand je vois un objet qui ferait un cadeau particulièrement adapté à un ou une amie, je le lui achète.			

	1re partie	Rarement	Parfois	Presque toujours
6.	Quand j'ai une relation amoureuse, j'écris des petits mots et j'envoie des mails et des textos à ma partenaire pour lui dire à quel point je la trouve géniale.			
7.	La plupart des gens considèrent que j'ai un bon sens de l'humour.			
8.	Je sais ce qu'est le point G et comment le trouver.			
9.	Je sais écouter les autres et être attentif à leurs besoins.			
10.	Les gens qui me connaissent diraient que j'ai de bonnes manières.			
11.	Je suis d'une taille	Inférieure à la moyenne	Moyenne	Grande
	Total des points dans chaque colonne			

	2e partie	Rarement	Parfois	Presque toujours
12.	J'aime rencontrer des gens, me faire de nouveaux amis, je suis quelqu'un de sociable.			
13.	Je sais rire de moi.			
14.	Quand les autres souffrent, sont blessés ou tristes, je le sens.			
15.	Je renouvelle régulièrement mes vêtements, surtout mes sous-vêtements.			
16.	Je me demande souvent comment faire sentir à ma partenaire que je l'aime.			
17.	Je ris souvent et facilement dans la vie quotidienne.			
18.	Ceux qui me connaissent trouvent que je ne manque pas de bon sens.			
19.	Je prends en considération les besoins des gens qui comptent dans ma vie.			

	2e partie	Rarement	Parfois	Presque toujours
20.	Je prends soin de mon apparence extérieure ; mes cheveux, mes ongles et ma peau sont propres.			
21.	J'apprécie les plaisanteries et je ris à tous les coups.			
22.	Quand je rencontre une femme avec laquelle j'aimerais avoir une relation et qui s'intéresse à moi, je fais tout mon possible pour arriver à mes fins.			
23.	Je dis souvent « Je t'aime » à ma partenaire.			
24.	Je prépare souvent le dîner, je fais la vaisselle et je laisse ma partenaire sortir sans moi.			
25.	La plupart des gens me considèrent comme une personne honnête et droite.			
26.	J'ai confiance dans mon apparence et mes capacités physiques.			

	2e partie	Rarement	Parfois	Presque toujours
27.	Quand la vie est dure, je trouve toujours des raisons de rester positif.			
28.	Quand je décide d'accomplir quelque chose, je vais jusqu'au bout.			
29.	Si quelqu'un laisse tomber un billet de 20 euros, je le ramasse et le lui rends.			
30.	Les gens qui me connaissent disent que j'ai les pieds sur terre.			
31.	Mon corps est symétrique.	Non	À peu près	Oui
	Total des points dans chaque colonne			

	3e partie	Rarement	Parfois	Presque toujours
32.	J'ai un rapport positif à la vie et des objectifs clairs. Je suis ambitieux.			

	3e partie	Rarement	Parfois	Presque toujours
33.	Je veux partager mes ressources avec ma partenaire à long terme.			
34.	Je sais que les premières impressions sont essentielles dans tout rapport.			
35.	Je m'efforce d'accroître mes ressources.			
36.	La façon dont je m'entretiens et dont je m'habille peut influer sur le jugement d'autrui.			
37.	Je n'aurais jamais de secrets pour ma partenaire et je suis convaincu que l'honnêteté est le meilleur choix.			
38.	Quand un obstacle surgit dans ma vie, je peux trouver des solutions créatives pour le surmonter.			
39.	Je m'efforce d'accroître mes compétences.			

	3e partie	Rarement	Parfois	Presque toujours
40.	Votre paume tournée vers vous, votre index est-il plus long que votre annulaire?	Plus court	Même taille	Plus long
41.	Comparés à la moyenne, vos revenus et votre patrimoine sont-ils…	Inférieurs	Moyens	Plus élevés
	Total des points dans chaque colonne			

1re partie	Rarement	Parfois	Presque toujours
Total des points dans chaque colonne			
Multiplier par	1	2	3
Total			

2e partie	Rarement	Parfois	Presque toujours
Total des points dans chaque colonne			
Multiplier par	1	4	6
Total			

3e partie	Rarement	Parfois	Presque toujours
Total des points dans chaque colonne			
Multiplier par	1	6	9
Total			

	Rarement	Parfois	Presque toujours
Total des points obtenus dans chaque partie :			

Totalisez les points obtenus dans chaque colonne et vous obtiendrez votre COTE DE SÉDUCTION.

Quiz Femmes

	1re partie	Rarement	Parfois	Presque toujours
1.	Si un obstacle surgit dans ma vie, je peux trouver des solutions créatives pour le surmonter.			
2.	Je sais rire de moi.			
3.	Je suis dans la norme de l'indice de masse corporelle.			
4.	Je ris souvent et facilement dans la vie quotidienne.			

	1re partie	Rarement	Parfois	Presque toujours
5.	Je sais écouter.			
6.	Même quand la vie est dure, je trouve des occasions de rire.			
7.	J'apprécie les plaisanteries masculines et elles me font rire.			
8.	Je fais régulièrement de l'exercice ou du sport.			
9.	Je fais attention et je sais écouter sans tirer de conclusions prématurées.			
10.	Ceux qui me connaissent disent que j'ai les pieds sur terre.			
11.	Je vais jusqu'au bout d'une tâche que j'ai commencée.			
12.	Quand je me trouve en compagnie de gens qui ont très bien réussi, je discute sans la moindre gêne avec eux.			
13.	La plupart des gens considèrent que j'ai un bon sens de l'humour.			

	1re partie	Rarement	Parfois	Presque toujours
14.	Les gens qui me connaissent diraient que je ne manque pas de bon sens.			
15.	Votre taille, comparée à la moyenne ?	Grande	Moyenne	Petite
	Total des points dans chaque colonne			

	2e partie	Rarement	Parfois	Presque toujours
16.	J'aime rencontrer des gens nouveaux et me faire des amis.			
17.	J'ai une jolie peau et un joli teint.			
18.	Au milieu d'un groupe d'hommes, mon partenaire reste le n° 1.			
19.	Je suis sociable et je parle facilement avec les gens.			
20.	J'ai une bonne hygiène, je prends soin de moi.			
21.	Je ne parle pas de mes rapports avec mes ex ou mes amants.			

	2e partie	Rarement	Parfois	Presque toujours
22.	L'attrait des hommes pour la pornographie ne me dérange pas.			
23.	J'ai une attitude positive envers la vie.			
24.	Je prends soin de mon apparence et je fais ce qu'il faut pour m'améliorer quand je ne suis pas satisfaite de mon physique.			
25.	Je prends mon temps avant de décider d'avoir des relations sexuelles avec un nouveau partenaire.			
26.	Je sais comment faire en sorte qu'un homme se sente intelligent et important.			
27.	Mon visage est symétrique.	Non	À peu près	Oui
	Total des points dans chaque colonne			

	3e partie	Rarement	Parfois	Presque toujours
28.	La fidélité envers mon partenaire est importante pour moi.			
29.	J'ai des orgasmes.			
30.	J'ai au moins un ensemble de lingerie sexy.			
31.	Je suis créative dans les rapports sexuels et j'en prends l'initiative.			
32.	J'ai un rapport hanches/taille d'environ 70 %.			
33.	Votre paume tournée vers vous, regardez l'annulaire : est-il plus court ou plus long que l'index?	Plus long	Identique	Plus court
34.	Paraissez-vous plus âgée ou plus jeune que votre âge ?	Plus âgée	Je fais mon âge	Plus jeune
	Total des points dans chaque colonne			

1re partie	Rarement	Parfois	Presque toujours
Total des points dans chaque colonne			
Multiplier par	1	2	3
Total			

2e partie	Rarement	Parfois	Presque toujours
Total des points dans chaque colonne			
Multiplier par	1	4	6
Total			

3e partie	Rarement	Parfois	Presque toujours
Total des points dans chaque colonne			
Multiplier par	1	6	9
Total			

TOTAL	Rarement	Parfois	Presque toujours
Total des points obtenus dans chaque partie			

Totalisez les points obtenus dans chaque colonne et vous obtiendrez votre COTE DE SÉDUCTION.

Résultats

Hommes : notes comprises entre 46 et 109
Femmes : notes comprises entre 34 et 77

Ce groupe est celui qui présente la cote de séduction la plus basse. Donc celui dont les perspectives de progrès sont les plus importantes : ils ne peuvent que s'améliorer ! Les êtres qui se situent au bas de cette fourchette ne se soucient guère de leur apparence, de leur statut, de leur potentiel d'enrichissement, de leur santé ni même de leur bien-être en général.

Ceux de nos lecteurs qui se situent dans ce groupe chercheront des partenaires du même niveau et peuvent tout à fait se sentir comblés ainsi. Leurs partenaires potentiels ne verront aucune nécessité de changer et sans doute ne liront-ils même pas ce livre.

Les personnes qui se situent dans le haut de la fourchette sont celles qui seront les plus tentées de lire ce livre et de progresser parce qu'elles veulent voir leur vie évoluer.

C'est en ciblant les domaines où vous avez obtenu les notes les plus basses que vous aurez les meilleures chances de réaliser des progrès importants. Prenez des cours, lisez des ouvrages de développement personnel, inscrivez-vous dans une salle de gym, assistez à des séminaires… Vous avez besoin d'encouragements et de booster votre confiance en vous. C'est en ciblant un domaine à la fois que vous parviendrez à rester concentré et à progresser.

Hommes : notes comprises entre 110 et 215
Femmes : notes comprises entre 78 et 150

Ceux qui se situent dans cette zone intermédiaire

sont susceptibles de régresser aussi bien que de progresser. Ils peuvent dégringoler les barreaux de l'échelle, mais, en mobilisant leur énergie, ils peuvent aussi grimper rapidement quelques barreaux. C'est dans cette fourchette que l'on trouve la grande majorité des êtres humains.

Beaucoup de gens seront d'ailleurs heureux de rester dans cette catégorie parce que c'est là qu'on trouve le plus grand nombre de partenaires potentiels. Atteindre l'échelon supérieur exigera un gros travail mais s'ils le veulent vraiment ils y arriveront. Les partenaires les plus désirables se situent aux échelons supérieurs.

Si quelqu'un qui se classe dans cette catégorie n'aime pas son aspect physique, pourquoi ne pas recourir aux services d'un coach, assister à des séminaires, lire des livres, consulter un spécialiste en relooking, soigner leur corps, s'inscrire dans un club de sport ? Ce travail aura des conséquences positives pour leur vie personnelle mais rejaillira aussi sur leur vie professionnelle, ce qui leur permettra d'accroître leurs revenus et leurs succès dans tous les domaines.

Hommes : notes comprises entre 216 et 258
Femmes : notes comprises entre 151 et 180

Les gens qui se classent dans cette fourchette sont des battants qui ont confiance en eux. Ils savent exactement ce qu'ils attendent de la vie et font ce qu'il faut pour l'avoir. Ces ambitieux dégringolent rarement la pente sauf crise majeure qui les tire vers le bas, et dans ce cas ils se redressent et la remontent tôt ou tard. S'ils ont un problème, ils n'ont pas besoin qu'on le leur signale, ils sont sans doute déjà en train d'y remédier. Ils sont pleins de ressources. C'est dans ce groupe que l'on trouve les stars de cinéma, les milliardaires, les grands dirigeants et les P-DG, et c'est dans cette catégorie que l'on trouve les partenaires les plus désirables.

En résumé

Quelle que soit votre place sur notre barème, rien n'est fixé une fois pour toutes. Vous pouvez améliorer votre cote en vous fixant des buts pour améliorer votre attraction et en prenant des mesures efficaces. Devenir plus désirable tient plus à votre attitude, à vos façons de penser, bref, à ce que vous ferez de vous-même et de votre vie qu'aux qualités que vous aviez en naissant. Si vous le décidez, vous pouvez parvenir au plus haut niveau et améliorer spectaculairement le nombre des partenaires de qualité qui seront disponibles pour vous. Beaucoup de gens sont heureux de rester exactement à l'échelon où ils se trouvent en ce moment, mais rappelez-vous : vous n'attirerez que les partenaires à long terme qui ont la même cote de séduction que vous. Si vous souhaitez de meilleurs partenaires, relisez vos réponses à ce quiz et vous saurez quoi faire pour progresser.

Comment trouver un(e) partenaire génial(e)

En 2009, la population mondiale atteignait 6,744 milliards d'habitants, dont 50,5 % d'hommes et 49,5 % de femmes. 3,8 milliards d'êtres humains sont âgés de 18 à 60 ans. À supposer que 80 % d'entre eux vivent dans les pires pays du tiers-monde, sont en prison, cinglés ou simplement indisponibles, cela laisse

380 millions de gens normaux d'un sexe opposé au vôtre. On estime qu'environ une personne du sexe opposé sur cinquante a la bonne chimie pour vous, ce qui fait donc 7,6 millions de gens capables de faire battre votre cœur au premier coup d'œil. En supposant que, parmi eux, une personne sur cinq ait les mêmes valeurs et convictions essentielles que vous, il y a au moins 1 520 000 partenaires parfaits quelque part qui attendent de vous rencontrer.

Pour trouver le bon partenaire comme pour réussir une vente, plus on voit de clients potentiels, plus on a de chances de réussir. En matière de ventes le ratio type pour la vente d'un produit est **5 : 4 : 3 : 1.**

Cela signifie que pour **5** clients qu'un vendeur croise, **4** est le nombre de clients qu'il repère, **3** écouteront sa présentation, **1** seul dira « oui ».

Les meilleurs vendeurs au monde ne passent pas leur vie à chercher leur unique acheteur potentiel, ils se demandent où ils vont pouvoir trouver les gisements les plus riches en acheteurs possibles. Quand on utilise cette approche, les clients se matérialisent forcément. La réussite d'un vendeur est donc liée à sa capacité de « ratisser » le plus large possible. Et il en va de même pour les grands amoureux. Ils ne restent pas assis sur leur canapé à attendre qu'on vienne les chercher, ils « se bougent » et rencontrent un maximum de partenaires potentiels. Pour le dire simplement : saisissez toutes les occasions de rencontres. Comme nous l'avons montré, il existe plus de 1,5 million de partenaires idéaux quelque part dans le monde pour vous en ce moment même, mais ils ne savent pas encore que vous existez.

Il ne reste qu'à les trouver.

Vous trouverez difficilement M. ou Mme Perle-Rare dans un pub ou une discothèque parce qu'on y trouve plutôt des partenaires d'un soir que des partenaires à long terme.

Choisissez une activité que vous aimeriez pratiquer, par exemple la plongée sous-marine, inscrivez-vous dans un club et consacrez-y vos week-ends. Vous apprendrez une discipline passionnante et rencontrerez une foule de gens nouveaux. Prenez des cours dans un domaine auquel vous vous intéressez depuis longtemps mais pour lequel vous n'avez pas encore franchi le pas. Vous pourriez apprendre la peinture, la danse, la photo, n'importe quelle activité qui vous intéresse. Et rencontrer des êtres avec qui se créera un lien immédiat parce qu'ils ont les mêmes goûts que vous. De cette façon, vous aurez plus de chances qu'ils partagent vos valeurs et vos convictions essentielles. Vous vous ferez aussi de nouveaux amis du même sexe, avec le filon potentiel que représentent leurs amis célibataires… **Comme la vente, la quête du conjoint idéal se ramène à un principe simple : rencontrer un maximum de partenaires potentiels.**

Ne vous inscrivez pas dans un club uniquement pour trouver un partenaire et ne limitez pas votre prospection. L'essentiel est de faire un plan et de vous y tenir. Plus vous y travaillerez dur, plus grandes seront vos chances de dénicher le conjoint idéal.

Prenez en main votre vie amoureuse

Nous allons maintenant vous demander de prendre en main votre vie amoureuse et d'empêcher le hasard de la gouverner. Ce que vous allez lire peut changer votre vie pour toujours.

Avez-vous déjà noté par écrit une liste de buts que vous vouliez atteindre ?

Vous répondrez sans doute « oui » pour votre vie professionnelle parce que dans la vie professionnelle les buts et les cibles à atteindre sont toujours fixés par écrit. Si vous vous assignez des buts, vous découvrirez que la voie qui mène à leur réalisation s'ouvre subitement devant vous. Quand vous décidez d'acheter un certain modèle de voiture, disons par exemple une Peugeot 408 bleue, dès que vous avez formulé votre souhait vous vous mettez à voir des Peugeot 408 partout, n'est-ce pas ? Voilà la clé de l'énigme : en matière de perceptions visuelles vous n'enregistrez qu'environ 5 % du flux d'informations que le monde extérieur vous envoie ; au-delà, votre cerveau est submergé et il ne parvient pas à suivre. Il recherche donc activement les données qui sont liées à ce qui vous occupe et ignore le reste. Chaque fois que vous prenez une décision, voulez obtenir ou réaliser quelque chose, vous commencez aussitôt à voir des articles de journaux, des émissions de télé, vous entendez des gens aborder ce sujet. Il en va de même quand vous lisez un journal. Vous auriez juré avoir tout lu et quelqu'un vous demande : « Tu as lu l'article sur… ? » Or vous n'en avez aucun souvenir. L'article ne figurant pas sur votre liste de priorités, vous ne l'avez même pas vu.

Maintenant, nous vous proposons d'énumérer par

écrit les caractéristiques de votre partenaire idéal. Sans compromis. Pourquoi devriez-vous en rabattre sur vos exigences alors qu'il y a plus d'un million de partenaires potentiels qui n'attendent que vous ?

Mais vous devez aussi vous montrer réaliste : il serait absurde d'écrire que vous voulez Penelope Cruz ou Johnny Depp, à moins que vous ne soyez décidé à grimper au sommet du barème de séduction…

Une des raisons pour lesquelles la nature a inventé l'amour humain était précisément de nous aider à tomber amoureux d'un être dont l'intelligence, le statut et la cote sur le marché en général sont semblables aux nôtres, tout ceci pour éviter de rechercher quelqu'un d'inaccessible. Nous vous promettons une chose : quel que soit le profil que vous allez définir, vous allez aussitôt le voir se multiplier dans votre quotidien comme si les candidats idéaux étaient magnétiquement « attirés » par vous. Ça ne rate jamais.

Comment Benjamin a rédigé sa liste

Voici par exemple la liste de Benjamin, un lecteur masculin, rédigée lors d'un de nos séminaires.

« Ma partenaire idéale : Grande, yeux bleus, cheveux blonds – Athlétique, sportive, svelte – Possède un solide sens de l'humour – Audacieuse et prête à repousser les limites – Rapport à la vie non matérialiste – Mère affectueuse – Me placera toujours en première position – Au lit, une p… intégrale. »

Pour Benjamin, tel est donc le profil de la compagne idéale. Quand il l'a rédigé, il était un peu gêné, mais il avait décidé de jouer franc jeu. Il avait d'ailleurs l'habitude d'écrire des listes détaillées de ses objectifs de travail chaque semaine, une chose qu'il n'avait jamais faite pour sa vie sentimentale (raison pour laquelle, sans doute, il avait accumulé les déconvenues sur ce plan). Il nous a plus tard confié que quand il avait noté les qualités de sa partenaire « idéale », il s'était mis à voir partout des femmes correspondant à ses critères ! Pendant deux ans, il a emporté sa liste avec lui partout où il allait et il a rencontré un certain nombre de femmes qui collaient à son profil type. On peut penser que s'il n'avait jamais écrit cette fameuse liste, il n'aurait peut-être jamais rencontré la blonde aux yeux bleus avec laquelle il file le parfait bonheur depuis maintenant six ans.

« J'étais assis à un bar quand Fiona est entrée et a commandé un cappuccino. Mon cœur a fait un bond dans ma poitrine quand je l'ai vue. Dès qu'elle a parlé, j'ai été subjugué. J'ai plongé la main dans ma poche et j'en ai sorti ma liste. Mon idéal venait de se matérialiser ! Elle a pris son café et s'est installée à une table. Je me suis approché, le cœur battant à cent à l'heure, et je lui ai dit : "Vous m'autorisez à m'asseoir quelques instants avec vous ? Je voudrais vous demander un conseil..." Elle m'a répondu : "Bien sûr." Et c'est comme ça que tout a commencé. Je n'avais pas la moindre idée de ce que j'allais bien pouvoir lui dire, c'était la première fois que je faisais une chose pareille. Je lui ai avoué que j'avais été à un séminaire où l'on nous avait demandé de noter les qualités de la partenaire idéale. Je lui ai demandé de lire ma liste et de me dire ce qu'elle en pensait. Heureusement, en prévision d'une éventuelle rencontre de ce genre, j'avais changé le point n° 8 : au lieu de "p... intégrale", j'avais écrit "une vraie tigresse au lit". Fiona était à la fois sidérée et flattée que je l'aborde de cette façon. Si je n'avais pas écrit cette liste, si je ne l'avais pas eue dans ma poche ce jour-là, je n'aurais jamais eu le courage de l'aborder ainsi. Fiona serait entrée dans ma vie et elle en serait ressortie un quart d'heure après ! »

> « Ma mère prétend que c'est facile de garder un homme... Il suffit d'être un cordon bleu dans la cuisine, une mère poule avec les gosses, une call-girl au lit. »
>
> JERRY HALL

Si votre liste précise que vous voulez une rousse aux yeux verts avec des taches de rousseur, vous allez en rencontrer sans arrêt. Vous ne croyez pas aux vertus de la liste ? Vous avez tort, ça marche ! Faites-la tout de suite et quittez sans regrets la foule de ceux qui laissent le hasard choisir à leur place. Si vous rencontrez un partenaire merveilleux par hasard, tant mieux pour vous, mais en organisant méthodiquement vos rencontres, vous serez gagnant *à coup sûr*.

Le partenaire idéal d'Anne

Une autre de nos participantes, Anne, définit ainsi son partenaire idéal :

« Grand – Mince – Cheveux bruns – Yeux noisette – Athlétique – Aime les balades dans la nature – Cadre supérieur – Aime les enfants – Aime les chiens – Non fumeur – Romantique – Ambitieux. »

Anne a placardé cette liste sur son frigo et en a fourré un exemplaire dans son sac à main. Elle la regardait régulièrement. Comme pour tous les objectifs que vous vous fixez, il ne suffit pas de les noter et de les consulter à intervalles réguliers, vous devez en parler à vos amis et ils commenceront eux aussi à voir apparaître votre idéal. La méthode de la liste vous épargnera pertes de temps et déceptions parce que vous saurez exactement qui chercher. Et si vous rencontrez quelqu'un qui ne correspond pas à votre liste, vous ne perdrez ni votre temps ni votre espoir de le faire changer. Si une personne cumule 70 % des qualités que vous attendez et que vous ayez l'impression de pouvoir vous passer de celles qui lui manquent, alors prenez le temps de mieux la connaître. Mais si elle ne possède que 20 % des qualités requises, oubliez-la tout de suite. Anne nous a dit que depuis qu'elle avait rédigé sa liste, elle avait été surprise de voir des hommes qui collaient à son profil idéal surgir littéralement de tous les côtés : au supermarché, à la gym, à la télé, dans la rue… Son cerveau est programmé pour rechercher ses critères essentiels chez tous les hommes qu'elle croise. C'est pour ça que notre conseil marche !

Votre liste doit énumérer vos exigences minimales attendues d'un partenaire amoureux à long terme. N'omettez aucun de ces critères quand vous évaluez un partenaire potentiel et, s'il ne colle pas avec la plupart de vos exigences, passez votre chemin.

Appliquez la théorie des probabilités

Graham Steele, auteur de *All the Best Ones Aren't Taken* (On ne gagne pas à tous les coups), était un expert… dans les ventes et les affaires. Quand il devint célibataire à l'âge de 50 ans, il décida d'appliquer la théorie des probabilités à la recherche de la partenaire idéale en consultant des milliers de sites de rencontres sur Internet.

Ses résultats ont été si spectaculaires qu'il a écrit un livre sur son expérience – et la façon dont il a rencontré l'amour de sa vie. En 2009, nous avons interviewé Graham sur la façon dont il avait appliqué sa méthode au marché des rencontres et voici ce qu'il nous a dit :

« D'abord, j'ai rédigé l'exacte description de la personne que je cherchais. J'avais été marié auparavant, j'avais eu un certain nombre de petites amies avec qui la relation avait tourné court, j'ai donc décidé que je voulais trouver la partenaire idéale, à l'exclusion de tous les "seconds choix".

« Voici comment se présentait ma liste : Âge 25-45 – Bonne présentation – Saine et en bonne forme physique – Affectueuse, aimante, attentive – Non fumeuse – Études universitaires – Aimant la musique, jouant d'un instrument – Intelligente et cultivée.

« Après avoir rédigé cette liste, j'ai écrit mon portrait, en essayant d'être aussi honnête que possible et sans rien exagérer. Ensuite, j'ai choisi une bonne photo de moi et je me suis inscrit sur un certain nombre de sites de rencontres dans le monde entier. Bientôt, c'est devenu un boulot quasiment à temps plein de répondre à tous les messages, mais si je voulais obtenir le résultat recherché, il fallait que je le fasse. Pendant près de trois ans, j'ai passé près de soixante heures devant l'ordinateur à poster mes annonces, à répondre aux messages et à bavarder avec toutes sortes de femmes. J'ai rencontré beaucoup de paumées, voire des filles carrément cinglées, et je me suis beaucoup amusé. »

Voici, en résumé, comment Graham a procédé :

1. Il a dû lire plus de 20 000 annonces et descriptions sur des dizaines de sites.
2. Il a analysé en détail environ 1 000 photos et descriptions complètes de partenaires potentielles. Soit environ 5 % du nombre total d'annonces qu'il avait parcourues.
3. Il a envoyé sa photo et un descriptif à ces 1 000 femmes ; 30 % lui ont répondu.
4. Dans sa réponse par mail, il leur a demandé si elles désiraient un enfant – la plupart ont dit oui (285).
5. Il a alors répondu à ces 285 femmes – c'était l'« accélérateur de sélection » – qu'il était exclu pour lui d'avoir d'autres enfants (il en avait déjà trois). Environ 60 % ont renoncé à poursuivre.
6. Il lui restait donc environ 100 femmes avec lesquelles entamer une relation. Soit 10 % des candidates potentielles qu'il avait retenues à l'étape n° 3.
7. Avec chacune de ces 100 femmes, il a noué une relation plus personnelle en bavardant sur Internet, en leur téléphonant et en échangeant des mails. Il en a rencontré 38, après quoi certaines de ces relations se sont renforcées tandis que les autres tournaient court.
8. Sur ces 100 femmes, il en a invité 24 de pays étrangers à venir le retrouver à Brisbane (Australie), sur la base suivante : elles payaient leur billet d'avion et il prenait en charge l'intégralité de leurs frais de séjour. 16 ont accepté.
9. Celles qui ont accepté ont aussi accepté l'idée de relations sexuelles prémaritales, de sorte que

s'ils étaient physiquement séduits, ils puissent évaluer pleinement leur potentiel sur ce plan-là.

10. Des femmes sont venues d'un peu partout, d'Australie et du reste du monde (les 16). Avec la plupart d'entre elles, il a passé d'excellents moments. Certaines d'entre elles sont arrivées vierges et sont reparties vierges – de son fait. Pour lui, sans alchimie amoureuse entre eux, c'était du temps perdu.

« De toutes les femmes que j'ai rencontrées, Emma se détachait du lot à tous les égards avant même que je l'aie rencontrée en tête à tête. Je me souviens encore du jour où elle m'a contacté – c'était le lundi de Pâques, et j'avais passé huit heures à regarder des annonces de rencontres sur Internet. Ce jour-là, j'avais dû répondre à une centaine d'annonces. Finalement trois femmes de ce groupe sont venues me retrouver à Brisbane, dont l'une se rapprochait beaucoup de mon idéal, sauf qu'elle boudait et donnait l'impression d'être inaccessible. Mais Emma a été absolument parfaite. Dès son arrivée en Australie on est tombés amoureux l'un de l'autre. On s'est fiancés peu après et mariés l'année suivante. C'était il y a neuf ans. »

Quand il a rencontré Emma, Graham, promoteur immobilier, guitariste et chanteur de son état, était âgé de 50 ans. Emma était une Chinoise âgée de 29 ans, avec un diplôme de comptable en poche, et ses qualités correspondaient exactement à la liste établie par Graham. Elle était aussi guitariste et elle a, depuis, appris à jouer du piano. Quand nous avons interviewé Graham et Emma, ils étaient mariés depuis neuf ans et vivaient une idylle sans nuages. On pourrait dire de ces deux êtres qu'ils étaient parfaitement accordés pour vivre ensemble.

Nous avons demandé à Emma ce qu'elle éprouvait à être le produit d'une énorme entreprise de sélection aux trois quarts informatique. « Graham m'a choisie pour être sa femme parmi 20 000 autres, a-t-elle répondu. Combien de femmes pourraient en dire autant de leur homme ? Je n'ai aucun doute sur le fait que j'occupe la première place dans la vie de Graham. » « Emma est la femme que j'ai toujours voulue, renchérit Graham. La plupart des gens ne disposent pas d'un échantillon de partenaires potentiels suffisamment large pour faire leur choix. C'est pourquoi ils ne peuvent se permettre d'être aussi sélectifs que je l'ai été. On a besoin d'une liste détaillée des qualités qu'on attend et ensuite il faut simplement passer en revue un nombre suffisant de candidat(e)s. »

> « Un nombre de candidats suffisant + une liste détaillée, voilà la recette du succès en amour. Laissons la Belle au bois dormant et le Prince charmant aux contes de fées. »
>
> GRAHAM STEELE

Si la méthode de Graham Steele peut être considérée comme barbare par certaines personnes, elle démontre qu'avec une liste définissant le profil type de votre partenaire et une description fidèle de vous-même, la loi du nombre donnera les mêmes résultats dans votre vie amoureuse que dans les affaires.

Qui éviter ?

La personne à éviter absolument est celle qui est prête à tout pour trouver un partenaire, n'importe lequel. C'était l'état d'esprit des hommes préhistoriques et c'était la meilleure solution pour eux parce que leur espérance de vie était beaucoup plus courte que la nôtre. Parents de six à douze enfants, ils étaient focalisés sur la survie à court terme et non sur la satisfaction des besoins émotionnels de leurs partenaires. Vous trouverez toujours ici ou là des gens qui verront en vous le partenaire qu'ils cherchent pour des raisons qui n'ont rien à voir avec vous : il faut qu'ils se marient pour faire plaisir à leur famille, ou parce que « c'est l'âge auquel on se marie », « tous mes amis sont mariés », « c'est le moment de me caser », « je ne trouverai personne de mieux », « ce sera sûrement le changement que j'attends dans ma vie », « il faut que j'aie un bébé avant qu'il soit trop tard », etc. Vous avez déjà entendu ces mauvaises raisons.

Vous ne voulez pas non plus du partenaire fusionnel qui va se cramponner à vous et vous laissera des dizaines de messages en vous demandant où vous êtes, avec bombardement d'e-mails et de cadeaux. Il vous ressasse qu'il ne peut pas vivre sans vous ou qu'il est coincé dans une relation malheureuse et qu'il cherche une solution de rechange. En d'autres termes, évitez tous ceux qui *vous* tiendront pour responsables de leur bonheur. C'est déjà bien assez d'être responsable de votre bonheur sans prendre en charge les problèmes des autres.

Ils feront toutes les promesses nécessaires pour vous convaincre que ce serait dans votre intérêt de vivre avec eux. Ils ressemblent un peu à ces ménagères compulsives qui achètent le dernier super robot multifonctions au télé-achat, alors qu'elles savent au fond que c'est un gaspillage d'argent et qu'il sera bientôt rangé tout au fond du placard.

Rappelez-vous que beaucoup de relations ne durent pas éternellement : la plupart, simplement agréables, sont des étapes vers des relations plus importantes. Abordez les rencontres dans cet esprit et ne recherchez pas la perfection dans toutes les relations. Considérez tous vos rendez-vous comme autant de relations agréables à court terme, qui peuvent se transformer en relations de longue durée – ou non.

Savoir détecter le mauvais numéro

En général, les hommes aiment les corps de femmes de toutes formes et de toutes tailles. Pour les femmes, à l'inverse, la beauté physique est secondaire. Une femme qui jetterait son dévolu sur vous parce que vous avez le corps d'un athlète de haut niveau risquerait fort de se désintéresser de vous assez rapidement, vos autres qualités ne l'intéressant guère. Il s'agit en général de femmes peu sûres d'elles-mêmes, du genre qui s'accrochent à leur sac à main en public pour se donner une contenance et refouler leurs sentiments d'infériorité. Elles recherchent un partenaire parfait pour compenser cette insécurité chronique. Or, seul un faible pourcentage de gens obtient 10 sur 10 au barème de séduction et ils sont attirés par des êtres qui sont sensiblement de même niveau. La plupart d'entre nous sont loin de la perfection et notre partenaire idéal sera donc lui aussi imparfait. C'est pour cette raison que nous sommes attirés par ceux qui ont la même cote que nous, et c'est avec eux que nous avons les meilleures chances de forger une relation durable. Si quelqu'un « vaut » par exemple 7 sur 10 sur notre barème de séduction, cette personne sera attirée par quelqu'un qui vaudra lui aussi à peu près 7. Elle peut admirer ou désirer quelqu'un qui vaut 10 mais il y a de fortes chances qu'elle choisisse finalement une personne qui sera au même niveau de séduction qu'elle. D'ailleurs les défauts d'un partenaire, comme les nôtres pour lui, en font quelqu'un de plus réel et de plus humain, donc de plus attachant. Une fois la période de passion amoureuse remplacée par l'attachement à long terme, vous vous aimerez encore plus à cause de vos défauts. C'est ainsi que fonctionne l'amour à long terme. C'est pourquoi la personne qui vous trouve toutes sortes de défauts et « cherche la petite bête » sans arrêt n'est pas entrée dans la phase d'attachement à long terme et n'est donc pas le partenaire qu'il vous faut, en tout cas pour le moment.

Bella s'était inscrite à un nouveau club de tennis et elle passait de bons moments avec les gens qu'elle y rencontrait. Une des attractions du club était un type séduisant, un certain Sam. C'était le plus charmant des membres du club et Bella avait très vite décidé qu'elle voulait mieux le connaître. Quand ils discutèrent pour la première fois, elle le trouva très bon vivant et découvrit qu'ils avaient beaucoup de points communs. Ils partageaient les mêmes idées philosophiques et spirituelles, ils appréciaient tous deux un style de vie tonique, ils étaient très sociables, réussissaient bien dans leur carrière, étaient financièrement à l'aise et prévoyaient d'avoir des enfants vers 30 ans. De plus, il était vraiment très agréable à regarder et Bella adorait son sourire. Elle savait que Sam était aussi attiré par elle qu'elle l'était par lui mais il ne lui proposait jamais de passer une soirée en tête à tête – il y avait toujours d'autres amis avec lui. Elle décida donc de lui proposer un dîner au restaurant le jour de la Saint-Valentin. Il accepta avec enthousiasme. Elle téléphona pour réserver, s'acheta une robe pour l'occasion, transportée à l'idée que son rêve allait enfin se réaliser.

Elle passa toute la journée dans une complète euphorie et la soirée au restaurant fut très romantique. Le restaurant ferma ses portes à minuit mais aucun des deux amis ne voulait en rester là. Sam lui proposa de venir prendre un verre à la maison, Bella accepta. Alors qu'ils étaient assis sur le canapé de son appartement, il la prit dans ses bras et l'embrassa passionnément. Mais Bella ne ressentit rien. Pas la moindre alchimie. Réaction zéro. Autant embrasser un calamar humide. Elle décida qu'il valait mieux qu'elle regagne ses pénates. Sur la route du retour, elle comprit que Sam avait tout ce qu'elle désirait chez un homme mais que le courant ne passait pas entre eux, au niveau physique. Ils restaient de marbre. Elle fut très triste parce qu'elle avait cru que Sam pourrait être l'homme de sa vie, mais il manquait une dimension essentielle : le désir. Ils restèrent amis mais ne dînèrent plus jamais en tête à tête.

Si l'alchimie du désir fait défaut, votre relation restera toujours froide et rationnelle. L'alchimie sensuelle entre deux êtres est ce qui sous-tend une histoire amoureuse de longue durée. Il y a deux sortes de réactions alchimiques : naturelle et fabriquée. La passion naturelle surgit quand des facteurs biophysiologiques entrent en action : les différences de systèmes immunitaires, les phéromones et les critères qui relèvent de notre « carte du Tendre » intérieure. Une passion amoureuse dure quand les deux partenaires travaillent sans cesse à bâtir le cadre où elle pourra s'épanouir.

La règle des 9 %

Les psychologues évolutionnistes Peter Todd, de l'université de l'Indiana, et Geoffrey Miller, de l'université du Nouveau-Mexique, ont utilisé une simulation informatique pour déterminer mathématiquement comment, dans une fête où se trouvent une centaine de partenaires potentiels, un invité va faire son choix. Ils ont découvert qu'à partir du moment où il a passé en revue une dizaine de personnes sur les cent présentes, son choix est fait. Ce qui signifie que la sélection s'est opérée sur une dizaine de personnes rencontrées au hasard dans cette soirée.

Si vous examinez moins de 9 % des partenaires potentiels, vous n'aurez pas assez d'informations pour faire un bon choix. Si vous en examinez plus, il est probable que vous laisserez passer des partenaires possibles déjà pris ailleurs. Cette fascinante expérience vous envoie un message clair : si vous ne disposez que d'un temps limité, ne cherchez pas trop longtemps avant d'opter pour un ou une partenaire : soit vous manquerez de temps, soit il ne restera plus beaucoup de partenaires entre lesquels choisir. Après avoir examiné 9 % des candidats possibles, vous êtes prêt.

En résumé

Il faut au moins un an et quelques bonnes disputes pour commencer à connaître l'être qu'on aime. Trouver le ou la partenaire approprié(e) est un processus logique qui doit être abordé de la même façon que le recrutement d'un cadre de direction pour votre entreprise. Ne vous engagez jamais avec personne au début d'une relation parce que vous êtes follement amoureux – ce sont vos hormones qui mènent la danse. Car les hormones finissent par se calmer et c'est le réveil qui peut être rude. Vient alors l'inévitable question : cette personne est-elle le compagnon/la compagne au long cours idéal(e) pour moi ? N'est-il pas plus sensé d'évaluer la situation avant d'être trop engagé dans une nouvelle relation ?

C'est votre vie et vous seul en êtes responsable. Le moment est venu de tordre le cou à une légende : « On rencontre le grand amour quand on ne l'attend pas. » Ce vieux cliché vous empêchera sûrement de prendre les mesures qui s'imposent pour votre vie amoureuse, alors mieux vaut l'oublier tout de suite. Écrivez la liste des qualités minimales que vous attendez d'un partenaire et tenez-vous-y. Ne vous engagez pas prématurément avec quelqu'un, ne vous rabattez jamais sur un « second choix » – et ne laissez personne jeter son dévolu sur vous « à défaut de mieux » ! Si vous sentez qu'une personne possède les qualités nécessaires pour vous rendre heureux, foncez. Si la personne en question n'a pas ces qualités mais que la relation soit agréable, poursuivez jusqu'au moment où l'enthousiasme retombera de lui-même et où il sera temps de passer à autre chose. N'utilisez jamais personne comme partenaire intérimaire en attendant « le (ou la) vrai(e) » : ce sera plus douloureux qu'agréable, cela vous empêchera de vous concentrer sur ce que vous voulez vraiment et ce serait abuser de l'autre.

Écrivez la liste détaillée des qualités précises que vous attendez d'un partenaire idéal et dans un deuxième temps multipliez les occasions de rencontres pour connaître un maximum de partenaires potentiels. Faites jouer la loi du nombre. Pourquoi vous contenter d'une approximation alors qu'il y a 1,52 million de partenaires potentiels qui vous attendent en ce moment même ? Votre mission, si vous acceptez notre méthode, sera d'en contacter le plus possible. Rappelez-vous : il faut embrasser un crapaud pour trouver le Prince charmant. Il y a un rude travail à fournir pour passer de votre rêve à la réalité, un labeur qui suppose un engagement à plein temps de votre part. N'attendez pas, rédigez votre liste tout de suite.

CE QU'IL FAUT RETENIR

- Évaluez votre cote de séduction et cherchez des partenaires de même niveau que vous.
- Consacrez-vous à la recherche du bon partenaire – notez par écrit les qualités que vous attendez de lui et tenez-vous-y.
- Si l'alchimie du désir est absente, allez voir ailleurs.
- N'abandonnez pas ! Il y a dans le monde une foule de partenaires qui correspondent exactement à vos attentes.

CHAPITRE 8

Comment fonctionnent les hommes ; 15 mystères insolubles pour les femmes

Ce chapitre et le suivant sont consacrés aux besoins, désirs et obsessions des hommes et des femmes. Si vous êtes une lectrice, certains aspects du comportement masculin vous surprennent peut-être, vous choquent ou vous irritent. Nous allons parler de façon directe et franche de ces problèmes, sans rien édulcorer. Pas question d'être politiquement correct ni de dire ce que les bien-pensants ont envie d'entendre. Quand vous aurez une compréhension réaliste de ces problèmes, le sexe opposé deviendra plus facile à comprendre et la cohabitation d'autant plus agréable.

Il y a beaucoup de caractéristiques masculines qui irritent, contrarient et même exaspèrent les femmes, mais la n° 1 sur la liste est indéniablement le sexe. Les hommes veulent faire l'amour à tout moment, parfois tout le temps. Bon nombre de statistiques s'accordent sur un point : l'obsession masculine du sexe. Un quadragénaire y penserait toutes les quatre minutes, un garçon de 18 ans toutes les onze secondes. Selon l'Institut Kinsey, 54 % des hommes pensent au sexe au moins une fois par jour, 43 % y pensent plusieurs fois par semaine ou par mois et 4 % une fois par mois. Les femmes pensent plus rarement au sexe – quand il n'y a vraiment rien de plus urgent à l'ordre du jour.

La sexualité est souvent à l'origine des tensions qui opposent hommes et femmes, aussi bien dans les relations amoureuses que dans les rapports quotidiens en général. Toutes les recherches montrent que la sexualité est la cause n° 1 de mésentente dans le couple, qu'il s'agisse de niveaux de désir différents, de problèmes de synchronisation ou simplement du fait que l'un des partenaires n'a plus de désir pour l'autre.

Les hommes se plaignent en général de ne pas avoir assez de relations sexuelles et leurs partenaires d'en avoir trop. La question qui se pose alors est la suivante : est-ce l'insuffisance de relations sexuelles qui entraîne une dégradation de la relation ou bien le nombre de relations sexuelles chute-t-il du fait de cette dégradation ? Réponse : les deux.

On peut raisonnablement supposer que l'instinct érotique de l'homme n'a pas diminué depuis l'aube des temps. Nier cette réalité risque d'entraîner des tensions au sein de la relation. Presser un ballon ne permet pas d'en évacuer l'air, cela refoule simplement l'air dans une autre zone.

1. Pourquoi les hommes se réveillent-ils le matin avec une érection ?

Toute femme qui a eu une relation amoureuse avec un homme sait qu'elle n'a pas besoin d'un réveille-matin pour se réveiller. En effet quand le soleil se lève, le pénis de son compagnon se dresse aussi et elle peut le sentir cogner contre son dos. Deux facteurs sont responsables de cette érection matinale : la testostérone masculine est à son maximum au lever du soleil, juste avant le départ pour la chasse, et à son point bas au coucher du soleil. La nature lui donne une dernière occasion de transmettre ses gènes avant qu'il parte, sans doute au cas où il ne reviendrait pas. D'autre part, les nerfs érectiles qui commandent au pénis de se dresser entourent la prostate qui se trouve juste au-dessous de la vessie. Une vessie pleine appuie donc sur ces nerfs érectiles, pouvant entraîner une érection. Mais comme l'homme n'est ni psychologiquement ni visuellement excité au lever du soleil, le mieux que puisse en attendre une femme, c'est un petit câlin rapide.

Ce matin-là, Bob est réveillé à 6 heures par sa femme qui lui cogne dans le dos avec un manche à balai.
« Qu'est-ce qui te prend ? » lui demande-t-il, hagard.
« C'est ton tour aujourd'hui ! » lui répond-elle malicieusement.

2. Pour les hommes, sexe = sexe

Les professeurs Raquel et Ruben Gur de l'école de médecine de l'université de Pennsylvanie ont découvert grâce à des recherches IRM que la commissure antérieure qui relie les hémisphères cérébraux droit et gauche est, chez les hommes, d'une taille de 12 % inférieure à celle des femmes et que le corpus callosum masculin – le tissu nerveux qui permet aux deux hémisphères d'échanger des informations – possède 30 % de connexions en moins. Ces différences expliquent pourquoi les hommes sont meilleurs en mode mono-tâche. Le cerveau masculin ressemble à un étage de bureaux dans lequel chaque box recèle une aptitude spécifique opérant indépendamment des autres. C'est ce qui explique l'approche masculine « une chose à la fois » et le fait qu'ils soient souvent plus concentrés dans leurs tâches. Équipés d'un cerveau mono-tâche, les hommes sont toujours enclins à se focaliser *soit* sur le sexe, *soit* sur l'amour. Le sexe peut se réduire au sexe et l'amour à l'amour, ce qui ne les empêche d'ailleurs nullement de se conjuguer, à l'occasion. Cette aptitude permet aux hommes de faire une chose que les femmes ne comprennent pas : « faire l'amour » avec des femmes pour lesquelles ils n'éprouvent aucun sentiment.

Être un homme vous permet d'avoir des relations sexuelles totalement satisfaisantes avec des femmes pour qui vous n'éprouvez rien.

Pour un homme, un rapport sexuel se réduit à un rapport physique et n'engage à rien. Il n'a pas besoin d'en discuter sur le moment ni d'en reparler par la suite, à moins qu'il ne s'en vante avec ses copains. Quand la femme d'un homme qui la trompe demande à ce dernier pourquoi il a fait l'amour avec une autre et qu'il répond « C'était juste pour tirer un coup », il est sans doute sincère. Le cerveau masculin peut réduire le sexe à une simple activité, un peu comme le rasage : après vous être rasé vous n'y repensez plus jusqu'à la fois suivante.

Mais pour une femme, la formule « Ce n'était qu'un rapport physique » n'est pas acceptable. Dans son cerveau à elle, amour et sexualité vont de pair, et l'un (le sexe) est la conséquence de l'autre (l'amour). Pour elle, la sexualité n'est rien d'autre que le prolongement naturel de l'amour. Quand une femme sépare amour et sexualité, c'est qu'elle s'en sert par exemple pour stimuler son estime de soi. Pour les hommes, sexualité et amour sont deux choses bien distinctes – il n'est pas nécessaire qu'ils se combinent.

Les hommes ne peuvent pas faire l'amour et répondre à des questions en même temps. Alors, silence, s'il vous plaît, mesdames !

Tout au fond, les femmes semblent comprendre cela. Pourtant la plupart des femmes sont quand même agacées quand cet aspect du comportement masculin (« le sexe pour le sexe ») se traduit par certaines attitudes : scruter les autres femmes, se plonger dans la lecture de *Playboy*, examiner des pubs de lingerie, etc. On les entend se plaindre : « Chez moi il n'y a que le sexe qui l'intéresse », ou bien : « Il me demande des trucs cochons ».

3. La case « néant »

Comme nous l'avons dit, le cerveau masculin ressemble à un étage où chaque box remplit une fonction propre. Un box va receler les aptitudes spatiales, le suivant la fonction du langage, un autre celle de l'amour et ainsi de suite. Mais la plupart des hommes ont aussi une petite case spéciale inconnue à la plupart des femmes et qu'elles ne comprennent pas, la case « néant ». Son nom décrit exactement ce qui se passe dans cette case : rien. Non seulement elle est vide mais pour la plupart des hommes c'est leur espace préféré. C'est l'endroit où l'esprit de l'homme se réfugie quand il va pêcher, quand il regarde la télé ou quand il reste assis dans un fauteuil le regard dans le vague. La case « néant » remplit une fonction : régénérer son énergie mentale. Un homme a besoin de quatre ou cinq brèves séances quotidiennes de « méditation » dans sa case « néant » pour recharger ses batteries. Les femmes n'ont pas les mêmes besoins cérébraux. Quand, à un homme réfugié dans sa case « néant », sa compagne demande : « À quoi penses-tu ? », et qu'il répond : « À rien », elle reçoit cette réponse comme un mensonge et le soupçonne de lui cacher ses pensées secrètes. Il se proposait de « déconnecter » pendant dix minutes et voilà qu'on le somme de dire ce qu'il pense, alors qu'il ne pense à rien de précis. Quand un homme vous assure qu'il ne pense à rien, c'est probablement vrai. De plus, il est en général sourd à ce moment-là. Ce n'est donc pas le moment de discuter de sujets sérieux avec lui. Laissez plutôt un Post-it en évidence, si vous avez quelque chose d'important à lui dire.

4. Pourquoi les hommes sont-ils obsédés par les seins ?

Les femmes sont toujours stupéfiées par l'obsession masculine pour les seins. L'augmentation mammaire est devenue l'une des interventions les plus pratiquées au monde, ce qui montre quels efforts les femmes sont prêtes à consentir pour capter l'attention des hommes…

Les fesses et les seins sont l'apanage exclusif des femelles humaines. Les glandes mammaires des autres primates femelles sont situées à l'intérieur de la poitrine et elles disposent de mamelons allongés pour nourrir leurs petits. L'essentiel du tissu mammaire de la femme est constitué de graisse qui ne sert aucun but apparent. La forme de la poitrine remplit pourtant une fonction : comme la plupart des mammifères, les mâles humains d'autrefois ne montaient leurs femelles que par-derrière et le fessier charnu des femmes servait de signal visuel. À partir du moment où les humains sont devenus bipèdes et que les rencontres se faisaient en face à face, la nature a transféré le signal des deux globes fessiers sur la poitrine féminine pour attirer les mâles. Elles n'en sont peut-être pas conscientes mais c'est pour cette raison que les femelles utilisent des soutiens-gorge pigeonnants, des pommades raffermissantes et recourent à la chirurgie plastique pour remodeler leurs seins. Elles ont pourtant complètement oublié pourquoi ces stratagèmes sont si efficaces en matière de séduction. Nous avons demandé à un échantillon d'hommes de faire la différence, sur une série de photos de femmes, entre le sillon interfessier et le sillon intermammaire. Si aucun de nos candidats ne savait faire la différence, tous trouvaient les deux types de sillons très stimulants (voir *Pourquoi les hommes se grattent l'oreille et les femmes tournent leur alliance ?*). Alors, mesdames, devez-vous vraiment inciter les hommes à fixer votre poitrine ? Réponse : non. Ils n'ont pas besoin d'encouragements, ils sont programmés pour plonger dans votre décolleté.

5. Pourquoi les hommes ne disent-ils pas la vérité aux femmes sur le sexe ?

Pour éviter les conflits, la plupart des hommes disent aux femmes ce qu'elles ont envie d'entendre. En vieillissant et avec un peu d'expérience, les hommes sont de plus en plus à l'aise pour débiter des mensonges à leur compagne sur l'amour et la sexualité. Mais c'est par prudence qu'ils mentent : les femmes sont souvent déçues par des réponses trop sincères aux questions qu'elles posent. La plupart des hommes le nieront, pourtant mentir aux femmes est un exercice dans lequel ils progressent sans cesse et c'est une stratégie que les femmes incitent les hommes à appliquer. Du point de vue de l'homme, un mensonge sans importance, une demi-vérité ou une déclaration complètement invraisemblable du genre : « Tu es la seule avec qui j'ai jamais eu envie de faire l'amour », sont en général un choix judicieux qui lui évite à coup sûr de passer la nuit sur le canapé du living. Quand une autre femme que la sienne passe devant lui en arborant un magnifique décolleté, son cerveau est programmé pour ne pas en perdre une miette et la décharge de dopamine consécutive lui assure quelques instants de légère euphorie. Son corps est spécifiquement conçu pour cette réaction et cela n'a rien à voir, ou si peu, avec ses sentiments ou son amour pour sa partenaire. Mais quand celle-ci lui reproche d'en lorgner une autre, sa première réaction est en général de mentir. « Mais non, ma chérie, je ne la fixais pas. Tu es beaucoup plus séduisante qu'elle… Pourquoi la regarderais-je alors que je t'ai, toi ? », etc., etc. Vous connaissez la chanson. Quand une femme a recours à ce genre d'accusations, elle entraîne en fait l'homme à mentir afin d'éviter les conséquences négatives de son comportement et de ménager la susceptibilité de sa compagne.

« Je ne regardais pas sa poitrine, ma chérie… elle me bouchait la vue ! »

On notera avec intérêt que les études mentionnées dans *Pourquoi les hommes se grattent l'oreille et les femmes tournent leur alliance ?* sur le mensonge et l'infidélité montrent que trois femmes sur quatre reconnaissent mentir aux hommes pour en obtenir un avantage. Alors que 73 % des femmes disent avoir flirté avec un homme ou lui avoir laissé miroiter la possibilité de relations sexuelles pour en tirer un bénéfice quelconque, seules 50 % de leurs cibles masculines admettent avoir compris qu'elles étaient manipulées. En revanche, 71 % d'entre eux reconnaissent mentir aux femmes pour les inciter à faire l'amour. En exagérant l'importance qu'ils accordent à cette rencontre ou en affirmant « Je t'aime » alors qu'ils n'en pensent pas un mot. Mais ils ne sont pas crus sur parole : 97 % des femmes sont bien conscientes que les hommes sont prêts à raconter à peu près n'importe quoi pour obtenir ce qu'ils désirent.

Mais si une femme apprend à un homme à mentir sur les détails, il prendra de l'assurance et deviendra expert dans l'art de mentir sur les sujets plus importants. Et que les femmes l'admettent ou non, elles se sentent plus en sécurité quand les hommes leur mentent au sujet de la sexualité. Les hommes ont vite fait de comprendre que ne pas contrarier leurs compagnes sur certains sujets rend la cohabitation beaucoup plus agréable.

Les 10 plus gros bobards que les hommes racontent aux femmes sur le sexe et l'amour

Les hommes du monde entier mentent à leur compagne. Ils recourent au mensonge quand une totale sincérité présente trop de risques. Parmi les femmes à qui nous avons demandé de commenter ces mensonges,

75 % ont déclaré que leur partenaire masculin ne les utiliserait jamais, alors que 85 % des hommes ont reconnu avoir eu recours à certains d'entre eux à un moment ou l'autre de leur vie amoureuse.

1. *« Je ne te mentirai jamais. »* Si Angelina Jolie se jetait nue à ses pieds, il y réfléchirait tout de même à deux fois avant de la repousser avec mépris. Cela ne signifie pas qu'il céderait forcément, mais il soupèserait avantages et inconvénients. Les enquêtes montrent qu'*un homme sur deux*, placé dans une situation de ce type, céderait. Le déni est une stratégie prudente parce que, de toute façon, de telles opportunités se présentent rarement.
2. *« Je n'irai jamais/Je n'ai jamais mis les pieds dans une boîte de strip-tease. »* Étant donné le discours dominant négatif sur la femme comme objet sexuel, ils ne peuvent absolument pas reconnaître qu'ils en meurent d'envie. Et, au fait, oui, presque tous les hommes seraient tout à fait d'accord pour avoir des relations sexuelles avec ces strip-teaseuses.
3. *« Ce genre de trucs n'est vraiment pas pour moi. »* Les hommes utilisent ce mensonge en réponse à une réaction féminine de dégoût devant une pratique sexuelle qu'elle a vue à la télé, ou en réponse à ses questions sur ce qu'il aimerait faire au lit avec elle. N'en croyez pas un mot, il est d'accord pour *tout* essayer.
4. *« Je n'ai jamais pensé à coucher avec tes amies. »* Bien sûr que non, surtout pas celle qui a un corps d'athlète et la poitrine de Scarlett Johansson. Il y pense toujours, y compris avec les plus moches. Ça ne veut pas dire qu'il compte

passer à l'acte, mais il y pense, que cela vous plaise ou non.

5. *« Le porno ne m'intéresse pas. »* Ben voyons. Donc ce serait le seul homme au monde qui n'a jamais été surfer sur les sites porno, lesquels génèrent un CA annuel qui se chiffre en milliards de dollars ? On estime que 68 % des sites visités sur Internet sont des sites porno, mais il n'en a jamais vu un seul ? Décidément, le Père Noël existe.
6. *« Jamais je n'imaginerai cette fille de la réception me faisant une fellation. »* Certes il n'y a plus repensé depuis la dernière fois qu'il l'a vue. Et le pire c'est que quand vous l'avez traitée de « pouffe pathétique », ça l'a rendue encore plus attirante.
7. *« Je suis heureux de renoncer à ma vie actuelle pour toi. »* Non, il ne l'est pas, mais en échange de rapports sexuels réguliers, si vous le dorlotez, lui faites de bons petits plats, nettoyez la maison et lui simplifiez le quotidien, il est prêt à y réfléchir sérieusement.
8. *« Je ne pense pas à sauter toutes les filles que je croise ! »* Non seulement il déshabille mentalement toutes les femmes qu'il voit, mais il imagine même toute une série de positions qu'il pourrait essayer avec elles. Mais il y a pire : il lui arrive de penser à certaines de ces filles au moment même où il fait l'amour avec vous. Mais ça, vous ne le lui ferez jamais avouer.
9. *« Jamais au grand jamais je ne te mentirai, mon amour. »* Il vous dira tout ce que vous voulez entendre pour éviter les pleurs et les disputes. Et si vous refusez de le croire sur parole, il vous

expliquera qu'il n'avait pas d'autre choix que de vous mentir parce que vous n'auriez pas supporté la vérité…

10. *« Non, je n'étais pas en train de scruter sa poitrine ! »* Bien sûr que si. Mais il vous ment parce qu'il ne veut surtout pas de scène. Les femmes sont incapables de supporter la vérité, vous vous souvenez ?

À toute femme qui lui lira ce que nous disons au sujet des mensonges masculins, son compagnon répondra à peu près : « Mais pas du tout, ma chérie, ce n'est pas vrai pour moi ! Les auteurs se trompent ! » Mais voilà, nous avons enquêté, et l'un de nous deux (les auteurs) est un homme. Avec d'autres hommes, la plupart des hommes reconnaîtront la vérité au sujet de ces mensonges ou échangeront des plaisanteries à ce sujet. Mais ils ne diront jamais à leur compagne en titre qu'ils en sont capables.

Les hommes préféreraient dire aux femmes la vérité toute nue sur le sexe, mais ils ne veulent pas affronter les conséquences de leur sincérité.

En résumé, la plupart des hommes feront et diront tout ce qui est nécessaire pour rendre leur compagne heureuse, pour éviter les disputes et pour avoir plus de rapports sexuels avec elle. Ils joueront de leur charme, afficheront leur sincérité, multiplieront les compliments, les marques d'attention, et agiront avec toute la galanterie requise pour apaiser les inquiétudes de leur compagne et s'attirer ses bonnes grâces. Cette caractéristique masculine sera peut-être considérée par les femmes comme hypocrite et manipulatrice, mais pour les hommes c'est une forme d'autodéfense. Et ce n'est ni bon ni mauvais – c'est tout simplement comme ça. Acceptez la réalité et « gérez » vos partenaires masculins en tenant compte de leur différence.

Résultat des courses ? Une relation homme/femme est *toujours* à la base un échange de biens et de services.

6. Pourquoi les hommes aiment les femmes bien en chair ?

La silhouette féminine taille étroite/hanches larges est celle qui attire les hommes depuis des dizaines de milliers d'années comme en témoigne, entre autres, l'art rupestre. Et ce sont les courbes féminines, et non le poids, qui importent. À la puberté, l'afflux d'œstrogène entraîne une accumulation de graisses sur les hanches et les cuisses des filles. Ces graisses stockées par l'organisme en prévision d'une pénurie représentent la garantie que la jeune femme pourra allaiter son enfant. Dans une série de 12 tests, la psychologue Devendra Singh a découvert qu'un rapport hanches/taille compris entre 0,67 et 0,80 est un bon indicateur de la fertilité d'une femme, raison pour laquelle il est si attirant pour les hommes. Ce rapport signifie que le tour de taille représente 70 % du tour de hanches. Une femme pouvait être plus ou moins grosse, si elle arborait un tel rapport, elle était assurée de séduire les hommes. En analysant les encarts centraux de *Playboy* sur trente ans, Mme Singh a aussi découvert que si les femmes photographiées devenaient de plus en plus minces au fil des ans, le rapport hanches/taille de 70 %

restait la norme. Des ratios supérieurs ou inférieurs à celui-ci traduisaient une santé et une fertilité plus incertaines. Un rapport non conforme signifiait qu'une femme avait nettement moins de chances de tomber enceinte et de transmettre avec succès les gènes d'un homme. En analysant les peintures des grands maîtres du passé, nous avons découvert que ce rapport est une constante, même si les formes des femmes représentées sont plus généreuses que celles de nos contemporaines.

L'institut de sondage britannique Safeway Poll a interrogé 500 personnes sur ce thème. 87 % des hommes ont déclaré qu'ils aimaient les femmes aux formes pleines et d'un poids approprié à leur taille (pas trop longilignes). Bref une grande majorité d'hommes préfèrent des femmes aux formes pleines. Seuls 8 % d'entre eux sont attirés par des femmes « très minces, à la limite de la maigreur », alors que 92 % apprécient les femmes « voluptueuses ». On notera avec intérêt que les réponses des femmes sont quasiment identiques : elles sont 88 % à considérer que des formes pleines et rondes excitent plus les hommes qu'un corps mince. Pour ce qui concerne les hommes, la séduction du corps féminin ne tient pas à son poids mais à sa silhouette globale, donc à ses formes.

7. Pourquoi le point G a tout d'un ovni ?

Un ovni est un objet mythique dont beaucoup d'hommes ont entendu parler mais qu'en général ils n'ont jamais pu trouver. Mais tout d'abord, de quoi s'agit-il exactement ? Le point G est un faisceau de terminaisons nerveuses d'une superficie approximative de 3 cm^2 situé sur la paroi antérieure du vagin. C'est l'endroit où les terminaisons nerveuses du clitoris se rejoignent et, s'il est très réactif chez certaines femmes, il peut aussi être d'une sensibilité réduite ou nulle chez d'autres. Il a été découvert par le Dr Ernst Grafenberg en 1950 (lequel n'a d'ailleurs jamais expliqué comment il l'avait découvert !). À cause de sa situation dans le vagin, la position dans laquelle la femme chevauche l'homme est en général le meilleur moyen de le stimuler.

Comme la plupart des hommes ignorent tout du point G, il revient aux femmes de leur apprendre où il se trouve et de leur expliquer comment s'y prendre.

8. Pourquoi il est si important pour les hommes que les femmes prennent l'initiative ?

Faire des avances à une femme comporte de grands risques et pour la plupart des hommes, qui ont un ego fragile, le rejet est difficile à supporter parce qu'il est vécu comme un échec. Si une femme refuse de faire l'amour, son partenaire peut se sentir mortifié. Dans le monde animal, la plupart des créatures mâles n'ont qu'à exhiber leurs organes sexuels à la femelle de leur espèce, si elle est en chaleur, pour avoir des rapports sexuels. Il est rare qu'une lionne ou une ourse éclate de rire, se détourne avec une grimace ou prétende qu'elle a la migraine. Les hommes doivent affronter régulièrement ce type de rejets et ça ne devient pas plus facile avec le temps. C'est pourquoi tant d'hommes aimeraient que la femme de leur vie fasse le premier pas plus souvent. Ça les soulagerait de ne pas toujours être celui qui doit prendre l'initiative et ils se sentiraient plus désirés, donc plus désirables. Ils ont de bonnes chances d'y parvenir en se montrant plus attentifs et aimants avec leur compagne, ce qui incitera en général celle-ci à suggérer plus volontiers des relations sexuelles. Si les hommes agissaient avec plus d'habileté, ils obtiendraient plus facilement ce qu'ils désirent qu'en se contentant de demander.

Quant aux femmes, elles souhaiteraient pour la plupart que l'homme de leur vie comprenne leur fonctionnement, mais rares sont celles qui oseront mettre les points sur les I. Elles semblent croire que d'une façon ou d'une autre les hommes capteront les subtils signaux qu'elles envoient, une attitude qui ne fait qu'augmenter la confusion de leurs partenaires.

9. Pourquoi les hommes se trompent-ils à ce point dans les discothèques ?

Les femmes qui dansent de manière provocante dans les discothèques le font pour faire savoir aux hommes qu'elles sont peut-être disponibles pour l'un d'eux. Un seul est le bon. Or, les hommes comprennent qu'elles sont disponibles pour n'importe lequel d'entre eux. Cette différence de perception sur le sens de cette disponibilité est la cause de malentendus graves et récurrents entre les sexes. Les hommes ont trop tendance à se fier à leur instinct qui les incite à décoder une attitude ouverte et amicale comme une invitation à un rapport sexuel. Différentes études confirment cette distorsion : des travaux de A. Abbey (1982, Wayne State University) et des enquêtes plus récentes de Saal, Johnson et Weber (Kansas State University) le confirment. Ces derniers ont demandé à des acteurs professionnels d'interpréter la saynète suivante : une jeune femme vient discuter avec un cadre supérieur d'un délai pour le bouclage d'un dossier. On a demandé à l'actrice d'être cordiale mais nullement ambiguë dans son attitude. On a ensuite montré cette vidéo à des spectateurs hommes et femmes qui devaient juger le comportement de cette femme. Les femmes ont estimé que l'attitude de l'actrice était simplement amicale (92 %) mais ni sexy ni séductrice (27 %). Les hommes ont aussi estimé son attitude amicale (87 %) mais eux l'ont jugée sexy et séductrice (55 %). Autrement dit, deux fois plus d'hommes que de femmes détectent des intentions sexuelles inexistantes et ils basent leur comportement sur cette déduction erronée. En termes évolutionnistes, cette stratégie est pertinente, car même si l'homme n'a raison qu'une fois sur cinq, ce bel optimisme lui assure de meilleures chances de transmettre son capital génétique. Une autre étude a montré que si un homme découvre qu'une femme a un préservatif dans son sac, il en déduit presque toujours qu'elle recherche un partenaire sexuel. La plupart des femmes sont conscientes de cette tendance masculine à l'extrapolation et l'exploitent souvent en manœuvrant les hommes pour en obtenir certains avantages.

10. Quand un homme est-il prêt pour un engagement de longue durée ou pour le mariage ?

En termes biologiques simples, l'homme du XXIe siècle devient le candidat idéal quand sa testostérone commence à décliner. Pour les hommes, ce moment se situe vers 27 ans. Les hommes d'autrefois se mariaient tôt, à un âge où la sexualité était l'un des grands avantages du mariage. Pour les hommes jeunes (ou plus vieux) d'aujourd'hui, avoir de nombreux rapports sexuels n'est plus un problème. C'est possible partout, à tout moment et avec différents types de femmes. Et tant de jeunes hommes d'aujourd'hui se disent : « Pourquoi rester coincé dans une relation monogame quand on peut disperser ses gènes aux quatre vents ? » Vers l'âge de 27 ans, un homme devient plus attentionné et plus passif parce que l'équilibre entre hormones mâles et femelles évolue en faveur de ces dernières. Il est plus intéressé par des relations longues et commence à penser avec sa tête plutôt qu'avec son sexe. Il téléphonera à une femme sans raison particulière et annulera même une sortie foot avec ses copains pour passer une soirée avec elle. Au début d'une relation amoureuse, au stade de la passion, les hommes sont submergés d'hormones mâles, ce qui les rend impétueux, et leur engouement pour une nouvelle partenaire se traduit par toutes sortes de gestes : bouquets de fleurs livrés sur le lieu de travail de la demoiselle pour que tout le monde soit au courant, dîners romantiques dans des restaurants gastronomiques, déclarations d'amour poétiques à foison. Mais après un rapport sexuel, il a tendance à vouloir passer à autre chose le plus vite possible et tout est bon :

regarder la télé, appeler un copain, réparer le micro-ondes, envoyer des mails, manger un morceau, ou s'il est trop fatigué, simplement s'endormir. Tout sauf la relation émotionnelle, après coup, avec sa compagne. Son cerveau se met automatiquement en mode par défaut, c'est-à-dire qu'il recherche de nouvelles tâches à exécuter, la précédente étant accomplie. D'ailleurs, après cinq rapports sexuels distincts avec la même femme, l'homme a tendance à aller voir ailleurs. Parce que son cerveau comprend que d'un point de vue statistique cinq rapports sexuels sont suffisants pour qu'elle tombe enceinte si elle est fertile. C'est pourquoi, à moins qu'il ne la considère comme une partenaire à plus long terme, son intérêt sexuel pour cette partenaire commence à décliner au rapport n° 6, même si sa partenaire est formidable au lit. Par contre, s'il rencontre une nouvelle femme qui l'inspire, il est prêt à repartir illico à l'assaut.

Après cinq rapports sexuels le mauvais candidat se désintéresse de sa partenaire, exactement comme beaucoup de mâles d'autres espèces.

On retrouve cette règle des « cinq rapports sexuels » chez d'autres espèces animales : les ovins, les bovins et… les porcs. Après cinq accouplements, les mâles ont des difficultés à s'accoupler une sixième fois. Même quand on camoufle la femelle à grand renfort de tissus, parfums et sacs sur la tête, ils n'ont pas d'érection. Mais qu'on leur présente une nouvelle candidate et leur pénis se dresse. Mère Nature sait ce qu'elle fait. « Tu as fait ce que tu pouvais avec ces cinq rapports, maintenant déniche-toi une autre femelle et travaille à perpétuer l'espèce. »

C'est pourquoi le mauvais candidat va se montrer de plus en plus indifférent, cesser de faire des efforts et trahir son égoïsme foncier.

Les hommes qui recherchent des relations à long terme commencent souvent de la même façon que ceux en quête d'aventures brèves, mais dès qu'ils commencent à éprouver un sentiment plus profond, ils restent au lit plus longtemps après l'amour, parlent, caressent leur compagne, bref adoptent des comportements typiquement féminins.

11. Pourquoi certains hommes mûrs s'obstinent à porter des maillots de bain moulants en public ou exhibent fièrement un ventre de femme enceinte

L'indifférence des hommes envers leur aspect physique, y compris en public, a toujours été un mystère pour les femmes. La plupart des femmes savent instinctivement rentrer leur ventre ou éviteront de s'asseoir en Bikini devant des amis de crainte qu'un bourrelet disgracieux n'apparaisse. Mais on voit souvent des hommes, dont la large bedaine pourrait abriter des triplés, roucouler et flirter avec des jeunes femmes, ou un homme en maillot de bain moulant qui ne cache rien de ses émois bavarder comme si de rien n'était avec des inconnues croisées sur la plage.

Tout homme sait d'instinct que sa valeur sur le marché de la séduction est étroitement liée à sa capacité d'assurer la subsistance des siens, non à son apparence physique. En revanche, si une femme a « trop » bien réussi financièrement, elle peut être considérée comme une menace pour les hommes, alors que son apparence physique et son potentiel reproducteur seront considérés comme autant d'atouts. Si elle doit porter une jupe noire pour que son postérieur semble plus mince, lui devra porter une Rolex ou conduire une BMW pour compenser un ventre proéminent.

Les hommes ont une meilleure image de leur corps que les femmes.

12. Les hommes et leurs fétiches

Un fétiche est un objet associé à une excitation sexuelle éprouvée dans le passé. Ce type d'excitations remonte souvent à l'enfance ou à l'adolescence. Le fétiche déclenche le désir sexuel et incite la personne à revivre l'épisode qui lui a procuré du plaisir. Ce peut être un vêtement, une odeur, une couleur, une chaussure, une particularité physique, etc. Quel que soit l'objet, petite culotte, cheville, brosse à dents, il y a quelqu'un, quelque part, que cet objet excite sexuellement. Quand les hommes fantasment sur une femme, ils ne se demandent pas si c'est une parfaite maîtresse de maison, si elle chante comme la Callas ou milite pour la paix dans le monde, ils imaginent des parties de son corps, des courbes, des postures. Les sites porno sur Internet sont inondés d'images fétichistes de toute sorte et, d'après les enquêtes, 99 % de ceux qui surfent sur ces sites sont des hommes. Et plus de 90 % des images classées dans les comportements sexuels « déviants » sont regardées par des hommes.

Aux États-Unis, 97 % des inculpations pour voyeurisme (observer la vie intime d'une personne à son insu) visent des hommes. C'est aussi pour obtenir les stimuli visuels nécessaires à l'excitation sexuelle que tant d'hommes feuillettent des magazines masculins ou passent des soirées dans des clubs de strip-tease.

Un jour, un homme demanda à une femme de l'épouser. Elle refusa. Depuis, il coule des jours paisibles, partageant sa vie entre son travail, ses copains, les week-ends à la pêche et vivant dans une joyeuse pagaille.

13. Ce qui inquiète les hommes

À l'instar des femmes, les hommes s'inquiètent de leurs défauts, mais ils n'en sont pas obsédés comme elles. Les hommes parlent d'ailleurs rarement de leurs défauts physiques avec leurs copains.

Voici ce qui les inquiète le plus :

J'ai un gros bide ?

Ai-je l'air trop jeune/trop vieux ?

Suis-je assez viril ?

Est-ce que je perds mes cheveux ?

Ai-je réussi socialement ?

Suis-je capable de satisfaire une femme sexuellement ?

Mon pénis est-il trop petit ?

Serai-je capable d'assurer la subsistance de ma famille ?

Aurai-je toujours assez d'argent ?

La femme de ma vie m'aimera-t-elle comme je suis ?

Les hommes ont ces inquiétudes en tête mais ils en parlent rarement à qui que ce soit. Et vous n'entendrez jamais un homme, sauf complètement saoul, demander à ses copains : « Hé les gars, vous pensez que je suis un gros beauf raté, mal fagoté, chauve, avec une petite bite ? » Les hommes n'aiment pas qu'on mentionne leurs défauts devant qui que ce soit. Un bon conseil, mesdames, d'une manière générale, abstenez-vous de les souligner, vous vous épargnerez des tensions inutiles.

14. Pourquoi les hommes ont-ils tant de mal à dire « Je t'aime » ?

Pour la plupart des gens la phrase « Je t'aime » revient sans cesse au début d'une nouvelle relation, au stade de la passion amoureuse, quand les deux partenaires sont shootés aux hormones et à un moment où ils ont sans doute quelque peine à se rappeler leur propre nom. De leur côté, les femmes vont commencer à préparer le « nid », multipliant les achats d'objets et d'accessoires pour la maison, mijoteront de bons petits plats, ne manqueront jamais de remarquer les couples avec bébé et insisteront sur l'aspect « éternel » de la relation. Pour la plupart des hommes, cette phase engendre une certaine angoisse et bien des princes charmants en viendraient presque à regretter d'avoir dit « Je t'aime ». Mais le futur père de famille responsable doit se montrer à la hauteur de ses promesses et en assumer les conséquences, aujourd'hui, demain et peut-être…

toujours. Aussi, sauf vigoureuse poussée hormonale et désir sexuel à satisfaire d'urgence, ils ont plutôt tendance à éviter de prononcer la formule fatidique.

Règle de vie pour les hommes n° 39
Ne vous associez jamais aux critiques de votre femme ou de votre petite amie contre l'un de vos amis, sauf si c'est la seule façon d'obtenir qu'elle fasse l'amour.

Certaines femmes restent avec un homme qui ne leur convient pas en s'imaginant faussement qu'il changera parce qu'« une nouvelle vie commence » ou parce que « l'amour vient à bout de tout ». Elles refusent de reconnaître qu'elles sont maltraitées ou que leur compagnon ne les aime pas vraiment. Si une femme n'est pas sûre des sentiments de son partenaire, elle peut demander leur opinion à ses plus proches amies en insistant pour qu'elles s'expriment en toute sincérité. Si la plupart des femmes ne sont pas très expertes pour repérer les défauts de leurs propres relations amoureuses, elles excellent à les détecter chez les autres. Elles ne remarquent même pas qu'il est passé de « ma belle princesse » à « espèce d'idiote » en l'espace de six mois… La plupart des femmes ne comprennent à quel point elles étaient peu aimées que lors d'une rupture. Mais vos amies connaissent la vérité. Adressez-vous donc à elles.

Les hommes adorent les femmes qui professent que « l'amour vient à bout de tout », c'est pour eux la garantie qu'en débitant une phrase amoureuse sur un ton lyrique au bon moment, ce ne sera pas trop difficile d'obtenir leurs faveurs.

15. Les cinq questions que les hommes craignent le plus

1. À quoi tu penses ?
2. Tu m'aimes ?
3. Tu me trouves grosse ?
4. Tu la trouves plus jolie que moi ?
5. Tu ferais quoi si je mourais ?

Ce qui rend si épineuse une réponse à ces questions pour les hommes c'est la violente dispute qui leur pend au nez en cas de dérapage, c'est-à-dire s'ils disent la vérité. Voici quelques réponses types qui devraient aider ces messieurs à se tirer d'affaire.

Question 1 : À quoi tu penses ?

La réponse correcte est : « Pardonne-moi si j'ai été un peu absent, chérie. Je me disais que tu étais une femme splendide, attentionnée, drôle, intelligente et que j'avais beaucoup de chance que tu sois amoureuse de moi. »

Cette réponse n'a évidemment pas grand-chose à voir avec la vraie réponse qui doit plutôt ressembler à :

a. À rien.
b. Au match de ce soir.
c. À Angelina Jolie, nue.
d. Aux bourrelets que tu as pris depuis deux mois.
e. Je me demande comment je dépenserais l'argent de l'assurance-vie si tu avais une crise cardiaque.

Question 2 : Tu m'aimes ?

La réponse correcte est : « Oui ! Je suis fou de toi ! »
Parmi les réponses sincères, on citera :

a. Bien sûr, mon amour : si on allait faire un tour sous la couette ?
b. Tu te sentirais mieux si je disais oui ?
c. Tu peux définir le mot « amour », s'il te plaît ?
d. Je fais l'amour avec toi, non ?
e. Je suis ton mari, c'est mon boulot.
f. Qui ça, moi ?

Question 3 : Tu me trouves grosse ?

La réponse correcte – sur un ton définitif : « Absolument pas, tu es parfaite ! »

Quelques réponses plus sincères à éviter absolument :

a. Comparée à qui ?
b. Je ne dirais pas que tu es grosse, mais tu n'es pas vraiment ce qu'on appelle mince.
c. Ça te va bien d'avoir pris cinq kilos.
d. J'ai vu pire.
e. Tu pourrais répéter la question ? J'étais en train de me demander comment je dépenserais l'argent de l'assurance-vie si tu te faisais renverser par un bus.

Question 4 : Tu la trouves plus jolie que moi ?

Une fois encore, la bonne réponse est un catégorique : « Absolument pas ! »

Voici quelques réponses qui vous attireraient des ennuis :

a. Oui, mais tu es tellement plus gentille qu'elle…
b. Pas plus jolie mais sûrement plus mince.
c. Pas aussi jolie que toi au même âge.
d. Définis « jolie ».
e. Tu peux répéter la question ? Je me demandais ce que je ferais de la prime de l'assurance-vie si tu te cassais le cou dans l'escalier de la cave.

Question 5 : Tu ferais quoi si je mourais ?

C'est une question à laquelle les réponses masculines sont presque toujours catastrophiques.

D'abord la vraie réponse : « Je m'achèterais une Porsche et je me paierais une croisière autour du monde. »

Voici quelques suggestions de réponses pour vous extraire de ce guêpier sans trop de casse :

Elle : Tu te remarierais ?

Lui : Sûrement pas !

Elle : Pourquoi pas ? Tu as quelque chose contre le mariage ?

Lui : Au contraire j'adore ma vie d'homme marié !

Elle : Alors pourquoi ne pas te remarier ?

Lui : Bon, eh bien je me remarierais…

Elle (mortifiée) : Tu ferais une chose pareille ?

Lui : Mais… tu viens de dire…

Elle : Tu veux dire que tu dormirais avec elle dans notre lit ?

Lui : C'est le seul lit à deux places…

Elle : Et tu remplacerais toutes les photos de moi par des photos d'elle ?

Lui : Si on était mariés, je ne vois pas ce que je pourrais faire d'autre…

Elle : Et tu la laisserais utiliser mes clubs de golf ?
Lui : Impossible, elle est gauchère.

CE QU'IL FAUT RETENIR

– Le cerveau masculin a la capacité de séparer amour et sexualité. De temps à autre, ils sont associés.
– Les hommes mentent aux femmes pour éviter les conflits. Ne posez jamais une question à un homme si vous ne voulez pas entendre la vérité, car alors vous ne faites que l'entraîner à mentir.
– Si vous voulez faire le bonheur de l'homme que vous aimez, prenez plus souvent l'initiative des rapports sexuels.
– Les hommes sont aussi vulnérables que les femmes sur leurs défauts. Mais ils détestent en parler. Ne soulignez jamais les points faibles d'un homme, vous ne feriez que créer des tensions et blesser son ego.

CHAPITRE 9

12 vérités sur les femmes que la plupart des hommes ignorent

Jamais les conflits entre hommes et femmes sur la sexualité n'ont pris un tour aussi vif qu'aujourd'hui. Les hommes ne comprennent pas pourquoi les femmes rechignent à faire l'amour avec eux. Après tout, si elles prennent la pilule ou un autre moyen de contraception, pourquoi refuser des rapports sexuels plus fréquents ? Avec l'émancipation des femmes, dans les années 1970, les hommes se sont imaginé que les femmes prendraient plus souvent l'initiative. Elles déclaraient vouloir en finir avec la pruderie sexuelle de leurs mères et de leurs grands-mères, ce qui signifiait, pour leurs compagnons, qu'elles allaient régulièrement leur demander de faire l'amour et qu'elles accueilleraient plus favorablement leurs avances.

Les femmes se sont mises à acheter des magazines porno, des sex-toys, et à parler des hommes comme d'objets sexuels. Elles voulaient être totalement libres dans leur manière de s'habiller et ce en toutes circonstances. Les magazines féminins multipliaient les articles sur la sexualité et le plaisir du couple. À la radio et à la télé, des sexologues venaient expliquer aux femmes les techniques pour atteindre l'orgasme. Les hommes étaient excités et enthousiastes : la libération des femmes, ça voulait dire qu'elles allaient réclamer autant de sexe qu'eux.

Or, ce n'est pas du tout ce qui s'est passé. La révolution sexuelle est arrivée, mais après tous ces bruyants débats sur une sexualité libérée, beaucoup de femmes ont renoué avec leurs habitudes antérieures et sont redevenues des partenaires sexuelles assez passives. Pas toutes, mais beaucoup. Et une fois encore, les hommes se sont retrouvés en position d'éternels quémandeurs de sexe face à des partenaires qui n'étaient pas sur la même longueur d'onde.

Beaucoup d'hommes espéraient que la vie quotidienne allait ressembler à celle de Hugh Hefner, le béat patron de *Playboy* avec son harem de playmates, alors qu'ils se retrouvaient à la case départ. Pourtant, contrairement à ce qu'ils pensent, les femmes sont d'accord pour faire l'amour et même plus souvent qu'elles ne veulent bien l'avouer.

Si la relation d'une femme avec son partenaire est médiocre, elle évitera les rapports sexuels. Un homme dans la même situation sera ravi de faire l'amour parce que, comme nous l'avons vu au chapitre précédent, son cerveau est programmé pour séparer amour et sexualité. Or la sexualité est prioritaire pour lui parce qu'elle exprime l'instinct de survie. La plupart des hommes en bonne santé peuvent avoir des rapports sexuels à peu près n'importe quand, n'importe où et dans n'importe quelle situation. Pour les femmes, c'est tout le contraire : la plupart d'entre elles se demandent comment on peut faire l'amour sans éprouver le moindre sentiment, ce qui au fond les scandalise.

Deux paramètres expliquent que les rapports sexuels ne figurent pas parmi les priorités féminines : l'organisation du cerveau féminin et un taux de testostérone très inférieur à celui des hommes.

Voici 12 points clés sur le rapport des femmes à la sexualité que la plupart des hommes ne comprennent pas.

1. Ce que les femmes attendent du sexe

Les discours politiquement corrects voudraient nous persuader que les femmes ont les mêmes attentes que les hommes en matière de sexualité. Magazines et émissions de télé nous martèlent que les femmes ont les mêmes critères que les hommes en matière de plaisir sexuel, et qu'elles ont aussi, grosso modo, les mêmes besoins sexuels que ces derniers. Ces thèses découlent pour l'essentiel de la conclusion erronée que la libération des mœurs et l'égalité des sexes maintenant acquises s'appliquent aussi à la sexualité. Mais rien n'est plus faux.

La voyante expliqua au jeune homme : « Pour être heureux, vous devez trouver une jeune femme qui ait les mêmes intérêts que vous et qui veuille faire les mêmes choses que vous… »
« Quoi ? Boire des bières et draguer des filles ? s'étrangla-t-il. Alors il faut que je me trouve une lesbienne alcoolique ? »

Pendant plus de trente ans, nous avons étudié et confronté des centaines d'enquêtes et de sondages sur les attentes des femmes envers la sexualité. Elles émanaient de sources très diverses : universités, instituts de sondages, sexologues réputés, comme les Kinsey aux États-Unis, magazines féminins. Nous avons tiré deux importantes conclusions de ce travail. D'abord, le rapport des femmes à la sexualité n'est pas différent aujourd'hui de ce qu'il a été pendant des milliers d'années. Presque toutes les études montrent que les femmes qui occupent des fonctions de direction et jouissent d'un grand pouvoir, les femmes au foyer qui élèvent leurs enfants ou encore les femmes préhistoriques qui vivaient accroupies dans leurs cavernes ont à peu près la même définition d'une sexualité heureuse.

Ensuite, les besoins sexuels d'une femme du XXIe siècle ne sont sans doute pas très différents de ceux de ses ancêtres. Le seul véritable changement c'est qu'on peut en discuter librement aujourd'hui, ce dont les médias ne se privent pas. La priorité des priorités reste pour une femme de trouver le bon partenaire, celui qui dispose de ressources ou a la capacité d'en obtenir.

Voici les 5 attitudes qu'un homme doit adopter pour donner à une femme l'envie de faire l'amour :

1. Lui faire sentir qu'elle est séduisante et unique.
2. L'aimer et la protéger.
3. La dorloter et lui faire des cadeaux.
4. L'embrasser, la toucher, la caresser.
5. Parler avec elle de ce qu'elle ressent.

Comparez cette liste avec les cinq *attentes prioritaires* des hommes à l'égard de leur compagne :

1. Dire « oui » plus souvent quand il lui propose de faire l'amour.
2. Le faire plus spontanément.
3. En prendre plus souvent l'initiative et être créative.
4. Ne pas le culpabiliser à propos de ses besoins sexuels.
5. Comprendre qu'il est surtout stimulé par des signaux visuels (lingerie…).

Pour les femmes c'est la tendresse qui mène lentement, progressivement, au rapport sexuel. Ce n'est pas pour rien qu'elles parlent beaucoup plus volontiers de « faire l'amour » que de « baiser » – sauf pour plaisanter. Après avoir fait l'amour, les femmes veulent continuer à parler de ce qu'elles ressentent mais pour beaucoup ce n'est malheureusement pas possible –

parce que leur compagnon a sombré dans un profond sommeil.

Le fantasme n° 1 d'un homme est de coucher avec deux femmes en même temps. Or, beaucoup de femmes seraient d'accord : comme ça elles auraient au moins quelqu'un à qui parler quand il se serait endormi.

Ces listes montrent que les femmes ont besoin d'un échange émotionnel soutenu alors que les hommes veulent une partie de jambes en l'air débridée. Du fait des besoins et des priorités différents des deux sexes, hommes et femmes sont donc partiellement incompatibles en matière de sexualité. Les femmes décrivent des hommes égoïstes et toujours trop pressés et les hommes trouvent les femmes sans imagination et mécaniques. Beaucoup de femmes estiment le goût masculin des images érotiques « dégoûtant » ou « vicelard ». Eux jugent les inévitables préliminaires ennuyeux et répétitifs. Si vous acceptez que les cerveaux masculin et féminin sont programmés différemment, avec des priorités bien distinctes pour chacun, vous pourrez opérer les changements nécessaires dans votre sexualité et votre compagne vous en sera très reconnaissante. La vie sexuelle idéale est celle dans laquelle chacun des partenaires s'abstient de juger les besoins sexuels de l'autre et s'efforce de les satisfaire au mieux.

2. Pourquoi les femmes prennent-elles si rarement l'initiative ?

C'est la plainte n° 1 des hommes envers les femmes dans presque tous les pays et depuis longtemps. Pour une raison simple : comme nous l'avons répété à plusieurs reprises, la structure biophysiologique explique que la libido masculine soit plus exigeante que celle des femmes. Les hommes ont des taux de testostérone vingt à trente fois supérieurs et un hypothalamus (aire cérébrale où les hormones stimulent le désir sexuel) plus volumineux.

« Ma femme me dit qu'elle m'aime, mais on dirait qu'elle ne veut jamais me le prouver. Elle semble croire qu'il suffit de me faire des compliments de temps à autre et de me faire à manger ou de me repasser mes chemises pour que je sois parfaitement heureux. Mais tout ça ne compte pas vraiment pour moi. D'ailleurs je pourrais le faire moi-même. Ce que je voudrais vraiment qu'elle fasse un jour pour moi c'est enfiler une jolie petite robe sexy et m'accueillir dans cette tenue au moment où je rentre du boulot. Ça, ça me montrerait qu'elle m'aime vraiment. Mais j'ai autant de chances que ça m'arrive que d'aller sur la Lune. Si elle m'aime vraiment, elle devrait vouloir me rendre heureux, non ? »

IAN

Depuis près d'un million d'années, les hommes sont essentiellement programmés pour perpétuer l'espèce. Et les femmes pour porter et élever des enfants. Le comportement féminin est donc axé sur les enfants à nourrir, à élever, à protéger. Elles s'emploient aussi à réconforter, à soutenir et à soigner leur compagnon. Pour les hommes, ces tendres attentions sont assimilées à des préliminaires. Leur obsession du sexe est telle qu'ils sont souvent incapables de distinguer entre une femme qui exprime son affection naturelle et une femme qui demande des rapports sexuels. C'est la raison pour laquelle les hommes se sentent si souvent rejetés. Ils décryptent de façon erronée les signaux qu'on leur envoie, font des avances sexuelles explicites et se font repousser. Les femmes sont tout aussi désorientées dans cette situation.

« Vous savez, il m'arrive souvent de vouloir un câlin avant de me mettre au lit. Je voudrais juste qu'on s'embrasse et qu'on se caresse gentiment avant de dormir. Gentiment sans plus. Juste pour bien se détendre. Mais chaque fois que je le câline, John a l'impression que je veux faire l'amour. Si bien que maintenant, dès que je me mets au lit, si je ne me sens pas d'humeur, je fais comme si je dormais. J'évite de me coller contre lui parce que alors il va avoir une érection et va vouloir faire l'amour. Pourquoi ne peut-il se contenter de câlins ? Pourquoi la sexualité est-elle si importante pour lui ? »

HÉLÈNE

Le problème pour les hommes vient de ce qu'ils ont été cérébralement programmés pour perpétuer l'espèce. Autrefois, ils devaient être prêts à saisir au vol toutes les occasions de rapports sexuels, même dans des situations de danger. Les enfants mouraient souvent lors de l'accouchement ou en bas âge. La plupart n'atteignaient pas l'âge adulte. Si les femmes avaient été d'accord pour multiplier les rapports sexuels, elles auraient fait courir un risque à leur progéniture par défaut de surveillance ou bien elles auraient été constamment enceintes, deux scénarios risqués pour leur santé et celle de leurs rejetons.

L'homme et la femme de Neandertal n'avaient apparemment pas de problèmes avec la sexualité. Ils devaient trouver le sexe très agréable et ne se disputaient sans doute jamais à ce sujet. Ce n'est que plus tard, quand a surgi l'homme du néolithique, que l'être humain a commencé à faire le rapport entre sexualité et grossesse. Avant que des moyens de contraception bon marché et efficaces aient vu le jour, les hommes devaient s'efforcer de réprimer leurs besoins sexuels ou pratiquer le *coitus interruptus* pour éviter d'être submergés d'enfants.

Les êtres humains n'ont fait que récemment le rapport entre sexualité et grossesse.

3. Comment obtenir des femmes qu'elles fassent plus souvent l'amour ?

Autrefois, quand les hommes voulaient quelque chose, ils le demandaient de façon directe. Quand ils ne voulaient pas quelque chose, ils savaient aussi l'exprimer clairement. Historiquement, les hommes ont toujours été en position d'obtenir aisément ce qu'ils voulaient : il suffisait de demander. Comme c'étaient eux qui détenaient le pouvoir dans la relation, il était acquis pour eux que la femme devait obtempérer.

Conséquence, beaucoup d'hommes croient encore aujourd'hui que c'est leur droit d'exiger des relations sexuelles. Mais aujourd'hui les femmes ne se sentent plus tenues d'obéir et plus un homme demande de rapports sexuels, plus la femme a tendance à se dérober. Elle ne comprend pas pourquoi il n'essaie pas une méthode plus subtile et lui ne réalise même pas qu'il pourrait s'y prendre autrement.

Quatre hommes partent pêcher pour le week-end. Assis depuis une heure sur la rive, l'un d'eux lance aux autres : « Vous ne croirez jamais ce que j'ai dû faire pour avoir la permission de venir pêcher ce week-end. J'ai dû promettre à ma femme que la semaine prochaine je repeindrais toutes les pièces de la maison ! »
Le deuxième homme dit : « Tu t'en tires bien ! Moi, j'ai dû promettre à ma femme que je tondrais la pelouse et que j'installerais une balançoire pour les enfants. »
Le troisième comparse sourit. « Vous êtes de sacrés veinards ! s'exclame-t-il. J'ai dû promettre à ma compagne que je lui installerais une cuisine toute neuve et que je construirais une pergola dans le jardin ! »
Ils continuent à pêcher en silence. Puis ils réalisent que le quatrième homme n'a rien dit. « Hé, Jerry ! fait le premier. Toi, qu'est-ce que tu as dû faire pour pouvoir venir pêcher ? »
Jerry hausse les épaules comme si de rien n'était. « J'ai mis mon réveil à 5 h 30, répond-il. Quand il a sonné, je me suis collé contre ma femme et je lui ai dit : "On fait l'amour ou je vais à la pêche ?" Elle s'est tournée et m'a répondu : "N'oublie pas ton imper !" »

Les femmes d'aujourd'hui veulent être dorlotées, admirées, adorées. Elles font clairement savoir qu'elles n'appartiennent qu'à elles-mêmes. Et si les préliminaires sont importants, ce qui précède les préliminaires est encore plus important.

On a découvert que le stress est le plus important facteur de réduction de la libido féminine parce qu'il génère des émotions négatives et que les émotions féminines sont le terreau de leur désir sexuel. Si une femme est fatiguée, surmenée, anxieuse, ses pulsions sexuelles peuvent chuter à zéro, c'est pourquoi il est important de l'aider à se détendre, de lui faire sentir la reconnaissance et l'amour qu'elle mérite.

La plupart des hommes ne comprennent pas que la stimulation n° 1 pour une femme n'est pas la vision d'un pénis en érection, mais plutôt celle d'un homme en train de cuisiner le dîner, de nourrir ses enfants, de la soulager dans ses tâches quotidiennes.

Ces images déclencheront beaucoup plus sûrement des accès de tendresse chez votre compagne que n'importe quel autre excitant. Pour une femme, en particulier une mère ou une femme qui cherche un emploi, il est difficile de trouver l'énergie et l'envie de sexe, alors qu'elle ne demande qu'une chose, c'est se reposer une fois sa journée finie. Un homme qui assure le ménage, les courses et la cuisine, voilà l'aphrodisiaque dont elle rêve. La plupart des hommes sont stupéfaits d'entendre que la vision d'un homme qui passe l'aspirateur est plus excitante pour une femme qu'un dîner dans un grand restaurant.

Le fantasme n° 1 des hommes est de faire l'amour avec deux femmes en même temps. Le fantasme n° 1 des femmes est presque le même, sauf que dans leur fantasme à elles, l'un des hommes cuisine pendant que l'autre repasse.

Maria Quinn, l'auteure de *Between Clean Sheets*, un livre qui apprend aux hommes comment devenir de parfaits « maîtres de maison », a montré que corvées ménagères et sexualité étaient intimement liées. « Quand une femme a couru toute la journée et que les pressions qu'elle subit sont si fortes, la sexualité finit par devenir une corvée parmi d'autres, souligne-t-elle. Ça devient quelque chose que vous – en tant que femme – faites pour quelqu'un d'autre plutôt que pour vous-même. Avec la fatigue, le ressentiment croît et elles deviennent tendues et irritables à propos de tout et de rien. Beaucoup d'hommes diront alors : "Mais qu'est-ce que j'ai fait de mal ?" Ils ne comprennent vraiment pas. »

Définition des préliminaires
Elle : « Et si tu nettoyais la cuisine pendant que je prends un bain ce soir ? »
Lui : « Tu es réveillée, ma chérie ? »

Quinn explique qu'un homme qui assume sa part de corvées ménagères finira par y trouver son compte car la femme de sa vie se montrera beaucoup plus entreprenante.

Pour désirer un rapport sexuel, les femmes ont besoin de se sentir appréciées, reconnues, aimées voire adorées. Étrangement, un homme qui fait le ménage correspond à cette définition.

4. Pourquoi les femmes ont des orgasmes ?

Seules les femelles humaines atteignent l'orgasme. Pour presque toutes les autres espèces, la sexualité est une affaire de sept à dix secondes qui vise la seule procréation et ne présuppose pas d'« état amoureux ». Les femelles humaines ont une ovulation imperceptible pour leurs partenaires, c'est-à-dire que l'homme ne sait jamais que sa compagne est « en chaleur ». Ce phénomène est sans doute une adaptation imposée par l'évolution pour nouer un lien permanent avec l'homme. Les femmes sont presque toujours disponibles pour des relations sexuelles, qu'elles soient ou non en train d'ovuler, et le rapport sexuel a pour fonction essentielle de renforcer le lien et de pérenniser le couple qui se crée. Des chercheurs ont filmé l'orgasme féminin en insérant une caméra dans le vagin des sujets étudiés (prouesse technique en soi !). Leurs images révèlent que, au moment de l'orgasme, les muscles du vagin se contractent dans un mouvement ascendant et le col de l'utérus se dilate afin d'aspirer les jets de sperme. C'est pourquoi les orgasmes simultanés homme/femme ont une telle importance : les chances de conception sont alors accrues. Du point de vue de la conception, l'orgasme féminin ne devrait intervenir que pendant ou après l'éjaculation de l'homme et non avant.

Les biologistes évolutionnistes considèrent aussi l'orgasme féminin comme une forme de « contrôle de qualité » pour l'espèce humaine. Ils estiment que si une femme sent qu'un homme n'a pas les gènes dont elle a besoin, son corps ne se mettra sans doute pas en « mode orgasme ». Si, en revanche, elle grimpe au rideau avec lui tous les soirs, c'est un signal que lui envoie la nature : en termes évolutionnistes au moins, il possède les gènes nécessaires pour ses enfants.

5. Pourquoi les femmes intelligentes sont souvent ineptes au lit ?

Les études révèlent que le QE (Quotient Émotionnel) d'une femme est en général inversement proportionnel à son QI (Quotient Intellectuel). Cela signifie que plus elle est brillante, plus elle aura tendance à faire des choix erronés sur le plan amoureux. Les femmes qui font de brillantes carrières, on le sait maintenant, divorcent plus que les autres, multiplient les liaisons, et font moins d'enfants.

Plusieurs études publiées par l'*American Journal of Marriage and Family* révèlent un taux de divorce deux fois plus élevé pour les femmes qui réussissent mieux que leur mari sur le plan professionnel. Celles-ci se montrent en effet plus dominatrices et plus exigeantes avec leurs compagnons, lesquels supportent mal d'être professionnellement surclassés par leur compagne. Le Dr Robert Holden, auteur de *Success Intelligence*, affirme que les femmes intelligentes passent trop de temps à disséquer attitudes et motivations dans leurs rapports amoureux, au lieu de se laisser aller à être ouvertes et émotionnellement réceptives avec leur compagnon.

6. Pourquoi les femmes préfèrent les hommes plus âgés ?

Buss a découvert que dans les 37 pays qu'il a étudiés les femmes préfèrent les hommes plus âgés qu'elles. En effet, plus un homme est âgé, plus grandes sont ses chances d'atteindre un statut social élevé et les ressources correspondantes. Ainsi, le revenu moyen d'un Australien en 2008 était à 20 ans de 27 000 dollars, à 30 ans de 44 000 dollars et à 40 ans de 53 000 dollars. Les hommes plus âgés sont aussi plus stables, plus fiables et plus enclins à s'engager sur la durée. Les femmes préfèrent des hommes qui ont entre trois et cinq ans de plus qu'elles, parce qu'un écart d'âge trop important peut signifier un risque de décès assez rapproché et donc un tarissement ou une réduction des ressources. Dans certains pays comme la Chine ou l'Inde, les femmes épousent parfois des hommes plus jeunes mais ça n'arrive en général que quand la femme jouit elle-même d'une grande fortune, ou quand le jeune homme est destiné à recevoir un héritage important, et donc le pouvoir et le statut social qui vont avec. Ces mariages sont en général arrangés.

Les hommes considèrent les femmes comme des objets sexuels. Les femmes considèrent les hommes comme des instruments de réussite.

Il arrive parfois que des femmes mûres aient des aventures avec des hommes beaucoup plus jeunes et ceci pour deux raisons principales : d'abord, elles ont leurs propres ressources et n'ont pas besoin de celles qu'un homme pourrait leur apporter, et, ensuite, dans la mesure où elles ont passé l'âge d'avoir des enfants, un homme plus âgé ne pourrait que faire baisser leur cote de séduction. Une femme riche peut attirer un homme plus jeune en lui offrant des rapports sexuels, un statut social et les relations qu'il convoite. Sans oublier l'argent, bien entendu. Mais ces relations sont presque toujours éphémères. On se souvient ainsi de la relation d'Elizabeth Taylor avec Larry Fortensky, un ouvrier du bâtiment de 39 ans, qu'elle avait épousé à 59 ans.

Les femmes préfèrent les hommes plus intelligents qu'elles et les hommes préfèrent les femmes moins intelligentes qu'eux. On voit assez souvent une femme aux capacités intellectuelles limitées au bras d'un homme brillant mais rares sont les femmes intelligentes qui épousent des imbéciles complets, sauf dans une comédie ou une émission de télé politiquement correcte. Dans la vie réelle ? Regardez autour de vous, vous verrez, c'est très rare.

Un couple marié, la soixantaine, célèbre son 35e anniversaire de mariage dans un petit restaurant romantique. Soudain, une petite fée apparaît sur la table et déclare :
« Vous êtes un exemple magnifique d'une longue vie conjugale harmonieuse et épanouie, et pour vous récompenser vous avez droit chacun à un vœu. »
La femme s'écrie alors : « On a toujours voulu faire une croisière autour du monde ! »
La fée agite sa baguette magique et – pfuittt –

deux billets pour le *Queen Mary II* apparaissent dans sa main.
Le mari réfléchit un moment et se lance : « Je suis désolé, ma chérie, mais une opportunité comme celle-ci ne se représentera plus jamais. Mon vœu est d'avoir une femme qui ait trente ans de moins que moi. »
Sa femme est consternée, mais un vœu est un vœu. La fée agite sa baguette magique et – pfuittt – le mari vieillit en une seconde de trente ans…
Morale de cette histoire : les hommes qui se comportent comme des goujats feraient bien de ne pas oublier que les fées sont des filles.

7. Les femmes veulent qu'on les touche

Afin de pouvoir capter les émotions et sensations de leur bébé, les femmes ont développé 10 000 récepteurs tactiles sur le corps contre seulement 3 000 pour les hommes (voir *Pourquoi les hommes n'écoutent jamais rien et les femmes ne savent pas lire les cartes routières ?*). C'est pour cette raison que les femmes aiment tant qu'on les touche et que la proximité physique est si importante pour elles. Pour la plupart des hommes, cependant, un contact physique signifie que leur compagne veut des relations sexuelles, malentendu qui entraîne toujours d'énormes problèmes. Les femmes ont besoin de contacts et de caresses non sexuelles de toute sorte, qu'on leur tienne la main, qu'on les masse, etc. La plupart des hommes satisfont ces besoins durant la phase de séduction initiale parce qu'ils savent que cette attitude est le préalable obligé aux rapports sexuels, mais la plupart cessent dès que la relation devient permanente.

8. Pourquoi les femmes semblent ailleurs pendant l'amour ?

Les hommes en veulent toujours aux femmes d'être trop préoccupées par le cadre. Selon eux, elles multiplient les objections du genre : la pièce est trop éclairée, trop sombre, trop bruyante, trop silencieuse, les cloisons sont trop minces, quelqu'un risque de nous voir, de nous entendre. Les hommes sont indifférents à ces paramètres : un homme a un cerveau mono-tâche qui se focalise entièrement sur l'accomplissement d'une tâche à la fois et il est virtuellement sourd et aveugle aux stimuli extérieurs.

> « Ma femme rit toujours pendant qu'on fait l'amour, quel que soit le bouquin qu'elle est en train de lire. »
>
> EMO PHILLIPS

Le professeur Gert Holstege, de l'université de Groningue (Pays-Bas), et son équipe ont comparé l'activité cérébrale de 13 femmes hétérosexuelles dans quatre états : au repos, simulant l'orgasme, excitées par des caresses clitoridiennes et sur le point d'avoir un orgasme clitoridien. La stimulation déclenchait une activation du cortex somato-sensitif, mais décroissait dans l'amygdale et l'hippocampe (les aires du cerveau qui commandent la vigilance et l'anxiété). Ce qui confirme que les femmes ne peuvent apprécier les relations sexuelles que si elles sont détendues et sans soucis.

Le cerveau multi-tâches des femmes peut traiter toutes ces données simultanément. Autrefois, il fallait que l'un des deux partenaires soit programmé pour rester en alerte : si un couple en train de copuler se laissait distraire de son environnement, il pouvait devenir une cible pour des prédateurs, et ce sont les femmes qui ont hérité du boulot.

Pour être sûr que sa compagne soit dans de bonnes dispositions, l'homme doit choisir le bon moment, vérifier qu'elle n'est pas stressée, passer de la musique douce pour couvrir les bruits extérieurs et s'assurer que toutes les portes et les accès sont fermés à clé.

9. Comment les femmes perçoivent l'agression sexuelle ?

L'agression sexuelle peut être définie au sens large comme l'assouvissement des besoins sexuels d'une personne avec une autre personne sans l'accord de celle-ci. Le Dr David Buss a recensé 147 actes agressifs liés au sexe et découvert que pour l'immense majorité des femmes l'agression sexuelle était l'acte qui avait les conséquences les plus néfastes pour la relation (93 %). La vision féminine de l'agression va donc complètement à l'encontre des images de rapports sexuels contraints que l'on trouve en abondance sur les sites porno. Si une femme rêve de relations sexuelles, c'est en général avec un bel homme viril qui va accepter de lui consacrer ses ressources et beaucoup plus rarement avec une caricature de macho insultant et brutal. Les hommes redoutent moins l'agression sexuelle (43 %) et certains n'hésitent pas à avouer que l'idée d'agresser physiquement une femme les excite. Buss a aussi découvert que les hommes sous-estiment toujours l'impact dévastateur d'une agression sexuelle sur une femme. Pour eux, le pire des actes qu'une femme peut commettre dans le cadre d'une relation amoureuse c'est l'infidélité, suivie de près par l'agression verbale. Les femmes, quant à elles (73 %), estiment généralement exagérées les réponses masculines à une agression de leur part. Tout ceci signifie que la plupart des femmes auront tendance à rejeter une vigoureuse claque sur les fesses, alors que pour beaucoup d'hommes il n'y a pas lieu de s'offenser de ce qui est avant tout une sorte de compliment. Dans un monde où les femmes croient que les hommes pensent comme elles et où les hommes sont convaincus que les femmes sont parfaitement en phase avec eux, tous les ingrédients d'un désastre relationnel sont réunis !

10. Comment les femmes perçoivent le harcèlement sexuel ?

La plupart des plaintes pour harcèlement sexuel (93 %) sont le fait de femmes et les 7 % restants sont des plaintes d'hommes contre d'autres hommes. Il y a bien quelques plaintes d'hommes visant des femmes mais elles résultent en général de rivalités professionnelles ou commerciales qui virent à l'exaspération. Le harcèlement sexuel n'est alors qu'un alibi.

Si l'on s'en tient aux statistiques, on pourrait penser que presque toutes les entreprises de harcèlement sont le fait d'hommes contre des femmes mais il faut tenir compte de plusieurs biais : les femmes ont tendance à voir du harcèlement sexuel où il n'y en a peut-être pas toujours et, d'autre part, si les hommes qui se plaignent de harcèlement de la part de femmes sont si rares, c'est qu'ils en ont trop rêvé pour le vivre comme un véritable stress ! David Buss a ainsi découvert que sur l'échelle de Richter de l'excitation (de 1 à 7), quand une femme frotte son corps contre un homme, le séisme atteint 6,7 chez ce dernier, alors que quand un homme fait la même chose à une femme, les vibrations plafonnent au mieux à 1,82 chez celle-ci. Ce type de geste est d'ailleurs, la plupart du temps, mal vécu par les femmes.

Trois plaintes sur quatre émanent de femmes âgées de 20 à 35 ans, ce qui prouve si besoin était que le facteur clé de l'attraction est bien la fertilité féminine. Les femmes plus âgées forment une petite minorité de plaignantes.

La plupart des femmes sont offensées d'être sexuellement harcelées par des hommes.
La plupart des hommes sont flattés d'être sexuellement harcelés par des femmes.

Barbara Gutek, professeure de psychologie à la Claremont Graduate School (Californie), a mené une enquête sur la sexualité dans les entreprises. Ses enquêteurs ont demandé aux personnes interrogées comment elles réagissent quand un collègue leur propose des relations sexuelles. Elle a découvert que 55 % des femmes avaient été harcelées sexuellement au cours des cinq dernières années, alors que seuls 9 % des hommes avaient été l'objet d'avances insistantes de la part de femmes au cours de leur vie professionnelle, ce dont aucun ne s'était jamais plaint. Elle a aussi révélé que 63 % des femmes se sentaient insultées par une demande explicitement sexuelle contre 15 % des hommes et que 67 % des hommes se sentaient flattés par une telle requête contre 17 % des femmes.

David Buss a demandé à un échantillon représentatif de femmes de noter leur degré d'agacement en fonction du statut social de l'homme qui leur fait des avances. Or ce sont les avances d'éboueurs et d'ouvriers du bâtiment qui offensent le plus les femmes interrogées (60 % d'entre elles), et plus le statut professionnel et la richesse de leur harceleur augmentent, moins elles se sentent humiliées. Les avances des rock stars ou des P-DG sont accueillies avec indulgence, ce qui révèle à quel point le potentiel financier d'un homme pèse lourd dans la décision d'avoir des relations sexuelles avec lui.

11. Pourquoi les femmes fantasment sur les durs à cuire ?

Pour la plupart des femmes, l'attraction envers le type « mâle agressif » survient généralement en période d'ovulation. Elles veulent un mâle viril type Harrison Ford ou Russel Crowe, parce que les durs à cuire, les agressifs, ont un potentiel de survie supérieur aux autres. Et un capital génétique particulièrement enviable, donc. Comme nous l'avons dit dans *Pourquoi les hommes mentent et pourquoi les femmes pleurent ?*, les mâles dominants et imbibés de testostérone ont toujours supplanté les types timides et doux, d'où la fascination qu'ils exercent sur les femmes qui ovulent. Le reste du temps elles sont heureuses en ménage avec des garçons plus tranquilles et peut-être plus fiables à long terme, du genre Hugh Grant.

Alors qu'une femme recherche consciencieusement

un homme qui pourra l'entretenir et s'engager à long terme, elle doit aussi impérativement trouver de bons gènes. Or, ces deux paramètres ne sont pas toujours réunis chez le même homme. Cette donnée est mise en évidence par les tests ADN actuels qui révèlent qu'environ 10 % des bébés nés de couples mariés ne sont pas les enfants du père officiel. Cette recherche du capital génétique idéal n'est sans doute pas nouvelle mais les tests ADN en ont révélé l'étendue et, en période de stress élevé, ce phénomène est amplifié parce qu'en situation de danger de mort l'être humain doit coûte que coûte transmettre ses gènes. Les archives des hôpitaux britanniques révèlent que durant la Seconde Guerre mondiale un enfant sur six né en Grande-Bretagne n'était pas le fils de son père. La combinaison du stress en temps de guerre et la multitude de jeunes soldats américains de passage dans le pays ont amplifié ce phénomène.

12. Pourquoi tant de femmes préfèrent le chocolat au sexe ?

Pour les hommes, le chocolat n'est qu'une friandise parmi d'autres et il n'entraîne aucune dépendance comme c'est le cas pour tant de femmes. Les femmes qui ont de bas niveaux de sérotonine sont les plus accros des obsédées du chocolat parce que la phényléthylamine (PEA), une substance chimique euphorisante contenue dans le chocolat, augmente la sensation de bien-être. Les femmes mangent plus de chocolat pendant leurs règles que le reste du mois et le chocolat est un excellent produit de substitution pour les héroïnomanes qui veulent se désintoxiquer. Les ingrédients qui entrent dans la composition du chocolat se fixent sur les récepteurs cannabiques du cerveau féminin, ce qui veut dire que quand une femme croque dans une tablette, elle combine deux sensations agréables : l'état amoureux et l'euphorie cannabique.

Les 10 raisons secrètes pour lesquelles les femmes préfèrent le chocolat au sexe

1. Le chocolat reste délicieux même quand il ramollit.
2. Avec le chocolat, la taille ne compte pas.
3. Avec le chocolat, il n'y a aucune raison de simuler le plaisir.
4. On peut manger du chocolat à n'importe quel moment du mois.
5. Le mot « engagement » ne fait pas peur au chocolat.
6. On peut manger du chocolat en conduisant, sans risque.
7. On peut manger du chocolat n'importe où, même devant sa mère.
8. Vous pouvez avoir du chocolat sur votre bureau sans que votre patron s'en offusque.
9. Avaler une tablette de chocolat le soir au lit ne constitue pas une nuisance pour le voisinage.
10. Après le crime vous ne ruminez pas pendant des heures sur l'acte et ses conséquences (sauf si la balance proteste).

En résumé

Comme vous l'avez sans doute compris à présent, les femmes peuvent être très excitées par le sexe mais pour des raisons complètement différentes de celles des hommes. Elles veulent se sentir différentes, reconnues, écoutées, respectées, impliquées dans les décisions. Pour les hommes qui nous lisent, un conseil : traitez les femmes comme des êtres différents de vous dans leur perception de l'amour et de la sexualité, respectez cette différence, vous découvrirez un nouveau monde de réactions sexuelles que vous n'auriez jamais imaginé.

CE QU'IL FAUT RETENIR

- Comprendre qu'hommes et femmes ont des besoins et des motivations sexuelles différentes est la clé d'une vie sexuelle réussie et d'une relation heureuse.
- L'évolution a donné aux femmes des besoins sexuels moindres que ceux des hommes parce qu'elles avaient besoin de longues périodes d'abstinence pour procréer et prendre soin de leurs enfants.
- Les femmes ont besoin de stimulations émotionnelles. Si un homme veut que sa partenaire prenne plus souvent l'initiative en matière de sexe, il doit se montrer aimant, tendre, et la soulager dans ses tâches ménagères. Une femme sous pression place le sexe en dernière position dans ses priorités.
- Les femmes *veulent* des rapports sexuels et plus souvent qu'elles ne sont prêtes à l'admettre.

CHAPITRE 10

13 tactiques pour améliorer votre cote de séduction

8 atouts gagnants pour les hommes

Tout au long de ce livre, nous avons défini les motivations premières des hommes et des femmes dans leur relation au sexe et à l'amour. En nous basant sur les résultats des études des psychologues évolutionnistes sur la séduction masculine (20 000 femmes interrogées), voici quelques-uns des comportements les plus efficaces pour faire grimper la cote de séduction de l'homme auprès des femmes.

1. Montrer qu'il s'engage pour de bon

Montrer à une femme qu'on s'engage est un argument de séduction imparable parce que vous lui signifiez que vous allez partager vos ressources avec elle pendant longtemps. Les principaux signaux d'après lesquels une femme juge de l'engagement d'un homme sont les suivants :

a. Il se montre concerné par ses problèmes

Son engagement restera valable dans les moments difficiles et il sera capable d'offrir un véritable soutien émotionnel.

b. Il lui fait une cour digne de ce nom

Il la sort, lui offre des fleurs, lui téléphone, lui envoie lettres et mails, bref lui montre qu'il pense à elle comme à une compagne à long terme et pas seulement une aventure sans lendemain. Les études ont montré que plus un homme s'obstine dans la cour qu'il fait à une femme, plus il a de chances de l'épouser. Toutefois, la condition pour que cette entreprise de séduction réussisse, c'est évidemment que l'élue de son cœur montre d'emblée un certain intérêt pour son soupirant. Sans quoi l'omniprésence de ce dernier risque d'être perçue comme de l'acharnement, voire du harcèlement.

2. Afficher sa confiance en soi

Barkow (1989) a découvert que le niveau de confiance en soi d'un homme est directement fonction de son revenu et par conséquent de ses ressources. Ce constat corrobore les enquêtes qui révèlent que plus les hommes ont des revenus élevés, plus ils abordent volontiers des femmes séduisantes dans la rue ou dans un bar. Simuler l'assurance est aussi l'une des tactiques qu'utilisent les hommes pour attirer des femmes mais celles-ci sont pour la plupart assez adroites à déceler les imposteurs. Un homme devrait se fixer des objectifs clairs pour améliorer ses compétences et accroître ses revenus : cela aura pour effet de faire monter son taux de testostérone et donc de renforcer sa confiance. Il doit aussi multiplier ses centres d'intérêt, cultiver une bonne forme physique et montrer qu'il est ambitieux.

3. Montrer de la gentillesse

L'homme qui montre de la compassion à une femme, est sensible à ses besoins et lui rend volontiers service lui signifie ainsi qu'il sera durablement présent à ses côtés et qu'il partagera ses ressources avec elle. La plupart des hommes qui ne songent qu'à obtenir illico les faveurs sexuelles d'une femme comprennent d'ailleurs cette attente et simulent la gentillesse en se montrant polis, attentionnés et pleins d'une empathie qu'ils n'éprouvent pas vraiment. Les petits malins qui surjouent la galanterie avec leurs nouvelles conquêtes ne sont souvent que d'habiles bluffeurs à la recherche d'une aventure.

En épluchant divers magazines féminins nous avons rassemblé les résultats de 13 enquêtes qui demandaient aux femmes d'énumérer les qualités qu'elles trouvaient attirantes chez un homme.

Voici les cinq réponses qui viennent en tête dans tous les sondages :

a. Montrer empathie et compréhension.
b. Savoir écouter.
c. Se montrer avenant et courtois.
d. Être attentionné, affectueux.
e. Être serviable.

Citons tout de même les tactiques de contournement auxquelles recourent les dragueurs en quête de liaisons brèves : ce type d'hommes va simuler les qualités que les femmes recherchent chez un candidat au mariage. Seuls les hommes se comportent ainsi, les stratagèmes de séduction féminins sont très différents.

4. Exhiber ses aptitudes physiques

Beaucoup de femmes comprennent que pour attirer un homme il suffit de lui donner le sentiment qu'il est fort en simulant une faiblesse physique qui interdit de porter une valise lourde, d'ouvrir un pot de confiture ou de tuer une guêpe. Quand elles décrivent les hommes qui les attirent, 92 % des femmes affirment aimer les hommes au torse et aux bras musclés, en d'autres termes au physique de chasseur. Au XXIe siècle, les clubs de gym sont remplis d'hommes qui s'échinent, soufflent et suent pour avoir des corps de guerriers chasseurs redoutables. Un corps d'homme très musclé, aux abdos parfaitement sculptés, ne présente plus de nos jours d'utilité sociale réelle, mais les femmes admirent ce type d'hommes et ces derniers le savent.

Pour attirer les femmes, ils exhiberont instinctivement leur talent de chasseur dans les activités sportives, et toutes les tâches physiques qui leur incombent à la maison, surtout porter de lourdes charges. Les enquêtes ont montré que les athlètes séduisaient deux fois plus de femmes que les réfractaires au sport. Si donc vous êtes un homme, inscrivez-vous à un club de gym ou démarrez dès aujourd'hui un programme d'exercices, bref, soyez en forme et soyez fort ! Comme nous l'avons dit, les rondouillards ne séduisent des jolies femmes que dans les films, pas dans la vie réelle. Plus vous serez en bonne forme physique, plus votre estime et votre confiance en vous augmenteront et plus vous rencontrerez de partenaires intéressantes.

5. La tenue traduit le statut social

Les anthropologues John Townsend et Gary Levy, de l'université de Syracuse, ont démontré l'impact des vêtements de prix comme signaux attractifs pour les femmes. Ils ont montré à des femmes des photos d'hommes élégamment vêtus : costumes trois-pièces, chaussures anglaises, chemises blanches avec cravates de stylistes et montres Rolex. Ils leur ont ensuite demandé de noter le niveau de séduction de ces hommes, et de désigner ceux avec qui elles seraient d'accord pour prendre un café, aller au cinéma – voire plus si affinités, ou encore envisager une relation à long terme. On a aussi montré à ces femmes des photos des mêmes hommes vêtus de T-shirts, jeans et baskets, en serveurs de fast-food. Autant les réponses étaient favorables quand ils étaient habillés en cadres supérieurs, autant elles étaient négatives quand ils se muaient en modestes employés de restaurant. Cette étude a été menée dans d'autres pays avec les mêmes résultats. Conclusion, c'est le costaud qui a un corps de chasseur, a accumulé des richesses et dont la tenue traduit le statut social, qui collectionnera le plus de femmes.

Hill, Nocks et Gardner ont eux aussi étudié l'importance relative de la beauté physique et de l'élégance vestimentaire des hommes et des femmes dans la séduction qu'ils exercent. Ils ont interrogé un échantillon représentatif de 81 étudiantes et de 61 étudiants. Ils leur ont montré des images sur lesquelles ils modifiaient certaines variables vestimentaires ou physiques traduisant autant de différences de niveau social, et leur ont demandé de les noter. Leurs résultats concordent avec les précédentes constatations : la séduction est indéniablement fonction du statut social, surtout quand l'aspect physique est masqué. La perfection physique d'un corps masculin jouera en faveur d'un partenaire à court terme mais le desservira dans une optique de relation au long cours.

Les hommes ont du mal à jeter leurs vieux vêtements. Ils gardent leurs sous-vêtements ou leurs pulls délavés et avachis qui devraient être à la poubelle depuis longtemps. Les femmes ont, elles, un test simple pour savoir quoi garder et quoi jeter : vous n'avez pas porté un vêtement ou des chaussures depuis un an ? Jetez-le sans remords, surtout si c'est une culotte. Les hommes seraient bien inspirés de demander à leurs compagnes – voire à leurs sœurs ou à leurs mères – leur avis sur leur garde-robe et de les laisser jeter sans pitié toutes les fripes devenues immettables.

Quelle différence y a-t-il entre un homme qui traverse la crise du « démon de midi » et un clown ? Le clown sait qu'il porte des vêtements ridicules.

6. Se montrer prévenant

Les psychologues évolutionnistes La Cerra, Cosmides et Tooby ont montré à un échantillon représentatif de femmes des photos d'un homme dans trois attitudes différentes :

a. Seul.
b. Dans une relation tendre avec un bébé.
c. Ignorant un bébé qui réclame de l'attention.

Les femmes interrogées ont attribué la plus haute note à l'homme qui témoignait de la tendresse à l'enfant et la plus mauvaise à celui qui s'en désintéressait. Quand on a montré à des hommes des photos de femmes dans les mêmes situations, cela n'a rien changé dans l'attirance qu'ils éprouvaient à leur égard. On a ensuite montré aux mêmes femmes des photos où un chiot remplaçait le bébé. Leurs réactions ont été les mêmes. Quant aux hommes, ils étaient toujours aussi attirés par les femmes sur ces images mais certains ont remarqué que, même si elles étaient séduisantes, elles ne devaient pas se montrer indifférentes à la détresse du chiot.

À celle du bébé peut-être mais jamais à celle du chiot.

La conclusion qui s'impose pour les hommes est claire : consacrer de l'attention et de l'affection aux enfants d'une femme, ou à ses animaux domestiques, est très payant en termes de séduction.

7. Être honnête

Être honnête est la meilleure des tactiques que peut employer un homme pour s'attacher une partenaire à long terme. Simuler l'honnêteté pour avoir des relations sexuelles sans lendemain peut aussi marcher. En tout cas, un homme qui veut impressionner une partenaire potentielle à long terme ne doit pas exagérer ses ressources ni son statut social. Lui dire qu'il dirige une chaîne de pizzerias s'il n'est qu'un simple livreur est un mauvais calcul qu'il paiera tôt ou tard au prix fort. Par contre, lui dire qu'il commence en bas de l'échelle avec la ferme intention d'arriver un jour au sommet fera peut-être mouche. Être honnête ne signifie pas s'interdire de mentir dans certaines situations : si votre compagne vous demande « Tu trouves que j'ai un gros derrière ? » et que vous soyez honnête, vous pouvez être tenté de répondre par l'affirmative. Mais ce n'est pas la bonne réponse. Il faut simplement lui faire comprendre que vous l'aimez et l'admirez exactement telle qu'elle est. C'est sûr, si elle perdait un peu de poids, elle se sentirait sans doute mieux, mais vous n'avez rien contre ses formes, au contraire.

Elle : « Cette robe me fait des grosses fesses, hein mon chéri ? »
Lui : « Non, cette robe est trop étriquée pour mettre en valeur tes formes sculpturales comme elles le méritent. »

8. Les témoignages d'amour

Tout acte qui traduit l'amour que vous portez à votre compagne est interprété par celle-ci comme un signe d'engagement. Dites-lui régulièrement « Je t'aime », offrez-lui des fleurs, des petits cadeaux improvisés, montrez-vous aimant avec elle en public. Peu importe le prix du cadeau que vous allez lui faire, seule compte l'intention qui la touchera. Les hommes ont tendance à privilégier les gestes spectaculaires, invitation dans un restaurant onéreux, bouquet de fleurs énorme… mais ce qui fera grimper votre cote à long terme, ce sont ces multiples attentions que vous aurez dédiées à votre compagne. Ainsi, quand vous la soulagez en assumant une part des tâches ménagères, en lavant la vaisselle ou en vous occupant des enfants, ce qui lui laisse le temps d'aller chez le coiffeur ou l'esthéticienne, votre cote grimpe en flèche. Les efforts que vous déployez alors sont plus importants que les cadeaux plus ou moins onéreux que vous pouvez lui faire.

Un petit mot lui disant à quel point vous l'aimez vaut mieux qu'un cadeau de cent euros.

Comment supplanter votre rival

Un homme qui veut faire chuter la cote d'un rival obtiendra des résultats s'il insinue que ce dernier n'a pas d'ambition, pas de motivation, qu'il est fauché ou qu'il serait incapable de diriger une équipe. Autrement dit, il doit s'attaquer à la capacité de son ennemi d'acquérir du pouvoir ou des ressources. Il peut aussi rabaisser la séduction d'un rival en déclarant ou en sous-entendant que c'est un coureur et qu'il est incapable de fidélité, ce qui signifie qu'il dépensera à tort et à travers au lieu de partager ses ressources avec sa compagne. Ou que le rival en question a une petite amie ailleurs, peut-être même des enfants, ce qui signifie qu'*elle* devra partager ses ressources avec *une autre famille*. Il doit éviter de critiquer l'autre homme sur sa beauté physique ou sa calvitie parce que, pour une femme, ces critères sont très secondaires. Les hommes ont tendance à en rajouter sur les critères importants pour les femmes. Pour améliorer leur cote de séduction, ils mentent sur leur travail, leur salaire, leur niveau professionnel et leur engagement.

5 atouts gagnants pour les femmes

Voici, d'après les nombreuses enquêtes que nous avons passées en revue, quelques-uns des comportements féminins les plus efficaces pour faire grimper leur cote auprès des hommes.

1. Soigner et améliorer sans cesse son apparence

En compilant les magazines féminins de 24 pays nous avons découvert qu'ils reprenaient continuellement les mêmes thèmes. Voici, classés par ordre d'importance, les sujets fétiches des magazines féminins :

a. Comment améliorer votre apparence.
b. Comment lui donner plus de plaisir au lit.
c. Les amours, l'apparence physique et la santé des stars.
d. L'alimentation, qu'il s'agisse de recettes culinaires ou de régime.
e. Tests et jeux pour tester la compatibilité sentimentale et sexuelle avec les hommes.

On montre aux femmes comment améliorer leur look pour être plus séduisantes et dénicher les compagnons les plus désirables, mais, ironie du monde actuel, on leur donne aussi des conseils culinaires qui ont pour effet de les faire grossir…

Comparons maintenant ces articles avec les couvertures des magazines masculins. Qu'y trouve-t-on ?

a. Comment se forger des muscles d'acier.
b. Comment améliorer sa virilité.
c. Comment séduire un maximum de femmes.
d. Des articles liés à la spatialisation et à la testostérone : informatique, chasse, pêche, sports, voitures et carrière.

C'est parce que les hommes accordent tant d'importance à la beauté féminine que les femmes déploient une telle énergie pour paraître au top de leur fertilité en soulignant leur jeunesse, leur santé, et leurs atouts physiques. Les femmes passent trois fois plus de temps que les hommes à entretenir leur apparence physique et dépensent quinze fois plus en produits de beauté. Celles qui renoncent à cette lutte de chaque instant perdent leur compétitivité sur le marché de la séduction. Ce n'est pas vrai pour les hommes. Certes ceux-ci utilisent à présent des cosmétiques mais il s'agit pour l'essentiel d'after-shave, de crèmes hydratantes et de produits capillaires. Consacrer trop de temps à leur apparence les fera classer comme narcissiques ou métrosexuels limite gays, ce qui est plutôt refroidissant pour ces dames.

Les femmes utilisent toute une gamme de leurres visuels pour attirer les hommes. Les hauts talons, par exemple, pour étirer leurs jambes (fertilité accrue), des ongles artificiels pour faire paraître leurs doigts plus longs, des implants mammaires pour paraître plus jeunes, des vêtements sombres ou des rayures verticales pour paraître plus minces, des teintures capillaires, des opérations de chirurgie esthétique, des rembourrages pour accentuer leurs formes, etc. Au XIXe siècle, certains de ces artifices étaient interdits par la loi et les femmes qui y avaient recours pour séduire pouvaient être arrêtées et emprisonnées. Ces stratagèmes réussissent parce qu'ils répondent à une programmation cérébrale spécifique de l'homme. Les femmes se passeraient bien de tous ces artifices, mais elles savent que les hommes réagiront positivement à ces signaux.

La chirurgie esthétique et l'industrie des cosmétiques ciblent ce besoin féminin d'optimiser son apparence et d'avoir l'air jeune et en bonne santé. Les poudres et les fonds de teint égalisent le grain de la peau, masquant d'éventuels signes de mauvaise santé, un lifting du visage efface les signes de fertilité défaillante. Les injections de collagène agrandissent les lèvres et le rouge donne l'illusion d'un afflux sanguin, ce qui signale la réceptivité sexuelle de la femme. Le mascara agrandit les yeux et donne un magnétisme érotique à son regard, les shampooings et les soins capillaires ou encore les joues roses indiquent qu'elle est en excellente santé. C'est parce que les hommes sont attirés par des poitrines jeunes et projetées vers l'avant que les femmes utilisent des soutiens-gorge pigeonnants ou se font grossir les seins. Celles qui ont recours à ces expédients prétendent que c'est pour se sentir « mieux dans leur peau ». Elles se sentent mieux dans leur peau parce que les hommes sont plus attirés par elles. Les couvertures des magazines féminins montrent des jeunes femmes qui correspondent exactement à ce profil alors que les magazines masculins montrent aussi des jeunes femmes mais dans des attitudes et avec une gestuelle qui soulignent leur disponibilité sexuelle. Quand on présente des hommes en couverture de magazines pour hommes, c'est toujours pour montrer comment un homme peut remodeler son corps pour lui donner l'apparence d'un chasseur capable de se mesurer avec un buffle ou un ours.

2. Être d'une fidélité à toute épreuve

Le Dr Buss a identifié 130 tactiques de séduction utilisées dans 22 pays différents. Voici les trois arguments de séduction les plus efficaces pour s'attacher un homme :

a. Être fidèle.
b. Ne pas flirter avec d'autres hommes.
c. Être dévouée.

Ces qualités sont classées prioritaires par la plupart des hommes car elles leur donnent des garanties que les enfants de leur femme seront très probablement les leurs. Nos ancêtres n'avaient aucun moyen de savoir si leurs enfants étaient vraiment les leurs, mais comme ils étaient polygames, ils étaient assurés de voir leur lignée se prolonger après eux. Les qualités ci-dessus sont plus importantes au XXIe siècle que sous la préhistoire parce que les femmes d'aujourd'hui refusent toute forme de polygamie, au moins en Occident, si bien qu'une seule femme doit porter la descendance d'un homme et transmettre son capital génétique. Il a donc besoin de solides garanties sur sa paternité. (Rappelez-vous : en Grande-Bretagne, un enfant sur dix d'un couple marié ne porte pas les gènes de son père !) C'est pourquoi insinuer qu'une autre femme sera incapable d'être fidèle à un homme est sans doute une des meilleures stratégies de dénigrement qu'une femme puisse utiliser contre une rivale. Seul défaut de cette méthode, elle ne fonctionne qu'avec un homme qui cherche une compagne à long terme. Si on se réfère à la liste des qualités féminines que recherchent les hommes pour une aventure sans lendemain, savoir qu'une femme est infidèle ou qu'elle couche à droite et à gauche sera plutôt un atout pour elle.

L'aversion des hommes pour les femmes infidèles comme partenaires à long terme a donné naissance à des dizaines de mots et d'expressions péjoratifs pour qualifier ce comportement féminin. En revanche le même comportement chez les hommes appelle plutôt des termes qui expriment la fierté et l'envie, bref, des expressions et des qualificatifs élogieux.

Parmi les termes qu'on utilise pour qualifier une femme qui a des rapports sexuels avec des partenaires multiples on peut citer : pute, salope, traînée, pouffiasse, pétasse, nympho, garce, morue, roulure, etc. La plupart de ces termes sont péjoratifs.

Voici maintenant un échantillon des qualificatifs qu'on applique aux hommes qui multiplient les conquêtes : casanova, don juan, bourreau des cœurs, playboy, étalon, tombeur, homme à femmes, etc. La plupart de ces termes sont directement ou indirectement élogieux.

Mesdames, voici les trois meilleurs moyens de mettre en valeur votre profonde, votre inébranlable fidélité :

a. Ne parlez pas des hommes que vous avez connus avant votre compagnon actuel.
b. Évitez toute attitude ambiguë avec d'autres hommes.
c. N'acceptez pas de faire l'amour trop vite. C'est-à-dire pas avant qu'il ait montré qu'il est disposé à vous consacrer ses ressources et son temps.

3. Jouer la farouche

Un air timide, candide, voire un peu niais, vous attirera immédiatement les faveurs de nombreux hommes à la recherche d'une partenaire à long terme.

L'expression timide et réservée est efficace parce qu'elle indique à un homme que la femme qu'il cible sera peut-être difficile à conquérir et c'est un indicateur de fidélité. Si une femme « couche facilement », au contraire, un homme suppose qu'elle sera tout aussi accueillante pour d'autres hommes, ce qui compromet ses chances d'être à coup sûr le père de ses rejetons.

Jouer les farouches est donc une excellente stratégie car elle fait vibrer deux cordes sensibles chez les hommes : elle sera fidèle et je serai bien le père de ses enfants.

« Suis-je le premier homme à avoir fait l'amour avec toi ? » demanda-t-il.
« Ça se pourrait, tu me rappelles un type que j'ai bien connu. »

Un peu partout dans le monde, les gens sont très curieux de la réputation sexuelle d'autrui, raison pour laquelle tant de magazines « people » prospèrent sur ces rumeurs et commérages : qui couche avec qui, pourquoi, quand, qui est le père ?

Pour les hommes à la recherche d'une partenaire sexuelle occasionnelle, toutefois, une trop grande réserve est nuisible car elle signifie que la « cible » va demander des efforts ou des dépenses démesurées par rapport à l'intérêt qu'elle présente. Une femme qui refuse des rapports sexuels fait grimper sa cote de séduction parce qu'elle force un homme à la considérer comme une partenaire potentielle à long terme.

Accepter des relations sexuelles trop vite avec un homme vous classera dans la catégorie des aventures d'un soir.

4. Éviter décolletés et minijupes

Nocks, Hill et Gardner ont montré une série d'images du sexe opposé comportant plus ou moins de chair exposée. Plus une femme dévoilait son corps, plus les hommes la considéraient avec intérêt comme partenaire éventuelle d'un soir, mais moins ils envisageaient une relation longue avec elle. Plus la tenue d'une femme était moulante et plus elle montrait ses formes, plus elle se classait en tête de liste des partenaires d'un soir et en fin de liste comme candidates au mariage. Plus une femme était déshabillée, plus les hommes en gardaient un souvenir précis.

Les femmes jugeaient de leur côté les hommes plus dévêtus et en tenue moulante acceptables comme partenaires à court terme et ceux dont la tenue était moins révélatrice comme des partenaires à long terme plus plausibles. Dans les conversations entre les deux sexes, les enquêteurs ont noté que plus une femme était légèrement vêtue, moins les hommes qui lui avaient parlé se souvenaient précisément des propos qu'elle avait tenus.

La leçon à retenir c'est que plus vous cachez votre peau, mesdames, surtout à proximité des zones érogènes, plus il y a de chances que vous soyez perçues comme une partenaire potentielle à long terme.

5. Jouer l'idiote dépassée ou soumise

Buss a découvert que ces trois tactiques fonctionnent plutôt bien pour attirer des partenaires d'un soir (48 % d'efficacité) mais nettement moins pour capter des partenaires à long terme (23 % d'efficacité). La clé de ces tactiques c'est qu'un homme qui vise une aventure sans lendemain sera sans doute moins susceptible d'être repoussé par une femme qui jouera l'idiote dépassée ou soumise, il la manipulera plus facilement. C'est ce qui explique le stéréotype un peu usé de la « blonde idiote ».

Comment les femmes jugent les candidats ?

Si une femme veut dénigrer une rivale, elle doit viser sa santé et sa beauté. Elle a des faux seins, dira-t-elle, s'est fait faire un lifting, a transmis une maladie vénérienne à quelqu'un qu'elle connaît ou couche avec le premier venu. Ces arguments ont de bonnes chances de faire mouche parce que les hommes, encore une fois, sont programmés pour rechercher avant tout la santé, la jeunesse et la fidélité. Ne dites pas que votre rivale a un boulot minable et qu'elle n'est même pas propriétaire de sa maison, il s'en fiche royalement. Quand elles « trichent », les femmes mentent aux hommes sur leur âge (jeunesse), sur le nombre d'amants qu'elles ont eus (fidélité) et sur leur santé (cosmétiques, hauts talons, chirurgie esthétique, etc.).

C'est parce que la beauté des femmes est si importante pour les hommes que celles-ci déploient tant d'efforts pour améliorer leur look, mais n'hésitent jamais à rabaisser l'apparence physique de leurs rivales. Elles les dénigrent en disant qu'elles sont grosses, affreuses, informes, absolument pas sexy : « Tu l'as vue sans maquillage ? Tout est faux chez elle, des paupières aux fesses en passant par les lèvres et les seins. » Vous n'entendrez jamais une femme dire qu'une rivale n'a pas d'ambition ou que sa voiture est pourrie. Critiques d'hommes visant d'autres hommes. Critiquer la fidélité amoureuse d'une femme n'aura d'impact que sur un homme qui recherche une partenaire à long terme. Si vous traitez une femme de « pute », elle devient encore plus excitante pour un homme qui recherche un rapport sexuel sans lendemain.

Pour être heureuse avec un homme, vous devez le comprendre beaucoup et l'aimer un peu.
Pour être heureux avec une femme, vous devez l'aimer beaucoup et ne pas essayer de la comprendre du tout.

CE QU'IL FAUT RETENIR

- Il est possible d'améliorer votre cote de séduction avec le sexe opposé.
- Les hommes devraient se montrer empathiques et réconfortants avec la femme de leur vie. Montrez-lui concrètement que vous pensez à elle : de petits témoignages d'affection la toucheront beaucoup plus que des cadeaux spectaculaires et onéreux.
- Afin d'améliorer leur cote de séduction, les femmes doivent souligner leur fidélité, éviter de montrer trop de chair et se concentrer sur leur apparence physique.
- Les hommes comme les femmes critiquent activement leurs rivaux pour faire baisser leur cote de séduction. Les hommes critiqueront les ressources des autres hommes ou leur capacité à les acquérir et les femmes attaqueront leurs rivales sur l'apparence physique.

CHAPITRE 11

Un avenir radieux à deux ?

Quel que soit notre âge, quand nous sommes amoureux, nous retombons en adolescence. La femme d'aujourd'hui veut le grand frisson, l'amour, l'aventure, une sexualité torride, tout en restant une personne libre, indépendante. Son rêve est de trouver l'homme qui lui donnera tout ça. L'homme d'aujourd'hui veut ce que les hommes ont toujours recherché : être admiré, respecté, compris et que sa partenaire lui soit fidèle. Et s'il n'était pas nécessaire financièrement qu'elle travaille, il s'y opposerait.

Les féministes nous expliquent en général que les hommes ont pris le pouvoir depuis la nuit des temps et qu'ils ont soumis les femmes en les réduisant au rôle de procréatrices, les empêchant par là même d'obtenir pouvoir et richesses.

Quand on se penche sur l'histoire de l'humanité, cet argument ne manque pas de pertinence, du moins à première vue. Mais quand on y regarde de plus près et qu'on s'interroge sur le fonctionnement global de l'espèce, une importante question se pose : pourquoi les hommes se sont-ils donc fixé comme objectif d'accumuler des richesses, un statut social et du pouvoir ? La réponse est que la Nature a donné aux femmes le rôle de mères et qu'elles voulaient des compagnons qui aient les ressources requises pour nourrir et protéger leurs enfants. À un niveau subconscient, la plupart des hommes le savent, raison pour laquelle ils passent leur vie à rechercher le standing social et les richesses qui satisferont les attentes féminines. Sinon, pourquoi les hommes du monde entier s'acharneraient et se ruineraient la santé dans la compétition qui les oppose les uns aux autres, tout ça pour décrocher des postes plus élevés, un pouvoir accru, des salaires toujours plus hauts ? Ils le font parce qu'ils savent que s'ils surclassent leurs congénères dans la course au statut et aux richesses, ils attireront des partenaires de meilleure qualité. Si les hommes n'étaient pas contraints de s'accoupler avec des femmes pour se reproduire, la compétition sociale perdrait beaucoup de son sens. Les hommes choisiraient une vie moins stressante, iraient pêcher, boiraient des bières, zapperaient frénétiquement devant la télé, etc.

Les femmes d'aujourd'hui continuent à rechercher des hommes riches ou qui ont le potentiel d'acquérir ces richesses. Elles rejettent ceux qui n'ont pas de ressources ou qui ne montrent pas d'ambition à cet égard. On voit de plus en plus de couples où la femme perçoit un revenu élevé tandis que l'homme mène une vie plutôt décontractée à la maison, mais ils restent encore très minoritaires.

Les hommes mariés gagnent mieux leur vie que les hommes célibataires du même âge.

Pour certaines féministes, le principal objectif des hommes est d'opprimer les femmes. En réalité, les hommes rivalisent pour trouver les femmes les plus désirables et ce sont les critères féminins qu'ils utilisent dans la course à la réussite et aux richesses. Non seulement les hommes meurent sept ans plus tôt que les femmes du fait de ce marathon, mais n'oublions pas que la plupart des meurtres sont le fait d'hommes qui tuent des rivaux en amour.

Imaginons un instant la situation dans laquelle les hommes se mettraient à imiter les femmes et leur besoin de lien social qui s'exprime par la parole. Imaginez un homme disant : « Tu parles avec tes copines des heures au téléphone, tu ne m'aimes donc plus ? Tu me trouves trop inintéressant pour avoir un échange avec moi ? » Ou encore : « Tu ne m'emmènes jamais faire des courses, tu y vas toujours avec Joséphine. Je ne suis qu'un objet sexuel ! »

Hélas, les hommes sont critiqués pour leurs besoins naturels alors que les femmes sont encensées pour leurs capacités de « merveilleuses communicantes ». S'il y avait une justice en ce bas monde, on devrait féliciter les hommes d'être de « merveilleux procréateurs ».

Vous ne serez pas étonné d'apprendre que 76 % des hommes nient avoir des pensées sexuelles au sujet d'une femme, parce qu'ils redoutent les critiques féminines, l'accusation de harcèlement ou encore parce qu'ils sont « politiquement corrects ».

Les couples mariés sont désormais minoritaires

Le mariage est-il mort ? Si vous êtes marié, vous appartenez désormais à une minorité. Les couples mariés, dont le nombre ne cesse de décliner en Occident, sont devenus minoritaires aux États-Unis en 2006. Les statistiques américaines de cette année-là font apparaître que 49,7 % des couples américains sont mariés, avec ou sans enfants, contre 52 % à peine cinq ans plus tôt. La proportion des couples mariés diminue depuis des décennies. En 1930, ils représentaient 84 % des couples. En 1990, ils étaient passés à 56 %. L'enquête ne demandait pas aux personnes interrogées de faire état de leurs orientations sexuelles mais le questionnaire était conçu pour écarter les simples cohabitations.

En Grande-Bretagne, selon les statistiques officielles, les couples vivant en concubinage ont supplanté les couples mariés en 2008. De 1998 à 2007 le nombre des adultes mariés a chuté de 8 % et en 2007 moins de la moitié des femmes de 18 à 49 ans étaient mariées, contre 75 % en 1979. La désaffection pour le mariage semble donc irréversible et un nombre croissant d'adultes vivent seuls ou en concubinage.

Nombre de raisons poussent les couples à vivre ensemble, mais étant donné le coût d'un logement aujourd'hui, l'aspect pratique peut être aussi important que les sentiments, car il est plus avantageux d'occuper un deux ou trois pièces à deux qu'un studio seul. Par ailleurs, beaucoup de couples actuels disent que cohabiter avec un ou une partenaire leur permet de tester la solidité de la relation.

Quoi que le futur nous réserve, aimer quelqu'un et en être aimé sera toujours vital pour la survie de l'espèce. Une étude conduite sur une période de neuf ans par des chercheurs californiens sur 7 000 sujets hommes et femmes a démontré que les personnes isolées, ayant peu de contacts avec des proches parents, amis, voisins, et relations sociales en général, avaient des risques deux à trois fois plus élevés de mourir durant cette période. Une étude similaire menée en Suède sur un échantillon représentatif de 17 000 hommes et femmes pendant six ans a révélé que ceux qui se sentaient isolés présentaient quatre fois plus de risques de décéder durant cette période indépendamment de leur race, de leur sexe ou de leurs habitudes d'exercice physique.

Les jeunes d'aujourd'hui sont-ils mieux informés ?

Une étude anglaise a révélé que 80 % des adolescents perdaient leur virginité en état d'ivresse ou se sentaient contraints d'avoir des rapports sexuels, et que plus de la moitié ne se protégeaient pas. Une étude englobant 3 000 lycéens de 15 à 18 ans a révélé que 39 % faisaient l'amour pour la première fois alors que l'un des deux partenaires n'était pas très convaincu de le vouloir vraiment. Presque trois sur dix perdent leur virginité pour des « raisons négatives », comme de vouloir faire plaisir à leur petit(e) ami(e). De plus, 51 % des filles et 37 % des garçons avaient eu des relations sexuelles non protégées, tandis que 58 % des filles et 39 % des garçons avaient couché avec un(e) partenaire au moins une fois sans utiliser de préservatif. Ces statistiques révèlent la profondeur de l'ignorance qui conduit nombre d'adolescents à avoir des rapports à risques.

Les enquêtes sur les enfants de couples divorcés montrent que le comportement de ces derniers avec leurs partenaires est conditionné par celui de leurs parents. Quand les parents se séparent, les enfants apprennent qu'on ne peut dépendre d'un seul être pour la vie entière. Ils atteignent la puberté et ont leurs premiers rapports sexuels plus tôt que leurs camarades dont les parents sont unis, et multiplient les partenaires.

Tous ces facteurs signifient que la jeunesse d'aujourd'hui est peut-être plus informée que la génération précédente sur certains aspects de la sexualité mais qu'elle a une attitude moins responsable en matière de sécurité et qu'elle court plus de risques – une grossesse involontaire, contracter une MST ou, pire, le sida, un niveau de risques que leurs parents n'ont jamais connu.

Pourquoi un nouvel amour semble toujours si prometteur ?

L'évolution de l'espèce a programmé les êtres humains pour tomber amoureux de partenaires avec lesquels ils produiront des enfants plus forts, exactement comme les autres espèces animales. C'est pourquoi on peut parfois se sentir attiré par une personne qui ne correspond absolument pas au profil de sa liste de vœux. Le simple fait que vous puissiez produire des enfants sains et forts ensemble ne signifie pas que « vous serez heureux jusqu'à la fin de vos jours ». C'est aussi pour cette raison qu'un homme se rabattra spontanément sur des formules éculées pour convaincre une femme qu'elle est la seule et unique pour lui. « Je n'ai jamais éprouvé ces sentiments pour aucune femme » et « Nous avons une profonde connexion spirituelle »... Il faut que les femmes comprennent qu'un homme qui leur tient ce discours au tout début d'une relation peut être assez sincère sur le moment, parcc qu'il est « sous influence » : les substances chimiques libérées dans son cerveau le poussent à tout faire pour que sa partenaire se déshabille. Quant à elle, les hormones qui baignent ses neurones la poussent à croire tout ce qu'il lui dit et son détecteur de mensonges intérieur est hors service. Bien sûr, on peut faire le choix du sexe tout de suite et y prendre beaucoup de plaisir, mais rappelez-vous : il est émotionnellement plus sûr de ne pas trop compter sur une relation à long terme même si tous les signaux sont au vert. À moins qu'un homme ait décidé qu'il veut une relation permanente, la femme est une proie et lui est avant tout un chasseur. Pour la plupart des hommes, une nouvelle rencontre ne sera pas une relation à long terme. L'homme attend de sa partenaire qu'elle satisfasse ses besoins primordiaux et continue de lui assurer ces afflux hormonaux si euphorisants. Et si son cerveau arrête de fonctionner sur ce mode-là, il échangera sans remords sa partenaire contre un autre « modèle » qui lui procurera ces sensations fortes !

Hommes et femmes sont très différents

Il y a maintenant une multitude de preuves qui montrent à quel point hommes et femmes pensent et agissent différemment.

Douchez-vous comme une femme :

1. Ôtez vos vêtements et rangez-les soigneusement dans les différents paniers de linge sale : blanc, couleur, fibres naturelles, fibres synthétiques.
2. Dirigez-vous vers la douche vêtue d'un peignoir ou d'une chemise de nuit qui ne laisse rien paraître de vos charmes. Si vous croisez votre mari, marchez d'un pas décidé vers la douche en masquant les zones de chair nue.
3. Regardez-vous de haut en bas dans le miroir et gonflez le ventre pour vous faire honte.
4. Décidément vous êtes trop grosse, constatez-vous

avec un mélange de révolte et d'abattement plaintif.

5. Vous entrez dans la salle d'eau. Vous ramassez tout l'attirail au passage : shampooing, démêlant, gel douche, gant de toilette, gant de gommage végétal, pierre ponce.
6. Vous entrez dans la cabine.
7. Le shampooing concombre et avocat que vous utilisez contient 83 vitamines.
8. Après avoir lavé deux fois vos cheveux, vous vous massez le cuir chevelu avec le conditionneur concombre et avocat, arôme fleur d'oranger. Laissez reposer un quart d'heure.
9. Gommage du visage avec une crème à l'abricot puis masque facial à l'argile verte. Laissez reposer dix minutes.
10. Nettoyage complet du corps avec un gel douche bio à la rose de Patyka.
11. Rinçage complet des cheveux, durée environ 15 minutes – pour être sûre que tout le conditionneur est parti.
12. Rasage des aisselles et des poils qui ont repoussé sur les jambes malgré l'épilation.
13. Hurlements scandalisés quand votre mari décide d'utiliser le lavabo de la salle de bains pour se raser alors qu'il sait très bien que vous prenez votre douche et que l'eau va être subitement glacée. Évidemment il n'a pas prévenu.
14. Vous sortez de la douche en essuyant soigneusement avec la serpillière toutes les petites flaques sur le carrelage. Vous aspergez les joints de la douche de spray antimoisissures.
15. Vous vous enveloppez dans une immense serviette qui vous couvre de la tête aux pieds. Vous

enturbannez vos cheveux dans une seconde serviette super-absorbante à peine plus petite que la première.

16. Vous détaillez votre corps de haut en bas dans le miroir, à la recherche de la plus petite imperfection.
17. Vous retournez dans la chambre après avoir réenfilé votre peignoir qui masque toutes les zones de chair nue. Vous mettez trois bons quarts d'heure pour vous habiller et vous maquiller.

Douchez-vous comme un homme :

1. Ôtez vos vêtements assis sur le bord du lit et abandonnez-les sur place en tapon.
2. Dirigez-vous complètement nu vers la douche. Si vous croisez votre épouse, bombez fièrement le torse et roulez un peu des mécaniques pour qu'elle comprenne qui est le mâle.
3. Admirez votre plastique avantageuse dans le miroir de la salle d'eau en rentrant le ventre. Admirez la taille de votre pénis et grattez-vous les fesses.
4. Entrez dans la douche.
5. Pas besoin de gant de toilette, on n'est pas des chochottes après tout.
6. Vous vous passez la savonnette sur le visage et sous les aisselles d'un geste rapide.
7. Vous vous mouchez dans vos mains et vous laissez le jet rincer tout ça.

8. Vous passez le plus clair du temps à nettoyer vos parties intimes et les alentours.
9. Vous laissez vos poils sur la savonnette avant de la remettre à sa place.
10. Shampooing mais pas de démêlant… on n'est pas des chochottes.
11. Vous urinez dans la douche en visant la bonde.
12. Vous vous rincez et vous sortez de la douche. Vous ne remarquez pas les énormes flaques qui inondent le carrelage parce que vous aviez omis de ramener le rideau à l'intérieur de la cabine.
13. Vous vous séchez vaguement.
14. Vous vous admirez dans le miroir, muscles, pénis, tout à fait satisfaisants.
15. Vous laissez la serviette humide traîner sur le tapis de sol trempé, vous n'éteignez ni l'aération ni la lumière.
16. Vous retournez dans la chambre nu comme un ver, non sans esquisser au passage quelques suggestifs déhanchements à l'adresse de votre compagne.
17. Vous jetez un coup d'œil rapide sur vos vêtements de la veille et vous les enfilez sans vous poser de questions.

Les contraires s'attirent-ils vraiment ?

Le vieux cliché « Les contraires s'attirent » a sans doute provoqué plus de conflits et de ruptures entre hommes et femmes que tout autre. Il sous-entendrait qu'une femme obsédée par l'ordre et la propreté pourrait être attirée par un sagouin, qui adore le foot alors qu'elle ne le supporte pas, qui préfère les discothèques aux galeries d'art dont elle raffole, qui ne boit que du café alors qu'elle passe sa vie une théière d'Earl Grey à portée de main. Toutes les enquêtes sur la longévité et l'harmonie des couples le confirment : si les couples d'opposés s'attirent effectivement au début d'une relation sentimentale, à long terme ce type d'union est le plus sûr moyen de multiplier tensions et disputes. Les couples qui diffèrent dans leurs goûts et leurs valeurs fondamentales sont des candidats tout désignés au divorce.

Cela ne signifie pas que tous les couples qui ont des caractéristiques et des idéaux contraires ne font pas de vieux os, une petite minorité tiendra la distance, mais la plupart s'exaspèrent mutuellement et ne cessent de se chamailler. Ces tensions permanentes ralentissent et compliquent leurs progrès vers des objectifs communs et une certaine harmonie. Quand les membres d'un couple ont des objectifs de vie différents, ils gâchent un temps précieux en s'opposant très souvent. David Buss a découvert que les couples qui avaient la relation à long terme la plus réussie et se disputaient le moins étaient ceux qui appartenaient à la même communauté ethnique, et partageaient les mêmes valeurs religieuses, morales, politiques et culturelles en général.

La clé d'une relation sentimentale réussie est donc dans la recherche d'un partenaire aux idéaux et aux valeurs semblables aux vôtres.

Autrement dit changez de cliché et dites-vous bien qu'en matière de couple « qui se ressemble s'assemble ».

Les pires amants du monde

Maintenant, qui sont les meilleurs amants du monde et qui sont les pires ? En 2005, Bayer Healthcare a publié les résultats d'une enquête intitulée « La femme moderne et la sexualité » pour laquelle leurs enquêteurs ont interrogé 12 000 femmes âgées de plus de 40 ans et originaires de 13 pays (Brésil, France, Allemagne, Italie, Mexique, Pologne, Arabie saoudite, Afrique du Sud, Espagne, Turquie, Grande-Bretagne, Australie et Venezuela). Et devinez quelles sont les femmes les plus satisfaites sur le plan sexuel, d'après cette enquête ? Ce sont les Saoudiennes, suivies par les Mexicaines, les Espagnoles, les Italiennes et les Vénézuéliennes. 92 % des Saoudiennes s'estiment donc *satisfaites* et 62 % *très satisfaites*, ce qui est encore le chiffre le plus élevé dans cette catégorie. Presque toutes les Saoudiennes estiment aussi que la satisfaction sexuelle de leur partenaire est « essentielle » ou « importante » (97 %). Les Turques sont moins satisfaites (65 %) et seules 32 % d'entre elles s'estiment « très satisfaites ».

Les femmes les plus comblées sexuellement sont les Saoudiennes.

Le Dr John Dean, l'un des chercheurs qui ont collaboré à cette enquête, affirmait qu'en Arabie saoudite et dans la plupart des sociétés arabes la sexualité joue un rôle très important dans la vie des couples mariés. C'est un don qu'il faut savoir apprécier et mari et femme ont le devoir de le partager. Dans le monde musulman en général, le sexe est réservé aux couples mariés. Dans le Coran, on enseigne aux hommes à respecter les femmes, à satisfaire leurs besoins et à prendre leur temps. Le Coran dit : « Qu'aucun de vous ne tombe sur sa femme comme un chameau. » « Les femmes ont des droits exactement comme elles ont des obligations, d'une façon équitable. » Les femmes d'Arabie saoudite affirment l'importance de la sexualité. Elles veulent une sexualité épanouissante et sont prêtes à l'offrir à leur époux.

Comment les femmes d'autres pays considèrent la sexualité

Les femmes qui ont répondu qu'elles étaient les plus satisfaites sont celles qui placent la sexualité au premier plan. En Amérique latine, 92 % des femmes estiment la satisfaction de leur partenaire « essentielle » ou « importante » tandis que 91 % jugent leur propre satisfaction aussi importante. Et 82 % des Vénézuéliennes estiment la sexualité importante dans leur vie.

Seules 61 % des Anglaises et 13 % des Françaises jugent la sexualité « importante » dans leur vie. Pour environ 30 % des Allemandes la sexualité était soit « pas très importante » soit « pas importante du tout », tandis que 32 % des Turques étaient de cet avis.

La spontanéité dans la sexualité était estimée « essentielle » ou « importante » par 92 % des Italiennes, suivies de près par les Polonaises avec 91 %, mais seulement 18 % des Anglaises. C'est le pourcentage le plus bas dans cette catégorie.

Les Françaises sont les plus nombreuses à désirer une amélioration de leur vie sexuelle (37 %). 26 % la désirent « parfois ». Les Italiennes semblent plus satisfaites puisque seulement 4 % d'entre elles désirent une amélioration et que 14 % émettent « parfois » ce vœu.

Qui sont les grandes absentes ?

Les femmes les plus frustrées du monde occidental sont les Australiennes, 33 % déclarent en effet que leur vie sexuelle n'est « pas très » ou « pas du tout » satisfaisante, contre 16 % en moyenne pour les femmes des autres pays. Seules 26 % des Australiennes trouvent leur vie sexuelle « très satisfaisante » et 36 % s'estiment « plutôt heureuses ».

Un sondage similaire émanant d'un autre institut, WAYN.com, a demandé à 10 000 femmes de 50 pays qui étaient selon elles les meilleurs amants et ce qu'elles n'appréciaient pas chez les hommes des différents pays. L'enquête a montré que les Allemands étaient considérés comme les pires amants du monde parce qu'ils sont trop égoïstes. Les Suédois venaient en deuxième, trop rapides, et les Hollandais en troisième position parce qu'ils étaient trop brutaux. Les Américains (trop dominateurs) étaient quatrièmes, suivis par les Gallois (trop mièvres), les Écossais (trop bruyants) et les Turcs (qui transpirent trop). Les Anglais venaient en dixième position (trop gros), suivis par les Grecs (qui sentent mauvais) et les Russes (trop poilus). Les meilleurs amants sont, de l'avis général, les Italiens et les Français.

Une femme rencontre un homme dans un bar. Ils parlent, sympathisent et partent ensemble. Il l'invite chez lui et en arrivant elle est stupéfaite par le spectacle qui s'offre à elle : la chambre à coucher est remplie d'adorables oursons en peluche. Il y a des dizaines de petits ours sur l'étagère du bas de sa bibliothèque et quelques énormes ours sur l'étagère du haut.

Elle n'en revient pas de voir que cet homme collectionne des ours en peluche et est très impressionnée d'avoir affaire à quelqu'un de si sensible. Elle se tourne vers lui, ils s'embrassent et font l'amour avec passion. Après une nuit torride avec cet homme si sensible, ils reposent tous deux sur le lit, heureux et exténués. Elle se tourne vers lui et lui demande : « Alors c'était comment pour toi ? »

Il lui répond : « Tu peux prendre un ours sur l'étagère du bas. »

....

La loi du doigt le plus long

La science a finalement trouvé sa propre manière de lire dans les lignes de la main. Les études montrent aujourd'hui que notre potentiel, qu'il s'agisse de prouesses sportives, de réussite universitaire, d'orientations sexuelles, sans oublier notre résistance aux maladies, peut être déduit de la longueur de nos doigts.

Voici donc une expérience que vous pouvez tenter tout de suite. Tenez votre paume horizontalement en face de vous et tendez les doigts. Observez maintenant la différence de longueur, s'il y en a une, entre votre index et votre annulaire. On a en effet découvert que le rapport entre l'index et l'annulaire est lié à l'exposition de l'embryon à la testostérone dans l'utérus.

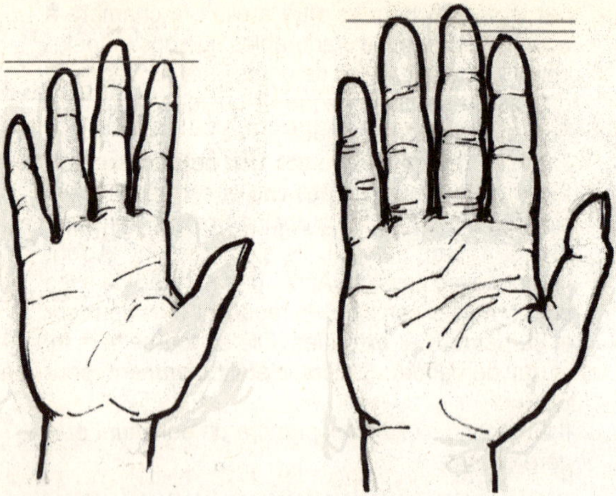

Les hommes ont en général un annulaire plus long que l'index, contrairement aux femmes qui ont en moyenne un index plus long que l'annulaire. Plus votre taux de testostérone est élevé, plus long sera votre annulaire et plus « masculin » sera un bébé né avec ce rapport, qu'il s'agisse d'un garçon ou d'une fille.

On sait depuis quelque temps que les personnes pourvues d'annulaires plus longs excellent en général dans les sports, particulièrement la course à pied et le football. La science nous révèle aujourd'hui pourquoi : l'annulaire possède un plus grand nombre de récepteurs d'œstrogène. Un niveau de testostérone élevé va orienter ces êtres vers certaines professions plutôt que d'autres et va déterminer leur orientation sexuelle et l'intensité de leur libido.

Une personne pourvue d'un index plus court que l'annulaire aura reçu plus de testostérone dans l'utérus maternel, alors qu'une personne pourvue d'un index plus long que l'annulaire aura reçu plus d'œstrogène. Ces études expliquent pourquoi les femmes qui ont un index plus long sont en général plus fertiles que les autres. La différence de longueur peut n'être que de 2 ou 3 %, mais elle entraîne une différence significative dans la masculinité ou la féminité.

En 2007, le Dr Mark Brosnan de l'université de Bath a testé 100 hommes et femmes et découvert que des index plus longs indiquaient de bonnes aptitudes verbales et linguistiques, domaine dans lequel les femmes sont en général meilleures que les hommes. Brosnan a aussi constaté que les enfants – garçons et filles – qui avaient des annulaires plus longs étaient meilleurs en math et physique que ceux qui présentaient le rapport de longueurs inverse. Ils ont aussi conclu qu'un annulaire plus long chez les garçons peut être un indicateur d'autisme, une pathologie quatre fois plus fréquente chez les garçons que chez les filles, et que ces garçons présenteraient des risques de crise cardiaque plus importants à l'âge adulte. On a aussi démontré que les lesbiennes ont souvent des annulaires plus longs, ce qui révèle qu'elles ont été exposées à des taux de testostérone plus élevés dans l'utérus maternel.

Le professeur John Manning, auteur du *Finger Book*, explique que ce rapport de longueurs, fixé au début de la grossesse selon les taux d'œstrogène et de testostérone maternels, constitue un excellent indicateur du potentiel futur de l'enfant. Il a mené des recherches sur les homosexuels qui montraient que ceux-ci avaient souvent un rapport annulaire/index similaire à celui des femmes, ce qui démontrait qu'ils avaient reçu moins de testostérone au stade embryonnaire.

En 2008, John Coates et ses collègues de l'université de Cambridge ont suivi 44 traders londoniens, tous des hommes, sur vingt mois et prélevé des échantillons de salive matin et soir. Ils ont découvert que ceux qui avaient l'annulaire plus long que leur index gagnaient onze fois plus d'argent que ceux qui avaient l'annulaire plus court. Les traders les plus expérimentés gagnaient environ neuf fois plus que les plus novices. Parmi les traders expérimentés, les annulaires longs gagnaient cinq fois plus que les annulaires courts. Ils ont aussi constaté que ceux qui présentaient de hauts niveaux de testostérone dès le matin avaient plus de chances de réaliser de gros profits ce jour-là. Les chercheurs estiment que l'annulaire long semble indiquer un succès probable dans ce travail qui demande une très grande réactivité et une capacité de prise de risques, parce que la testostérone augmente l'agressivité, la confiance en soi et la prise de risques.

La science de l'amour futur

La science jouera sans doute un rôle important dans notre façon d'aimer à l'avenir. Les études génétiques sur la formation des couples et la « cour amoureuse » sont jusqu'ici restées réservées aux animaux ou à des questionnaires d'enquête relativement simples. La plus spectaculaire étude de ce type a été conduite avec deux espèces de campagnols nord-américains. Il s'agit du campagnol des plaines et du campagnol des montagnes, deux espèces génétiquement proches. Les campagnols des montagnes copulent avec tous les spécimens du sexe opposé qu'ils rencontrent et ne forment pas de couples stables. Les chercheurs Thomas Insel et Larry Young de l'Emory University d'Atlanta (Georgie) ont découvert un gène chez le campagnol des plaines, lequel est monogame, qui est absent de l'ADN du campagnol des montagnes. En incorporant ce gène chez les campagnols mâles des montagnes, ils ont « guéri » ces rongeurs de leur frénésie copulatoire tous azimuts. Il sera bientôt possible de modifier génétiquement les gens pour les rendre monogames ou les transformer en obsédés sexuels insatiables !

Savoir flairer le bon partenaire

Les scientifiques qui étudient nos préférences sexuelles et amoureuses programmées génétiquement ont montré que chacun de nous est attiré par des partenaires qui possèdent un ensemble de gènes particuliers, à savoir le complexe majeur d'histocompatibilité (CMH). Le CMH fabrique des molécules qui protègent l'organisme contre les envahisseurs qui le menacent. Plus le CMH des parents est varié, plus fort sera le système immunitaire de sa progéniture. En 1995, Claus Wedekind, professeur de biologie à l'université de Lausanne (Suisse), a dirigé la fameuse expérience du « T-shirt odorant » qui a démontré comment notre choix de partenaire était conditionné par la recherche d'un CMH différent du nôtre. Il a demandé à un groupe de femmes de renifler des T-shirts portés pendants deux nuits par des hommes qui n'avaient utilisé ni déodorant, ni eau de toilette, ni savon. Les T-shirts ont ensuite été rangés dans des boîtes identiques et on a demandé aux femmes de les renifler et d'indiquer lesquels les attiraient le plus sexuellement. La plupart d'entre elles préféraient les odeurs d'hommes présentant des CMH différents du leur. Une autre étude, de 2002, démontre que nous nous appuyons sur l'olfaction pour détecter le CMH d'une personne.

Pourtant un facteur inversait les préférences féminines : la prise d'un contraceptif par voie orale. En 2005, une étude portant sur 58 femmes qui prenaient la pilule confirmait que celles-ci préféraient les hommes dotés d'un CMH semblable au leur. Les femmes qui ne prenaient pas de contraceptif oral n'avouaient pas de préférences particulières. Ce qui montre qu'une femme qui prend la pilule peut faire un choix de partenaire contraire à ce que son instinct lui souffle.

Ces études confirment que les gens analysent olfactivement les phéromones de leur partenaire et que les femmes préfèrent les odeurs des hommes dont le corps est symétrique. C'est tout le mystère de « l'alchimie sexuelle ». Vous saurez que c'est ce qui vous arrive quand vous rencontrerez quelqu'un et que sa présence vous excitera sans que vous puissiez expliquer pourquoi.

Les différences raciales influent sur la détection du CMH. En 2008, le professeur Peter Donnelly, directeur du Welcome Trust Centre for Human Genetics de l'université d'Oxford, et ses collègues ont montré que le CMH intervient dans le choix du partenaire chez les Américains d'origine européenne mais pas chez les Afro-Américains.

On met au point toute une panoplie de médicaments et de traitements pour déclencher l'état amoureux chez les êtres humains ou au contraire pour les guérir d'une rupture douloureuse… Que nous réserve donc l'avenir en matière d'amour ? Quand la science approfondit sa connaissance d'un sujet, elle développe simultanément sa capacité de le manipuler et de le contrôler. On sera un jour capable d'immuniser l'être humain contre l'amour en utilisant des traitements qui bloqueront l'emprise du désir et de la passion amoureuse sur la formation du couple. Un être qui aura été meurtri par des expériences sentimentales douloureuses pourra décider que la possibilité d'un nouvel amour est trop douloureuse à supporter et qu'il préfère se protéger contre les remous émotionnels d'une passion amoureuse pour se consacrer exclusivement à sa carrière. Ou encore, il pourra décider que l'amour est trop risqué et qu'il se portera mieux en évitant toute rencontre. Il pourra aussi essayer de se débarrasser de sa partenaire en lui mettant un peu de poudre « tue-l'amour » dans le café ou la faire tomber amoureuse de quelqu'un d'autre.

Pour l'amour et les amoureux, le futur recèle des expériences tout à fait stupéfiantes qu'on n'a encore vues à ce jour qu'au cinéma.

Les 9 raisons pour lesquelles le sexe est un remède si efficace

1. Le sexe soigne les dépressions en libérant des endorphines dans le sang, déclenchant un état d'euphorie et de bien-être.
2. Le sexe est un antihistaminique naturel. Il aide à combattre l'asthme et le rhume des foins. On n'a jamais le nez bouché quand on fait l'amour.
3. Les rapports sexuels vous aident à brûler une partie des calories que vous avez emmagasinées pendant votre dîner aux chandelles.

4. Une partie de jambes en l'air fait travailler tous les muscles du corps et c'est quand même plus amusant que d'aligner vingt longueurs dans une piscine.
5. Quand les femmes font l'amour, elles produisent une grande quantité d'œstrogène, ce qui fait briller leur chevelure et donne de l'éclat à leur peau.
6. Plus souvent vous faites l'amour, plus vous aurez d'occasions de recommencer. Un corps sexuellement actif secrète de grandes quantités de phéromones. Ces subtils arômes sexuels ont le don de faire perdre la tête au sexe opposé.
7. Le sexe est un sédatif environ dix fois plus efficace que le Valium.
8. Les rapports sexuels soulagent les maux de tête en dilatant les vaisseaux sanguins du cerveau.
9. Faire l'amour avec tendresse et douceur réduit les risques de dermatites, rougeurs et acné. La transpiration nettoie les pores et fait luire la peau.

Comment tant de gens ont été leurrés

Le lobby du politiquement correct continue toujours à résister aux preuves pourtant accablantes que les deux sexes naissent avec des différences cérébrales qui dictent nos choix et préférences. Tout parent qui éduque ou a éduqué un garçon et une fille sait qu'on a beau donner le même amour et la même instruction aux deux sexes, les réponses seront complètement différentes. Offrez un ourson en peluche à une petite fille de 3 ans et elle le cajolera, lui donnera un nom et en fera son meilleur ami. Le garçon l'attachera à la barrière du jardin, lui jettera des pierres, le déchiquettera pour voir comment il est fabriqué, puis s'en ira sans rien ranger. L'agressivité masculine est bien visible chez le petit garçon dans tous ses comportements. Et elle n'est pas le fait de son éducation, c'est la programmation au stade embryonnaire qui la lui dicte. Les hommes sont donc programmés pour scruter toutes les fortes poitrines qu'ils croisent et les femmes pour s'extasier devant tout homme bien bâti possesseur d'une montre en or, d'un fessier musclé, d'un joli sourire et d'une voiture de sport.

Quel partenaire pouvez-vous espérer ?

Dans la vie, il n'y a qu'un petit pourcentage de partenaires potentiels extrêmement attirants. Ce sont les êtres que désirent une majorité de personnes, c'est-à-dire ceux qui n'ont pas une cote de séduction très élevée. La plupart des gens ne reconnaissent pas les petits actes qu'ils accomplissent chaque jour comme relevant de la compétition pour décrocher un partenaire intéressant. Ainsi, rares sont les femmes pour qui acheter une crème antirides, un rouge qui fera ressortir leurs lèvres, ou un démêlant qui donnera du brillant aux cheveux, réalisent que tous ces gestes sont en fait destinés à surclasser les autres femmes dans la course aux mâles. Les hommes qui soulèvent de la fonte dans une salle de gym ne réfléchissent pas au fait qu'ils essaient de supplanter leurs semblables en se forgeant un physique de chasseur de fauves capable de rapporter beaucoup de viande à sa famille. Autrement dit, qu'ils veulent se forger le physique d'un homme capable d'accumuler des ressources.

Du fait de l'évolution des critères masculins et féminins dans la quête du partenaire idéal, il est virtuellement impossible pour les couples de cohabiter sans se disputer de temps à autre, notamment quand les circonstances de la vie évoluent. Si vous acceptez les conflits comme inévitables et que vous choisissiez des stratégies pour les gérer quand ils surviennent, la cohabitation avec le sexe opposé se déroulera de façon relativement harmonieuse. Laissez aux romanciers et aux films les images idylliques des rapports non conflictuels. La véritable voie vers une relation de couple épanouie consiste à comprendre les besoins de votre partenaire et à vous efforcer de les satisfaire de votre mieux.

> « Les relations amoureuses ressemblent à un travail à plein temps et nous devrions les traiter comme tel. Si votre amant ou votre maîtresse veut vous quitter, il devrait vous donner un préavis d'un mois. Il devrait vous régler des indemnités de licenciement, une prime et vous trouver un partenaire intérimaire. »
>
> BOB ETTINGER

Pourquoi l'évolution est sans doute achevée

La presse populaire comme la presse scientifique adorent publier des articles qui soulignent les différences entre hommes et femmes. Elles tendent à ignorer les études plus nombreuses qui relativisent le fossé séparant les sexes. C'est si facile d'oublier qu'hommes et femmes sont beaucoup plus semblables que différents et que les gens changent avec le temps, aussi bien sur le plan individuel que collectif. Les grandes différences cognitives entre les genres ont sensiblement décliné au cours des trois dernières décennies, y compris les « traditionnelles », à savoir la supériorité verbale féminine et les meilleures performances masculines en mathématique.

Une des plus récentes explications de ce phénomène est liée à la théorie selon laquelle il n'y a plus d'activités masculines et féminines réservées aux petits garçons et aux petites filles. On a aussi observé que le comportement a une action profonde sur les hormones et le développement des capacités cognitives et des structures cérébrales – c'est ainsi que les jeux violents, autrefois plus répandus chez les garçons, contribuaient sans doute à développer leurs aptitudes spatiales.

Voici quatre conseils précieux pour des relations sentimentales harmonieuses :

1. **N'hésitez pas à recourir à un « coach » –** une personne capable d'analyser clairement votre fonctionnement, quand vous entamez une nouvelle relation.
2. **N'escomptez pas que votre nouvelle rencontre soit « la » rencontre.** Les probabilités que ce soit le cas sont infimes. Et n'oubliez pas que nombre d'ex-partenaires peuvent devenir d'excellents amis.
3. **Évitez le piège des « vacances de la dernière chance ».** Beaucoup de couples s'imaginent à tort que partir en vacances ensemble va régénérer ou recimenter leur relation. Un voyage c'est stressant et pour beaucoup de couples les vacances ne sont pas un moment particulière-

ment serein, à cause d'un cadre inhabituel, d'émotions plus fortes, de soirées trop alcoolisées… N'emmenez jamais votre partenaire dans un cadre qui vous rappelle une expérience passée.

4. **Évitez le piège du « bébé de sauvetage ».** Nombre de couples s'imaginent faussement que la naissance d'un bébé réglera comme par magie leurs problèmes relationnels. C'est en général le contraire qui se produit. Un nouveau bébé accapare l'attention générale, la vie sexuelle du couple en pâtit et les problèmes ne font que s'amplifier. Ne programmez pas d'enfant si votre relation n'est pas forte et stable et que vous n'êtes pas deux à le désirer vraiment. Sans cela, vous êtes condamnés à vivre de grandes désillusions : le fiasco et le divorce vous guettent.

Quand faut-il discuter des problèmes du couple ?

La plupart des discussions sur ce que nous aimons ou n'aimons pas dans notre vie sexuelle se produisent au moment où nous pensons à nos problèmes. Malheureusement c'est en général juste avant, pendant ou juste après le rapport sexuel, c'est-à-dire au pire moment, car c'est celui où l'on se sent le plus vulnérable. Retrouvez-vous en dehors de chez vous, sur la plage, dans un café ou un parc pour discuter de vos attentes et frustrations en la matière. Un endroit affectivement neutre de ce genre vous aidera à garder votre objectivité.

« Tu es nul comme amant ! » s'écria-t-elle.
« Comment peux-tu me juger en quatre minutes ? » rétorqua-t-il.

Quand une femme vieillit, ce type de situations se complique car elle a besoin d'un soutien plus actif de son partenaire qui doit la rassurer et lui dire qu'elle est toujours sexy et séduisante. Faute de soutien de sa part, elle peut commencer à rejeter ses avances : c'est le moment de lui montrer qu'elle est toujours désirable. Faites-lui comprendre que, quand un homme a besoin de sexe, il est si imbibé de testostérone qu'il ne remarque même pas les rides.

En résumé

Le fait que nombre de nos préférences et besoins sexuels soient innés et inscrits dans nos gènes ne nous condamne pas nécessairement à être les jouets passifs de nos mécanismes biochimiques. Les hommes ne sont pas forcés de multiplier les conquêtes à cause de leur besoin de variété sexuelle et les femmes ne sont pas condamnées à passer leur existence à critiquer les hommes pour leur incapacité de s'engager. Nous autres humains différons des autres espèces animales en ce que nous avons la capacité de diriger notre comportement, voire de le modifier, en faisant des choix conscients. Mesurer l'influence de nos différentes motivations dans ces choix signifie prendre la responsabilité de nos actes et de leurs conséquences. Ce libre arbitre rend inacceptables les excuses du genre : « J'étais tellement bourré que je ne me rappelle plus ce qui s'est passé », ou « C'est la faute à Darwin ! », ou encore « Je n'ai pas pu me contrôler... ». Le cerveau du papillon de nuit est programmé pour l'attirer vers la lumière, celle de la lune et des étoiles, mais le papillon de nuit vit à l'ère des ampoules et des néons sur lesquels il est condamné à mourir calciné. Bref, l'époque s'oppose aux comportements qui ont été programmés en lui. Et s'il continue à suivre son instinct dans des lieux habités, il est « grillé ». C'est ce qui menace, sous une autre forme, tous les êtres humains qui refusent de reconnaître et de comprendre l'origine de leurs désirs. Mais, à la différence du papillon de nuit, nous pouvons choisir de résister à ce que nous commande notre instinct.

Affirmer qu'hommes et femmes sont psychologiquement identiques va à l'encontre de ce que nous savons des stratégies d'accouplement humaines. C'est une idée politiquement correcte qui engendre confusion, souffrance et désastres dans les relations entre hommes et femmes partout dans le monde.

À moins que les hommes deviennent des êtres asexués, comme certaines féministes le souhaiteraient, ils rechercheront toujours des partenaires jeunes, en bonne santé et fertiles, leurs critères de base. Et de leur côté, les femmes continueront de chercher des hommes qui cumulent statut, pouvoir et ressources.

Comprendre d'où nous venons et comment nous avons hérité de nos motivations nous permet de contrôler notre présent et d'orienter notre avenir.

CE QU'IL FAUT RETENIR

- Discutez des problèmes dans un endroit neutre et au moment que vous aurez tous deux choisi. De cette façon vous serez plus détendus et objectifs.
- Les hommes et les femmes sont différents. Ni meilleurs ni pires, seulement différents.
- Nous avons tous la possibilité de faire des choix. Comprendre nos différences nous permet de faire des choix plus informés pour bâtir un avenir plus heureux.

Composé par PCA
à Rezé
Imprimé en Espagne par
Liberduplex
à Sant Llorenç d'Hortons (Barcelone)
en janvier 2012

POCKET – 12, avenue d'Italie – 75627 Paris Cedex 13

N° d'impression: 26851
Dépôt légal : février 2012
S21990/01